> まえがき

えるように，という注文があり，全部読めば臨床心理学の体系があらかた分るように，という配慮もしてあります。10のステージと1ステージ3章，全部で30の章とで，臨床心理学の今日的なテーマのほとんどが網羅されています。できるだけ具体的日常的な話題を選んだつもりですが，もちろん相当頭を使っていただかねばならないところもあります。1，2，3，7，8，9，13，14，15，19，20，21，25，26，27を氏原，4，5，6，10，11，12，16，17，18，22，23，24，28，29，30を東山がうけもっています。長い間の共同思考の背景がありますので，それぞれの持味の違いにもかかわらず，あるいはだからこそ，通して読んでみると長短あい補ってわりに纒っている，という印象をもっています。しかし実際の評価は読者の皆さんにお任せするより仕方ありません。今まで気づかなかった，今の時代あるいは自分の心を動かしている正体のようなものをおぼろ気ながらも感じとっていただければ，苦労して書いただけのことはあったかと思います。

2000年7月4日

氏原　寛

目　次

まえがき

STAGE　こころのない時代

1　こころとは何か　　　　　　　　　　　　　　　　　1
こころのとらえにくさ／客観的心理学から臨床心理学へ／失われたこころ／こころを生きる／こころの裏と表／ボランティアのこと

2　こころはなぜ病むのか　　　　　　　　　　　　　　9
「老人医療」の話／タンポポと高校生／あるエイズ患者の話／「ボク、このままでも悪い子じゃないんだね」／なめくじコンプレックス

3　癒しのプロセス　　　　　　　　　　　　　　　　　17
フロイト，ユング，ロジャーズ／王さまの耳はロバの耳／秘密について／無意識の探究／教育的働きかけ／転移と逆転移

STAGE　おかしいという感覚

4　正常と異常　　　　　　　　　　　　　　　　　　　25
統計的な尺度による正常と異常／普通（平均）の幅／関係で変わる，正常と異常・正気と狂気／分かってくれる人の存在

5　自己実現と現実適応　　　　　　　　　　　　　　　33
自然適応／社会適応／心理的適応／3つの適応間の関係と歪み

6　こころと身体の関係　　　　　　　　　　　　　　　41
気持ちを表す身体の言葉／心身症と感情／病は気から／非言語的表現とこころ——運動療法・遊戯療法・箱庭療法・芸術療法

目次

STAGE 癒しのプロセス

7 意識のはじまり —— 48

見ることと見返されること／あること（being）とすること（doing）／母親のことばかけ／ロジャーズの無意識論／ジェンドリンの批判／思春期における自我の目ざめ／動物に意識はあるのか

8 こころのはたらき —— 56

意識と無意識／こころの全体性または相補性／ことばの働き／感じる働き／感覚レベルの意識／ふたたび感情のはたらきについて／直観のはたらき／感情の明確化

9 人のこころ動物のこころ —— 64

意識はなぜ生じたのか／オオカミとハト／ライオンとシマウマ／生き物のおきて／ハーローのサル／アマラとカマラ／「自然に還れ」

STAGE こころの発達と成熟

10 ライフサイクルとこころの課題 —— 72

ライフサイクルとは／問題児・者の過去像と現在像との関係／影との関係／ライフサイクルと家族の危機

11 こころの成熟と危機 —— 80

乳児期の危機と課題／幼児期の危機と課題／学童期の危機と課題／思春期の危機と課題／成人期の危機と課題／中年の危機と課題／老年期の危機と課題

12 個性と個性化 —— 88

個性について／気質について／五感と個性／人間のタイプと個性化の過程／タイプと個性化の過程

STAGE イメージとシンボル

13 象徴（シンボル） —— 96

ふたたび意識と無意識について／若者の恋―投影（投射）と象徴／象徴とイメージ／イメージ療法／夢／おとぎ話／遊戯療法と箱庭療法

14 部分を全体につなぐもの ──────────── 104

ジェンドリンの夢のケース／中空構造について／ふたたび意識の場について／感覚遮断実験／ことばの二重性／臨死体験または前世療法／象徴と記号

15 太陽と月の意識 ──────────────── 112

月の意識／太陽の意識／ことばと全体性／エロスとロゴス／現代人の孤独／より大いなるもの

STAGE 家族・社会・時代

16 家　族 ─────────────────── 120

形態と構成／結婚と離婚／家族の形態に変化をもたらす要因／家族の機能とその変化

17 父性・母性と子育て機能 ─────────── 128

母性について／女性の個性化／父　性

18 日本文化・時代精神と家族の病 ────── 136

父権（系）社会の母性社会である日本社会／イエ中心の日本とその変化／家族の病・文化の病／これからの方向性

STAGE こころを知るために

19 知能検査と投影法 ─────────────── 144

こころを測る／知能検査／遺伝か環境か／妥当性／信頼性／投影法／ロールシャッハ・テスト／テストバッテリーについて

20 事例研究 ─────────────────── 152

日本心理臨床学会／能動的理解／受動的理解／カウンセラーの役割／知ることと感じることと／「いま，ここ」の出会い／事例研究の意味／個別

目次

　　　性と普遍性

21　共感的理解と診断的理解 ——————————— 160
ロジャーズの頃／ロジャーズの3原則／カウンセリングマインド／診断的理解／共感的理解／見立て／ロジャーズ以後

STAGE　こころを癒す

22　心理療法（その1）：無意識・こころ ——————— 168
心理学と臨床心理学／心理療法の理論／精神分析

23　心理療法（その2）：自己を育てること・訓練・学習 —— 176
来談者中心療法／行動療法

24　心理療法と宗教 ——————————————— 184
心理療法の発生の必然性／宗教と心理療法／心理療法と宗教家の修行／心理療法・宗教の危険性

STAGE　Leidensfähigkeit（苦悩する能力）

25　今日と明日の間 ——————————————— 192
Leidensfähigkeit（苦悩する能力）／PTSD（外傷後ストレス障害）／そして若者たちはふたたび，席を譲らなくなった／2人の老作家／「人間だけが死ぬ。動物はただ終わる」／こころの健康，身体の健康

26　種の衝動と個の状況 ————————————— 200
カルネアデスの板／漱石の『こころ』／ゲームの論理／ライヴァル／カラハリの状況／個人主義と仲間意識／どうでもよいこととかけ替えのなさ

27　比較をこえるもの ————————————— 208
基本的安定感／個性尊重と連帯意識／優等賞と1等賞／「山がそこにあるからだ」／比較の原理／傷つきと癒し／母性原理と父性原理

STAGE　こころの専門家

28 心理療法家と臨床心理士 ─────────────── 216

なぜ専門家が必要か／答えることと沈黙／聴くこととリフレクションの意味／こころがわかるとは／こころの専門家「認定臨床心理士」／資格とその危険性

29 専門家を育てる ─────────────────── 224

専門性とは／臨床心理士の職務内容の4つの領域／臨床心理士に必要なもの／カリキュラム／養成制度と国家資格

30 専門家の資格・研修・倫理 ───────────── 232

財団法人日本臨床心理士認定資格／受験資格／資格の更新とポイント制／臨床心理士の倫理／守秘義務／経験・転移・逆転移・感受性／親密さと非日常性

あとがき

STAGE　こころのない時代

1　こころとは何か

（1）　こころのとらえにくさ

　こころとは不思議なものです。私たちは「こころ苦しい」とか「こころにくい」，あるいは「こころのこもった」とか「こころにもない」とか，こころについていろんなことばを使い，それで結構お互いの気持も通じるし，自分も分ったつもり（昔は心算と書きました）になっています。しかしこころを見た人は誰もいません。これがこころである，と誰しもが納得する，つまり客観的に承認された"形"がないのです。それについて以前，こころをことばと風になぞらえて説明したことがあります。

　たとえば，私たちはほぼ自由に日本語を操っています。時々，ことばにならないほどの経験をすることはあるにしても，です。しかし日本語の仕組みについて，人に解ってもらえるほどに説明できる人は，少数の専門家を除けばほとんどいません。どういう時に私「は」と言い，どんな時に私「が」と言うのか，経験的に誤ることはめったにないのですが，説明しろと言われれば途方にくれます。しかし私たちは，原則的に日本語文法を正確に踏まえてしゃべっています。そこからはみ出せば文字通り話になりません。実感としては何となく，しかもかなり正確に分っていながら，さてとなると何ともいえなくなるのです。

　風について考えてみましょう。風とは何でしょう。素人考えでいうと，何らかの理由で生ずる空気の運動のことかと思います。しかしそんな面倒臭いことを考えずとも，風といえば瞬間的に，ああ，あれかと分ります。しかしそれは，風そのものというよりも，その働きの結果に基づいています。森のざわめきは

風が木々を揺すっているからで，私たちはその際，木々の発する音を聞いているのです。岩に砕ける高波も，すさまじい水の動きを視覚的に見ているにすぎません。だから私たちは，聴覚的視覚的に風の働きの結果を知覚しているのであり，風そのものを感じているとはいいがたいのです。

たとえというのは，物事の一面を捉えているだけなので，以上のたとえもこころを考える場合の1つの観点にすぎません。それでも，こころが目に見えない，手にとることのできないものであるだけに，一応の目安にはなると思います。

（2） 客観的心理学から臨床心理学へ

ところで，心理学とはこころを研究する学問です。学問である以上，それは客観的で伝達可能なものでなければなりません。しかし以上述べたように，直接五感で捉えにくい"もの"（現象？）であるだけに，客観的に捉えられた範囲についてしか論ずることが難しい。あるいは，五感で捉えられたものに限定してこころを論ずる，ということになりやすいのです。たとえば怒りを説明するのに，血中ホルモンのバランスだとか顔面の変化や血圧など，測定可能な指標に基づくやり方です。それは確かにその通りですが，すべて怒りの結果生ずる二次的な現象，に基づいていることが分るでしょう。こころとは，経験的には全身的全体的な動きです。部分的にいくら精密に捉えても，全体的なものは捉えられません。よくいわれるように，部分を全部集めても全体にならない，ということもあります。

科学的な心理学は，19世紀にライプチッヒ大学のヴントによって始められた，というのが定説ですが，それは今まで述べてきた意味で，部分の心理学だった，といってよいと思います。そして現代の心理学の主流は，あい変わらずその流れに沿っている，と思います。ところが19世紀の終りから20世紀にかけて，臨床心理学という学問が生れました。当時は臨床心理学ということばはなく，精神分析学ないし分析心理学と呼ばれていました。創めたのは有名なフロイトと，当初その弟子（といってよいでしょう）だったユングです。どちらも精神科医で

した。それに個人心理学のアドラー（彼もはじめはフロイトの弟子で精神科医です）を加えてよいかもしれません（詳しくはエレンベルガー『無意識の発見』上, 下　弘文堂）。

　もともとは，ノイローゼの患者さんに心理学的に働きかけることによって元気になってもらおう，とする試みでした。そして相当な成果を挙げたのです。当時は自然科学万能の風潮があったので，いずれも自然科学的，つまり部分的分析的な立場が強調されましたが，人間を扱う以上，そして人間が全体的な存在である以上，全体的な人間とは何かについて考えざるをえなくなりました。ごく大雑把に分けると，今の日本においても，部分的分析的にこころの問題を扱おうとする心理学の主流（知覚，学習心理学など実験心理学として考えられているものです）から，緻密さにはやや欠けるけれども（全体的な人間を実験対象とすることができないからです。たとえば赤ん坊を人間的環境から完全に隔離した場合どんなことが起こるか，など。時々不幸な偶然からそれに近い経験をした人間がいますが，とても実験的状況下の厳密さとは比べられません，たとえばアマラとカマラの場合（シング『狼に育てられた子』福村出版）），全体としての人間を丸ごと考えようとする臨床心理学が出てきたわけです。

　ここで，臨床心理学とは何かについて粗っぽい定義をすれば，前節に述べてきた，人間を全体として動かしている基本的な力を研究する学問，ということになるでしょうか。そして，それについてもう少し具体的に述べようとする努力が続けられている，ということです。

（3）　失われたこころ

　1999年3月に横浜で開かれた「こころの健康会議」で，上越教育大学の田中敏先生の述べられたことも，そうした試みの1つだと思います。先生は，近頃の子どもがこころを失ってきた原因の1つとして，計算機の発達をあげられていました。計算機は現代文明を象徴する便利な器械で，以前ならば何時間も，時には何日もかかった複雑な計算を，ボタン1つで一瞬のうちにやってくれます。正確に田中先生の考えを述べているという自信はないのですが，そのこと

が逆に子どもたちからこころを失わせている、という趣旨だったかと思います。

　私なりの考えでいいますと、わが国にはソロバンという素晴らしい計算機があります。達人になると電算機に劣らない能力を発揮できるらしい。人に聞いた話ですが、そういう人は頭にソロバンを思い浮かべ、瞬間的に珠をはじくらしいのです。それでも単純な計算と複雑なものとでは手間にかなりの差がある。かりに答えを出すまでの時間には差がなかったとしても、頭を働かすためのエネルギー（緊張度？）に差があるわけです。それが感覚的に"手応え"として感じられます。私たちがおのずからこころの働きとして感じているのが、この手応え（田中先生は確か"手間"と言っておられた）だというのが先生のお考えのようでした。

　そこで私の思い出したのが、古い友人の話です。彼は敗戦から間もない昭和20年代にフルブライト留学生としてアメリカに渡りました。当時は船で10日か2週間くらいかかったようです。毎日海を眺めていたのでしょうが、1日1日日本を離れつつあること、そして未知の国に近づきつつあることを実感していたといいます。淋しさと期待とがないまぜになって、それなりに一種覚悟のようなものも固まっていった、といいます。ところが何年か後再び渡米する機会があり、今度は1日でアメリカに着いてしまい、今アメリカにいると実感するまで、最初に船で行った時と同じくらいの時間がかかったというのです。体にしみついた何かがあって、それが納得するまで足が地につかなかったのでしょう。

　現在は外国行は飛行機が普通になりました。だから実感は窮屈な機内に10時間余閉じこめられることと、いまいましい時差ボケくらいになっています。それだけ地球が狭くなったといえるでしょう。しかし突然異文化空間に放り出されるショックは、ひょっとしたら以前より大きくなっているかもしれません。こころの用意が十分になされていないからです。

（4）こころを生きる

　以上のことを文学的に表現したのが、サンテグジュペリの『星の王子さま』

にある,「バラはバラでも自分が水をかけたバラは別物だ」という,私の好きな,それで何度も引用したことばです。バラの客観的な評価の基準を私は知りません。多分花びらの大きさ,色彩,その鮮やかさ,香りなのでしょう。しかし自分が手間ひまかけて育てたバラは,そのような客観的な評価基準を超えているのです。手間をかけることによって,そのバラと自分との間に特定のつながりができるからです。そうなるとちぎれた花びらやくすんだ色あいまでもが,何だかいじらしく見えてきます。要するに「アバタもエクボ」現象なのですが,それは,対象にどれだけ自分を入れこんでいるか,ということなのです。この「自分を入れこむ」ことを,「こころをこめる」ことと言いかえてもかまいません。

星の王子さまはさらに,「友情とは時間をかけて育てるものなんだよ」と言います。そこにどれだけのエネルギーを注ぎこんだかが,今までに述べてきた手応えを生み出します。不思議なのは,対象に注ぎこんだはずのエネルギーが,逆に自分の中のエネルギーになることです。人間が一人ぼっちの存在ではなく,たえず対象―世界と関わりあうからだ,と思います。つまり対象にエネルギーを注ぐ時,実は対象からもそれ以上のエネルギーが注ぎ返されているのです。恋愛体験のある人は,与える体験が与えられる体験でもあったことに気づいているはずです。そのような相互作用が,こころを生きる,または育てることなのです。

(5) こころの裏と表

こころの捉えにくさについて述べてきました。それは,こころがつねに全体としての私たちにつながっているからです。その結果こころの働きは,しばしば逆説的な形で現われます。

ある中年女性は,放し飼いにしていたニワトリをノラ猫にやられ,火葬場で焼いてもらいました。まるで人間のようなお葬いをなさったのです。やさしい心根の表われですし,死んだニワトリに対する並々ならぬ思い入れがあったのでしょう。しかし,それだけのお金があったら国内外の恵まれぬ人に,何かの

STAGE こころのない時代

形でお役に立てたかもしれません。それで想い出したのが，鳥山敏子さんのお話です(『いのちに触れる―生と性と死の授業』 1985, 太郎次郎社)。前にも紹介したことがあるのですが，知らない人も多かろうと思い，あらためて述べておきます。

　鳥山さんは，以前は東京都の小学校の先生でした。その頃，高学年の子どもたちを荒川堤かどこかに連れだし，貰ってきたニワトリを皆で追っかけ回して捕まえて，殺して食べる行事をなさっていました。PTAのお母さんたちも参加してのことなのですが，ここまでもってくるのが大変であったろうことが推察されます。この行事を始めたキッカケは，ビフテキやカラアゲは大好きだが，牛を殺したりニワトリを締めるような人間は最低だ，と言う子がいたからです。鳥山先生は子どもたちに，生きることがどれ程凄まじい犠牲の上になり立っているかを，身をもって分らせたかったのです。

　女の子の中には顔を蔽って「先生やめて」という子もいたらしいのですが，その手をひっぺがし「よく見ておきなさい」と首を切り落したりしたそうです。「こんなもの食うもんか」と抵抗した男の子は，「バーベキューのおいしそうな香りに，つい一つつまんだらおいしかった」と述懐しています。中には，「あれだけ死ぬのを嫌がったトリさんを殺して食べたのだから，トリさんの分まで生きなければ」と作文を書く子も現われました。「植物にだって生命はあるのだから」と，今まで給食の野菜を残していた子どもが食べるようになった，ともいいます。

　もう1つ似たような例を挙げておきます。

　ずい分前にTVに出ていた話です。日本の取材班が中央アジアのある遊牧民の村を訪れました。遠くからの客はいわゆる「まれびと」で，異界から訪れる神秘的存在として遇されます。そこで子羊を屠って饗宴が催されました。村人たちも連らなり賑やかな場面が放映されていました。彼らは遊牧民ですから，家畜たちは貴重な食料資源です。しかしそれだけではすまぬ一面があるらしい。たとえば生れた時から育てた子羊には，家族同様といった愛着があります。しかしその仲間を殺して食うことによって，はじめて人々の生命は維持されます。

「まれびと」は神に近い存在です。その神に捧げる犠牲の宴に連らなることで，仲間の生命が自分たちの生命としてうけ継がれます。そこには生きる喜びと同時に深い悲しみがある。この饗宴にはそういう宗教的意味もある，というのがTVの解説の大筋だったと思います。

（6） ボランティアのこと

　ついでにボランティアのことも言っておきましょう。兵庫，淡路の大震災で多くのボランティアが活躍したのは記憶に新しいところです。その頃関西の新聞に，関西学院大学のボランティアグループの声明文がのりました。「われわれは，被災した方たちの自立を助けるためにお手伝いしてるのであって，被災者のやるべきことを丸ごと肩代りしているのではない」といった趣旨のものと覚えています。ボランティア活動は，災害時か否かにかかわらず大切なものです。しかしそれはあくまで善意の奉仕活動です。善意だけの関係は，概して浅いことをわきまえておく必要があります。深い関係とは，お互いの悪意も入れこんで，しかも支えあってゆく関係なのですから。関学の声明は，ボランティアの中に，何から何まですべてやってやる（実際には不可能な思い上りです）という態度をとった人，被災者の中に，何から何までボランティア任せにしようとした人，がいたからだと思います。

　善意だけでつきあうのは簡単です。それ程のエネルギーは要りません。再び恋愛体験のある人についていえば，好きあってる間はそれだけで幸せで，そばにいるだけでよかったはずです。何らかの永続性のある関係を目ざしたとたん，この私とこのあなたの関係になり，そこではじめて星の王子さまのいう，「友情は長い間かけて育てなければならないんだよ」という意味が分るはずです。

　この頃の若者たちがやさしくなった，と時にいわれるのは，この深い関係をことさらに避けているからです。深い関係とはかけ替えのない関係ということなのですが，それは，この人と関わった時にはじめて開かれてくるわたしの可能性を生きることです。人間関係とは，本来がすべてそういうものでした。それをわれわれのことばでは一期一会などといいます。それは愛憎こもごもの，

別れたくても別れられない，いわば腐れ縁のような関係をも含みます。だから若者たちは，そこまで深く降りていきません。いわばゆきずりの者同士，束の間の楽しみを共にして，よかったなと別れてゆくのがスマートなのです。

　私たちはいろんな人といろんな関係を結びますが，それらはすべて社会的な役割関係です。そして役割に応じてそれなりの親しみや安らぎを感じています。だからこの親しみとか安らぎだけを問題にすると，あらゆる人間関係はどれだけ親しいか，どれだけ安らげるかで，そのよしあしが決まりそうに思えます。しかし，夫婦のように仲のよい親子というのはどこかおかしい。どんなに仲のよい友人とでも，家族とのつながりとは微妙にくい違っています。つまり私たちは，役割関係などかなぐり捨てて同じ裸の人間同士としてつきあいたいのですが，それができないのです。だからこそ同じ人が，ある人には優しく，別の人には冷く当ることがあるのです。しかもどちらの場合も，当の本人は，いつものようにふるまってるとしか思わないでしょう。この，自分を自分と思わせるのがこころの働きです。本章ではイントロダクションということで，ごく大雑把な問題点をいくつかとりあげました。

もっと知りたい人のために

フォン フランツ，M. L.（松代，椎名訳）　1982　永遠の少年　紀伊国屋書店

STAGE　こころのない時代

2　こころはなぜ病むのか

（1）「老人医療」の話

　『老人医療』（大井玄　弘文堂）にこんな話がのっています。ある時，年老いた女性が大学病院に入院しました。どうせ助からぬものならば無理な延命策は講じないでほしい，と家族は言ったのですが，主治医は生き永らえられるだけ生かしたい，と考えていました。そのため鎮痛剤を投与しないので，患者は相当な苦しみに耐えねばなりません。ある日病室を訪ねた息子のてのひらに，酸素マスクを被せられた老母が必死で指で字を書いてきました。一生懸命読みとりますと，それは「シナセテオクレ」という文字でした。間もなく老女は亡くなります。そして息子とは著者であった大井玄その人であることが明かされます。彼は当時東大の内科の教授でした。医者でありながら母親にこういう死なせ方をさせたのが無念でならない，この本はその母への鎮魂の意をこめて書いた，とありました。

　医学が赫々たる成果を挙げたのは，19世紀の半ばから20世紀の半ばまでだ，といわれます。それによって少なくとも先進国では，いわゆる感染症がほとんど撲滅させられました。エイズとか，近頃はあらためて結核とかの伝染病が，すっかりなくなったのではありませんが，以前のように，何万人もの患者がそのために死ぬ，といった悲惨な状態はのり越えたようです。

　それによって，まだ時の来ない多くの若い人に失われた明日が甦りました。しかしそのことが現在，医学を奇妙な袋小路に追いこんでいる，といわれます。それは医療が，そのエネルギーの多くを老年期医療に注ぎこんでいるからです。

> STAGE こころのない時代

老いと死は、あらゆる生き物の避けることのできぬ不可逆的プロセスです。しかし現代の医療は、明日のない人に文字通り1日の明日を生きのびさせるために、莫大なエネルギーを使っています。そのことが、はじめに書いた大井玄の無念の思いにつながっているわけです。明日のない今日1日をいかに意味深いものにするか、それがホスピスやサイコオンコロジイ（主に末期癌の人たちにとっての最良の死について考える学問）といった、QOL（生活の質）を高めようとする新しい試みとなっているのです。まだまだ結論が出るには程遠いにしろ、少しでも生命を永らえさせるだけが医療の仕事でないことは、はっきりしています。

（2） タンポポと高校生

大分以前のNHKのラジオ放送で、次のような高校生の作文が朗読されたことがあります。この高校生は重い病気にかかっており、間もなく死ぬことを本人も知っていました。それがある時病院の庭を散歩していたのでしょうか。道傍にタンポポの咲いてるのに気づくのです。そして、その花びらの1枚1枚が生命(いのち)に輝いているのに感動します。そして、その感動している自分自身が、まさにタンポポと同じようにいま生命に輝いていることに気づき、一層感動するのです。もしもボクが間もなく死ぬことを知らなかったら、多分気づくことのなかったタンポポの美しさに魅せられて、いままさに生きてある思いがこみ上げて、その素晴らしさ有難さに感謝した、というのです。

第1章で、善意だけの関わりの浅いことを述べました。単純化したいい方ではありますが、悪意をもとりこんでなお揺るがない固い絆が、深い関係といえるのでしょう。同じように生きる喜びは、もっぱら明るい生を楽しむというのではなくて、いつか死ぬという暗い現実を踏まえてこそ、「いま、ここ」ならではの輝やかしい相(すがた)を顕わすのだ、と思います。

本章で扱うテーマは、いずれも25章でもっと詳しくとり上げるつもりです。しかしここでいっておきたいことは、このような暗い面—たとえば生に対する死—や不快な面—たとえば善意に対する悪意—を否定するところに、実はここ

ろの冒されるきっかけのあることです。ある女子中学生は，箱庭療法で白雪姫やシンデレラの浄らかな結婚式の場を作るかと思うと，動物たちが幾重にも重なる露骨なシーンを作りました。しかし結婚式も性行為も，考えてみれば同じことの両面なのです。それを1人の人間の中に，どのように納得できる形でとり入れるか。それがおそらく，この世代の少女たちの大きな課題の1つなのでしょう。それがバラバラに現われる時，浄らかなだけの場合もグロテスクなだけの場合も，いわゆる病理的な相貌を露わにすることが多いのです。両者をつなぐのが愛のプロセスなのですが，今日の性教育からそこがごっそり抜けおちているのは，ご承知の通りです。

（3）あるエイズ患者の話

『死ぬ瞬間』で有名なキュブラー＝ロスが，別な本（『エイズ　死ぬ瞬間』読売新聞社）に次のような若者の話を書いています。その若者は，エイズが発病してもう1年はもたないだろう，と考えられていました。しかし，「この病気にかかって，1つだけよかったことがある。」と言うのです。それは，「もしこの病気にならなかったら，こころのどこかでずっと感じていながらそれとハッキリ分らなかった，実は私にとって一番大切なもの」に気づくことができたからです。それが「優しさ」または「思いやり」でした。「病気になるまでは，明日のこと（出世や金や名誉のことです）が気になってすっかり忘れていた。この病気になってやっと気がついて，それからの数か月の方が，それまでの20何年間全部よりも私にとって意味が深い」。

ここで考えたいことの1つは，今までもずっとこころのどこかで感じていた，ということです。私たちには生れつき，仲間に対するやさしさのようなものがあるのではないでしょうか。その代り，仲間以外のよそ者に対する冷たさ，または敵に対しては容赦しない残酷さがあります。映画「ゴッドファーザー」には，家族に対しては思いやりに満ちたマフィアのボスが，敵対するギャングには凄まじいまでの非情さを見せつけます。この若者の気づいたやさしさは，仲間に対するものです。これは，私たちがたとえば仔イヌや仔ネコの仕草を見て

いると，思わず可愛く感じさせられてしまう，それと同じ哺乳類の本能的なメカニズムのような気がします。しかし，日常生活をスムーズに営むためには，このメカニズムだけに頼るわけにはいきません。見分けの働きが要るのです。

　山でヘビを見れば，どれほど美しい模様に飾られていようと，まず毒があるかどうかを見分けるのが第1です。森で動物に出会えば，それが攻撃的な種類かどうかを最初に確かめなければなりません。人間についても，どれだけ魅力的であるかの前に，敵か味方かをはっきりさせる必要があります。言語学者のハヤカワ（『思考と行動における言語』岩波書店）によれば，子どもの時から育てあげた牛は，家族の1員でありペットであり財産であり食料でもあります。状況に応じて，どれかその1つにわり切って考える必要があります。それでもすっかりわり切ることの難しいことは，第1章の第5節で述べました。仲間である仔ヒツジを屠ってでも，私たちは自分たちの生命を維持しなければならないのです。

　アメリカのこの若者が，「明日のために」と言っているのはそのことです。私たちが生きているのはまさしく「いま，ここ」なのですが，「いま」がいつか，「ここ」がどこかは各人によって異なります。物理的に同じ時同じ場所に居合わせても，各人によってその意味が異なるからです。それによって「いま，ここ」でいかにあるべきかが決まります。余命いくばくもない人と，前途洋々たる若者とでは，物理的に同じ「いま」がまったく異なるように，です。第25章で詳しく考えることですが，「今日」には確かに「明日」のために用意する，という意味があります。今日の苦しい労働が明日の豊かな収穫を約束する，というように。しかし，今日の意味が明日どれだけ役立つか，によってのみ測られると，「いま，ここ」のいのちのプロセスが見失われます。「商売は商売」とわり切って，見ず知らずの人も親しい人も同じように扱うことは時に必要なこともありますが，それと気づくことなくこころにしこりを残すことが多いのです。

　この青年は，エイズにかかって自分に明日のないことに気づきました。そしてはじめて，自分がホンネをどれだけおし殺してきたか，「いま，ここ」のすばらしさにどれだけ目をつむってきたか，に気づいたのです。それは，タンポポ

の花に感動し,「いま, ここ」で生きている喜びを自覚した, 本章の第2節の高校生と変わりません。現代に生きる私たちは, とくにこの種の問題にとりこまれすぎているように思えます。今日の意味, すなわち今やっていることの意味が, それ自体完結しているのではなく, 明日のため, つまり別な目的のための手段にすぎない, ということです。そしていつか明日のない日が誰しもに訪れるとすれば, その時今日の意味を何によって満たすのか, という問題です。

(4)「ボク, このままでも悪い子じゃないんだね」

本節の表題は, アレンという人の『問題児の心理療法』(みすず書房)に出てくる, 遊戯治療を行っている子どもが何回目かのセッションで口にすることばです。この子どもは"悪い"子どもでした。だからこそアレンの所に送られて治療を受けていたのです。治療はもちろん, "悪い"ところを無くすためでした。しかしそれは無くならなかった。そのことを子どもは,「このままでも」ということばで表わしています。しかも面白いことに, その時以後, 子どもの"悪い"行動は劇的に消えてゆくのです。ここに, 次章で述べる癒しのプロセスが現われています。先走りになりますが, 少し説明しておきましょう。

「このままでも」ということばは, そのまま「悪いままでも」といい代えることができます。だからこのことばを発した時, 子どもは自分の"悪さ"に気づいたのです。しかし「悪い子じゃないんだね」というのは, 悪い部分があるからといってそのまま"悪い"子ではない, というさらに重要な気づきにつながっています。子どもが何を悪いと考えていたかはおいておきます。第1章でも述べたように, 善意だけの関係はかなり浅いものです。深い関係とは, お互いの悪意をとりこんでしかもお互いが支えあっている関係です。だから良い子とは, 自分の中の悪に気づいている子, といってよい節があります。

ウィニコット (Winncott, D. W.) というイギリスの精神分析家の考え方にそって, 以上のことを簡単に説明しましょう。彼によれば, 小さい子どもには2重の不安があります。1つは見捨てられ不安です。人間にはごく幼い頃から, 自立への基本的な衝動があります。それは, 母親から離れて自分なりにやりた

い，という促しです。しかし母親には，いつまでも子どもを手元にひきとめておきたい衝動があります。だから子どもが自分から離れるのを喜びません。そこであえて離れていこうとする子どもに対して，そんな子はみてあげませんよ，という態度をとります。それが子どもに，見捨てられるかもしれないという不安をかき立てます。

　もう1つが呑みこまれ不安です。見捨てられ不安を解消する1番の方法は，べとべとと母親にまとわりつくことです。たしかにこれによって依存感情が満たされ，見捨てられる不安はなくなります。しかし逆に，自分自身であることができない，つまりつねに母親の期待に応えるだけの存在でなければならないという，呑みこまれ不安が生じます。だから離れると見捨てられ不安が，近づくと呑みこまれ不安が生じ，文字通り進退きわまるということです。そこで子どもは，自分の中の自立衝動にも依存欲求にも罪悪感を感じます。自分を悪い子と思ってしまうのです。

　しかしウィニコットは，普通の母親であればこの難しい状況をうまく乗り切れる，といっています。つまり子どもの成長は親にとって喜ばしいことだからです。たしかに子どもの離れてゆくのは淋しいことだけれども，それだけ成長したしるしとしてうけとめられる，というのです。その場合子どもは，見捨られ不安にも呑みこまれ不安にも囚われることはなく，ましてや罪悪感も感じないですむわけです。

　ここには依存と自立についての重要な問題が含まれています。しかしそれについては，第11章で論じられるはずですので，ここでこれ以上考えることはしません。要するに私たちのこころには，自分を生かそうとする強い衝動があります。それ自体は悪いことではありません。しかしそれが，時に他の人の気持と衝突することがあります。そして周りも自分も，それを悪いことと決めつけていることがあります。そのため，その衝動がおし殺されていることが少なくない。それが逆に悪い行動─症状をひき起こしていることが多いのです。この子どもの場合も，おそらくそれに近かったのでしょう。

（5） なめくじコンプレックス

　このことばは私の造ったものです。以前それについて少し書いたことがあります(氏原，1999)。しかし前節との関連で，ここでもう一度とり上げることにします。

　大分以前のことですが，酒の席で古い友人の一人が，どうしてオレはこうもジャイアンツが嫌いなのだろう，と言ったことがあります。それはなめくじコンプレックスのせいだ，というのが私の答でした。そりゃどういうことかと聞くので，陽の当る場所にいるやつを，湿ったドクダミの陰から恨みがましく眺めてることだ，と説明しました。私も含めて，関西人の多くが東京人に対してもちやすいコンプレックスです。友人はえらく感心し，それで分った。しかしコンプレックスとはもともと無意識で，それに気づけば解消すると聞いてるのにオレのジャイアンツぎらいが一向に治らないのはなぜかと，くい下ってきました。

　たしかにコンプレックスは，定義上無意識ということになっています。無意識ですから当人は気づいていない。だからこそ現在の意識にさまざまに影響して，本人にはわけの分らない現象を生ぜしめるのです。それがしばしばノイローゼの症状として現われる，といわれています。しかしコンプレックスが無意識なのは，それを意識するのが辛いからです。意識さえしていなければ，それは無いも同然ですから，少なくとも意識的に苦しむ必要はありません。たとえば成功した金持の学歴コンプレックスとか。したがってコンプレックスを意識するとは，今まで無いはずであった自分の弱味に直面することです。それが嫌だったからこそ避けていた問題にとり組むのですから，コンプレックスとは意識してからが勝負になります。

　この友人は医師でした。だから一種の特権身分としての味も知っています。同時にそのことのアホらしさも。彼がジャイアンツに鼻持ちならなかったのは，彼らがそのアホらしさに気づくことなく，世間がチヤホヤするのをまるで自分たちがその通り偉いと思いこんでいる，と思っていたからです。そして，でき

| STAGE こころのない時代

たら自分も同じようにチヤホヤされたい，というひそかな願望を抱いていたのです。もちろん医師仲間での競争や，それに伴う得意や失意もあったはずです。ジャイアンツ嫌いの底には，意外に深い屈折した心理が渦巻いていることが分ります。

　以上，本章では〈STAGE こころを癒す〉でもっと詳しく考えることについて，先走り的に概観してきました。本書が臨床心理学のテキストであり，臨床心理学とは，心理学的につまずいた人たちにふたたび元気をとり戻してもらおうとする学問だからです。心理学的につまずくとはどういうことか。第4章で正常と異常について述べられますが，意外に正常の範囲内で起こることが少なくないのです。むしろつまずきを正面からうけとめることが，回復というよりも新しい創造をもたらすことが多いのです。

もっと知りたい人のために

フロム，E.（日高六郎訳）　1951　自由からの逃走　東京創元社

STAGE　こころのない時代

3　癒しのプロセス

(1)　フロイト，ユング，ロジャーズ

　この章で扱うことは〈STAGE こころを癒す〉の主要テーマです。だから前章と同じく，癒しについてのごく大雑把な輪郭について述べることになります。主にユングの考えに従って書くつもりなので，はじめにユングとその師匠でもあったフロイトについて，簡単に紹介しておきます。

　いうまでもなくフロイトは精神分析学の創始者です。わが国にも，彼の考えと技法を生かそうとしている人が大勢います。無意識という概念を実践の中にとり入れたのが彼の大きな功績です。ユングはフロイトより19歳年下で，はじめはその弟子のような立場にいました。やがてフロイトから離れ，独自の分析心理学をうち立てます。もともとフロイトの弟子で，彼から独立して自分なりの学派を作るのに成功したのは，彼と個人心理学をはじめた A. アドラーくらいです。フロイトから離れた人たちには，その後自殺したり精神病に陥った人が少なくありません。それだけフロイトの影響力が強かったのでしょう。それとも，フロイトに惹かれる人たちは，ほとんどが才能豊かな人たちだったのですが，それゆえに神経が細やかすぎたのかもしれません。

　わが国でカウンセリングを始めた人たちは，まず例外なくロジャーズの影響を受けています。フロイトもユングも精神科医でしたが，ロジャーズは心理学者です。知ってる人も多いと思いますが，来談者中心療法を創めた人です。必ずしもカウンセラーの専門性を強調しなかったので，フロイト派やユング派がかなり厳しい一定の訓練制度を設けているのに対し，わりに安易にこの派のカ

ウンセラーを名のっている人が少なくありません。しかし実際はかなり難しいことをいっています。実践的にある程度体得しなければ，その意味を十分に理解するのは難しいのではないか，と私自身は思っています。その点フロイト派やユング派は，かなりの資質と努力が必要であるにしろ，ずい分と整った訓練システムをもっているので，そのコースを終えるだけの力のある人には，よいにしろ悪いにしろ，比較的自分の力を納得しやすくなっています。

　ユング派とフロイト派の違いはとても一言ではいい表わせません。しいていえば，フロイト派が癒しを，まともなコースからのずれを修復することだとするのに対し，ユング派はクライエント（カウンセリングを受ける人のことです）の自己治癒力に期待していることです。その点ロジャーズ派と似ている，といえなくもありません。理論的にも，一見大きな距りがありますが，肝心のところは意外に似ているのではないか，という印象が私にはあります。ロジャーズ派から出発し，いつの間にかユング派になじんでいる，私の特殊な経歴のせいなのか，もともと両方に似たところがあり，それで私がそんな道を歩んだのかは，何ともいえません。

（2）　王さまの耳はロバの耳

　ユングは，こころの癒されるプロセスにおける告白の意義，を強調します。これをカトリックの懺悔になぞらえることができると思います。私たちは，自分だけの秘密の持つ重みに耐えかねることがあります。「王さまの耳はロバの耳」という話は，多分皆さんも聞いたことがあるでしょう。一人の散髪屋がお城に招かれました。王さまの髪を刈るために，です。ところが刈っているうちに，髪の下から大きいロバの耳が現われました。いつも髪を長く伸ばしているので，人々の目に触れることがなかったのです。仰天している散髪屋に，役人は沢山の褒美を与え，「ただし，この秘密を他人にばらすと即座にお前の命はないものと思え」と警告します。

　家に帰った散髪屋は，この秘密を自分だけのものにしておくのが苦しくなってきます。とうとう病気になってしまいました。そこである日，決心して川の

ほとりにある柳の木の下に穴を掘り，大きな声で「王さまの耳はロバの耳」と叫びます。そしてすっかり元気をとり戻しました。柳は人ではありませんので，他人にばらしたことにはなりません。しかし風が吹くたびに枝が鳴って，「王さまの耳はロバの耳」と聞こえました。それで国中の人が真相を知り，だからといって何事も起こらなかったので，万事めでたしめでたしで終る話です。

　この話は，自分だけの秘密を持つことの苦しみと，それを吐き出した後の安らぎを，みごとに物語っています。ロジャーズが，カウンセリングにおける傾聴の重要さを指摘したのはそのことをさしています。ユングはそこに大きいカタルシス効果を認めています。これは，愚痴を聞いてもらうだけでずい分気持が楽になるようなことです。肩の荷を半分担いでもらえるからです。誰しも自分の貫禄以上の経験をすると，人に聞いてもらいたくなります。凄い贅沢をしたとかとても怖い目にあったとか。しかし秘密にはもっと深い意味があります。

（3）　秘密について

　私たちは通常，信頼しあっている者同士の間に秘密があってはならない，と思いたがります。しかしこれは一種のセンチメンタリズムです。「私にもお前に言えぬ秘密がある。お前にも私に言えぬ秘密があろう。しかしわれわれは信頼しあっている夫婦だ」，というのがおとなの信頼関係でしょう。私たちはみんな多くの秘密をもっています。そして誰に何を秘密にするかによって，相手との距離を保っています。だから友だちはみんな知ってるのに家族の知らない秘密があります。逆に家族しか知らない秘密もあります。さらには子どもたちだけの秘密とか夫婦だけの秘密など。それによって私たちは，相手とは違う自分の立場を作っているのです。だから秘密をもてないのは，人との関係がもてないのと同じなのです。独立した人格の持ち主とは見なしにくい。

　しかし秘密をもつことは，そのことに限っていえば，相手を疎外していることになります。これは事実上，相手から疎外されていることと変わりません。だから私たちは，いろんな秘密を誰かとは分けもっています。それによって人間仲間の1員と思えるからです。しかし誰とも分ちあえない秘密があります。

こういう場合私たちは，人間社会全体から疎外されている（実はしている）感じをもちます。それは怖しい状況です。自分だけがいわば呪いの星の下に生きており，もしその秘密が明かされれば，即座に共同社会から閉め出されてしまうからです。戯画化されてはいますが，前節の散髪屋の状況がそれに似ています。

ここでカウンセラーがクライエントの秘密を分けもつのです。カウンセラーはれっきとした社会的存在です。それが実感をもってクライエントの秘密をうけとめ，しかもカウンセリング場面で話されたことは，余程のことがない限り外部に洩れません。秘密のため，人知れず人間社会から孤立せざるをえなかった人が，カウンセラーにうけ容れられることによって人間社会に復帰できるのです。秘密は誰彼なしに明かすものではない，と先に述べたことを思い出して下さい。私たちは，この秘密はこの人と，あの秘密はあの人と，と適当にまくばることによって，孤立感を防いでいます。1人でも秘密を分ちあえる人がおれば，もはや私たちは孤独ではありません。カウンセリングでこころが癒される場合，この効果が大きいのです。多くのクライエントが，ただ話を聞いてもらうだけで元気になるのはそのためです。

（4） 無意識の探究

ただしそれだけでは不十分なクライエントがいます。お分りのように，秘密とは相手に対する秘密なのであって，自分にとっては秘密でありません。自分には分っている，つまり意識されていることです。ところが，人間のこころには，意識よりももっと深い無意識の領域がある，と仮定されています。私たちには，意識していることしか分らないのですから，意識の側からみれば無意識など無いも同然です。しかもそれが，それと知られることなく現在の意識に影響を与え続けていることは，前章の第5節で，コンプレックスについて触れた時に説明しました。そして，この意識と無意識の相互作用がギクシャクしているためにこころを病んでいる人が，数多くいるのです。

精神分析を創めたフロイトは，意識と無意識とのこの相互作用に最初に注目した人です。そして無意識の底に沈んでいるものを，何とかして意識の明るみ

3 癒しのプロセス

クラーク大学，1909年9月。前列左から・フロイト，スタンリー・ホール，ユング。後列：A. ブリル，E. ジョーンズ，S. フェレンツィ（アニエラ・ヤッフェ編　氏原寛訳　1995　ユング　誠信書房より）

にもたらそうと試みました。そして19世紀から20世紀にかけて，それまでの医学ではなかなか治すことのできなかったノイローゼの患者さんを，たくさん治したのです。その方法をここで詳しく述べることはできません。第22章を見て下さい。しかしごく簡単にいうと，ごく小さい頃（生後間もなくからです）あまりに辛い体験があると，子どもたちはそれを意識の世界から閉め出してこころの安定を保とうとします。しかしそれがコンプレックスとなって，とくに思春期以後症状となって現われてくる。だからてっとり早くいえば，この閉め出された体験を思い出すことができると，症状がとれるわけです。「イド（衝動，無意識といってよいでしょう）のあるところにエゴ（意識の主体です）をあらしめよ」というのが，彼の有名なモットーです。その多くが苦痛な感情体験を伴っていますから，この方法は知的な外観と裏腹に感情生活を甦らせる試み，といってよいと思います。

（5）　教育的働きかけ

ところで，感情とは自然に起ってくるものです。私たちは，気がついたら喜

びがこみ上げていたり，怒りにとらえられています。だから感情とは，いわば自然な自発的なプロセスです。しかしだんだん成長してくるにつれ，私たちは，周りの世界に合わさなければなりません。そうなると，自然な感情のプロセスをおし殺してでも，周りの期待に応える必要があります。自然なこのプロセス―それを自発性といってもよいでしょう―が，しばしば周りと衝突するとなると，これは悪しき衝動として抑えこまれます。生き生きとした感情を失った，お利口ちゃんが生れるわけです。

　前節で，精神分析の技法は失われた感情プロセスを甦らせることだ，と述べました。そして治療がある程度の効果をあげたとします。すると患者は，誰彼なしに深い感情的関わりを持とうとします。第3節で，秘密が多くの人と分けもたれることを説明しました。感情的関わりにも同じようなことがいえます。私たちは親とは親との，配偶者とは配偶者との，友人とは友人との，別々の感情的関わりをもっています。これには，役割と衝動との社会心理学的考察が要るのですが，ここではとり上げません。要するに，私たちはいろんな人とのいろんな感情関係をうまく使い分けて，感情的バランスを保っています。時には親の悪口を友だちに，友だちの悪口を親に言えることが，非常に重要な場合があります。

　大変単純化することになりますが，無意識の探究をそこそこにやって，今まで凍りついていた感情プロセスが動き始めると，患者さんたちは，1人の相手にあらゆる感情的関わりを求めます。母親役，恋人役，友だち役などなど。おずおずと近づいてくるこういう人たちに，はじめは親切に対応していた人たちも，あまりの期待過剰ぶりに怖れをなして，やがて遠ざかりがちになります。それがかつて感情を凍りつかせる原因となった，裏切られ体験，見捨てられ体験になりやすい。だから無意識の探究がそこそこにできて，感情の流れがスムーズに動き出すと，一転して現実適応的な，教育的働きかけが必要になります。つまり感情満足は，社会的な役割関係を通してこそ求められるべきことを，訓練する必要があるのです。

（6） 転移と逆転移

　第4節で，癒しのプロセスには無意識の探究という面があり，それは感情プロセスの甦りを目指す，と述べました。その場合，カウンセラーの共感能力が決定的に物をいいます。しかし第4節の場合は，たとえば映画や芝居の主人公に共感する能力に近い。ある程度の知的理解を背景に，たとえば，「私なら（人間とは，というのと同じ意味で），そんな場合こんな風に感じると思うのだが，あなたが今悲しいというのはそんな感じなのか」とか「その時あなたはそうは感じなかったのか」とか問い返すことができます。一時よくいわれた「あなたは今こんなような（クライエントの発言をくり返す）お気持なんでしょうか」と，クライエントの感情を客観的に理解しようとするのではなく，カウンセラーの実感をもとに確かめてゆくのです。それによって，「違います」と言われても，「今は分らないかもしれないけれども，多分こうなんですよ」と切り返すこともできるのです。それをかりに，感情レベルの共感としておきます。

　しかし本節でいう共感は，それよりも少し深い感覚レベルの共感です。カウンセラーがクライエントに会う時，相手が異性か同性か，年輩者か若者かなどによって，受けるインパクトはずい分違います。とても一律にクライエントなどとはいっておられないのです。個々のクライエントによって動かされ方がすべて微妙に違います。それに気づくことがクライエントへの共感を促します。たとえば批判がましいクライエントに圧倒されるように感じる時，「あなたは私に魔術的な解決を期待してるのではないか。それにはとても応えられそうにないので，何だか今圧倒されそうな感じになっている。ひょっとしたら，私の方が万能的セラピストを装って，あなたに過大な期待を抱かせたのだろうか」とか，さらに一歩踏みこんで，「ひょっとしたらあなたの周りにいた人たちは，今私があなたにしたかもしれないように，いつもあなたに過大な期待を抱かせ，当然裏切られて腹を立てるあなたに対して，もっと烈しい怒りで応えていたのだろうか」などと言えるかもしれません。あるいは10分遅刻してきたクライエントに，「何だかあなたに見捨てられたのではないか，と不安だった」と告げる

ことにより，クライエントの見捨てられ不安と，同時に攻撃性をとり上げられるかもしれません。

　これらは転移，逆転移として，以前から多くのカウンセラーによって気づかれてきたことです。それは「いま，ここ」のカウンセラー・クライエント関係の中に生じていることをとり上げてゆくやり方です。先の遅刻したクライエントの，「いや，出かける間際に電話がかかってきましてね」という弁解に安心してしまうと，折角「いま，ここ」でクライエントがわざわざ約束を違えた事実を見逃してしまうことになります。喘息発作のあるクライエントが面接中に発作を起したのは，このカウンセラーが前にいるからなのであって，それを，いつもの発作がたまたま起ったと片づけてしまえば，「いま，ここ」のこのカウンセラーとこのクライエントならではのプロセスが見逃されてしまうのです。

　このあたりのことは，実践的経験を相当につまなければ理解しにくいことかもしれません。しかし癒しのプロセスについて考えるとすれば，一応は知っておかねばならぬことだ，と考えています。なお，一見第2節から第6節までのプロセスが順に展開するような書き方になっていますが，実際はそうでありません。傾聴や感情のプロセスや教育的配慮などが，同時並行的に，時には逆行しながらくり返し生じてくるのです。だから本章の説明は，癒しのプロセスのさまざまな局面について述べたものです。要するに，このクライエントでなければ生じない内的プロセスに，カウンセラーがどれだけ開かれてゆくかが問題なのです。

もっと知りたい人のために

ヤッフェ，A. 編（氏原寛訳）　1995　ユング―そのイメージとことば　誠信書房
エレンベルガー，H.（中井，木村監訳）　1983　無意識の発見　上下　弘文堂

STAGE　おかしいという感覚

4　正常と異常

　正常とはなにか，異常とはなにかを正面切って考えてみますとなかなか難しいことです。言葉の意味を2つの国語辞典で引いてみました（三省堂の国語辞典と岩波書店の広辞苑です）。それらによると，正常とは，「普通，いつもと同じで変わったところが無い様子。他と変わったところがなく普通であること。なみ。あたりまえ」です。異常とは，「普通ではなくて，どこか変わったところがある様子。普通とはちがうこと。理想的な状態や好ましい状態より劣っていること」。異状とは，「普段と違ってどこかうまくいっていないと感じられる事情。正常ではない。普通とは違った状態」。普通とは，「世間にざらにあり，なんら変わった所が見られないことを表す。平均水準。ひろく一般に通じること。どこにでも見受けるようなものであること。なみ」，とあります。循環論法におちいっているようで，分かったようで分からないでしょう。ここから実態を摑めた人はよほどの人です。

（1）　統計的な尺度による正常と異常

　普通であるのと普通でないのとを区別するのに，「並」という概念があります。並があると「上」と「下」がついてくることが多いようです。食料品や座席など，人間が直接接するところには，「下」がないこともあります。「上肉」「並肉」はありますが，「下肉」はありませんし，「上寿司」と「並寿司」はありますが，「下寿司」はありません。「下肉」や「下寿司」では，食あたりしそうですから。「並」や「上」という単なる区別にも，人間のこころ（イメージ）が投影されてくるからです。そのような場合に，等級が使われていることもあり

ます。では,「上」「中」「下」や等級はどのように決められているのでしょう。一応の基準はあっても,たぶんに恣意的な基準で決められていることが多いようです。心理学では,特に実験心理学では,基準が恣意的では,得られた結果も恣意的になります。だから,基準をできるだけ厳密にしたい思いがあります。

　心理学の中で,初期から研究が進んでいるものに「知能」があります。「知能」の操作的定義は,「知能検査」で計られたものということになっています。「知能検査」の定義は,知能を計る尺度,ということになります。「知能」のベースは,発達です。何歳になるとどれくらいのことができるか,ということがベースです。発達には,身体発達,社会性の発達,知的発達があり,知的発達には,運動性の発達と言語性の発達があります。乳幼児の頃は,身体,社会,知能,の三者の発達は,あまりにも劣悪な環境に置かれたり,身体に障害がない限り,高い相関があります。年齢とともに,これらは分化していき,知能(ある課題の遂行能力)のみを測定することが可能になります。知能の基準が,客観性を持つために,知能検査は標準化という操作が行われています。それは,ある年齢の人がある課題をこなす割合が,正規分布するように,また,あまりにも地域差がでないように,工夫されているのです。標準知能検査では,IQ(知能年齢を暦年齢で割り,それを％化したもの)を100とし,標準偏差(標準からのバラツキ)が約15になるようにされています。このように基準尺度が統計的に処理されていますと,知能の段階は統計的な正確さをもって決めることができるのです。知能段階を5段階に分けようとすれば,IQ 100を中心にして,前後15,すなわち,IQで85〜115の人は標準知能(普通の知能)ということになります。知能検査は正規分布するように作られていますから,普通知能の人は,全体の約70％存在することになります。このようにすると,やや高い知能指数の人は,IQで115〜130で全体の約13％となり,130以上の高い知能の人は全体で約3％くらいになります。逆に,IQで70〜85のやや低い知能の人も全体の13％くらいで,IQで70以下の低い知能の人も3％くらいになります。このような統計的尺度は,どのような尺度にも通じることですが,使い方によっては,ラベルを張り,決めつけてしまう欠点を持っています。お寿司でも,「下寿司」とラベルが張られ

ると，誰も食べようとしません。まして，人間の能力に段階をつけることは，大きな差別につながりかねません。特に，人間は知能の働きでもって，他の生物を支配してきましたので，知能には他の能力に比べて，一段と強いコンプレックス（複合感情）を持っています。それに人間の能力は，知能だけで決められるものではないからです。

　知能が優秀でも，社会性に欠けている人もいます。運動能力が低い人もいます。他人の感情に鈍感な人もいます。同じ知能年齢を持つ子どもでも，実際の生活能力には大きな差があります。こころや人間の全体像は，標準的尺度で計り切れないものがあるからです。知能検査は，それが人間の能力の刻印付けに使われ，差別につながり，排除されてきた歴史があります。しかし，これは，標準化された尺度が悪いのではなく，人間の使い方が悪いともいえます。知能の計量が行われず，全く不当な知的訓練が行われることもしばしばあるからです。

　これは，知能検査にのみ当てはまることではありません。こころは計量しにくいものであると言いましたが，それだとなんとか計ってみたくなるのが人間です。心理学では多くの性格テストや心理診断テストが開発されています。これらも使い方を誤り，不用意に「分裂病的」だと言われたため，よけいに落ち込んだ人さえあります。心理学的な道具は，注意して慎重に，相手の身になって使われないと，差別化や洗脳や破壊活動にさえ使えるのです。

（2）　普通（平均）の幅

　「普通」といわれると，人間は安心します。しかし，何が普通かを決めるには，なかなか難しい問題があります。基準がハッキリしている「知能検査」でさえ，いろいろな問題が生じることは，すでに指摘したところです。人間には「普通コンプレックス」があるからです。普通かどうかは，相対的なものなのですが，それを絶対化するコンプレックスが人間にはあるのです。2つの指標を提示しましょう。1つは経済的普通と他は試験の点数です。日本の国は平和だと言われています。治安の良さは先進国で第一だと言われてきました。格差や

STAGE おかしいという感覚

　差別がひどいところに，平和や安心はありません。人心が乱れるからです。日本国の国民感情が安定していた１つに「経済格差」が少なかったことがあります。暮らし向きが普通だと思う国民が，全体の９割を占めていたからです。しかし，暮らし向きが普通だと思っている人の間での実際の所得は，300万円から1000万円くらいあり，かなりの格差があるのです。それでも「普通」だ，と思える気持ちがあるからです。一方，試験の点数はどうでしょう。子どもが親に試験はどうだった，と聞かれて，80点だったと答えたとしましょう。これで良かったね，という親は少ないようです。次に必ずと言っていいほど，「平均点は」と尋ねます。子どもが83点といいますと，「なんだ平均以下じゃないか」と，叱責が返ってきます。逆に，親に試験の点数を聞かれて，子どもは56点と答えたとします。親が叱ろうとしたときに，でも「平均点は42点だったよ」，と言い訳しますと，親の叱責は止むことが多いでしょう。平均点はまさに点です。この１点が上下を分けるのです。経済程度を判断する心理状態と点数を判断する心理状態の違いがお分かりでしょう。これが，受験地獄，偏差値地獄をもたらせている「心理状態」なのです。国民全体の気持ちに，経済状態を判断するくらいに平均幅があると，学校での子どもの心理状態はかなり変わって，穏やかになると思います。

　正常と異常は，平均の幅で決まり，幅が広いほど安定的です。これは，血圧や身長，あるいは肝臓や血糖値のように，幅がある身体指標にも当てはまります。同時に，癌細胞や異型リンパのように１つ見つかるだけでも，重大な異常データとなるものもあります。それでも人間は生物ですので，その時の状況を把握しておくことも大事なのです。癌細胞の消長も環境やストレスで変化するのです。

（３）　関係で変わる，正常と異常・正気と狂気

　冒頭でご紹介した辞典で，今度は「正気と狂気」を引いてみました。正気とは，「正常な精神状態。正常な感覚・意識。精神が正常であること。気がたしかなこと。たしかな心。本気」。狂気とは，「気持ちが一時高ぶった結果陥る異常

な精神状態。気が狂っていること。正常でない心」とあります。これも，また，実態のイメージは明確ではありませんが，「気が狂っている」というと，みなさんには何らかのイメージが湧いてくるでしょう。正気と狂気は，個々人のイメージがわりあいハッキリしていますので，固定化される恐れがあるのです。でも，その人が置かれている状態が分かれば，狂気が当たり前の状態として受け入れられることも多いのです。

　殺人鬼に追いかけられる怖い夢を見たとしましょう。夢の中ではこれが夢だと思っていないことが多いので，本当に怖くて逃げまどっています。目が覚めて夢だと分かったとき，夢主は正気に戻ります。もし，現実にこのような思いがした，としましょう。周囲にいる人々が，みんな一癖ある殺人鬼に見えたとしましょう。おそらく怯えて，わめいて，そこら辺りを走り回るでしょう。ひょっとしたら，殺人鬼に逆襲して，手に持っていたナイフで刺し殺してしまうかもしれません。殺された人は，ただの通行人だったのですが。

　無茶苦茶言っている人が，酒に酔っているからだと分かれば，酔っていないでそのような行動をしている人よりも，周りの人の恐ろしさは少し減るでしょう。酒に酔ったときは，通常では考えられない行動をしてしまったりしますから。それでは，酔えば人に絡むような悪酔いをする人は，異常なのでしょうか，正常なのでしょうか？　それが覚醒剤だったらどうでしょう。酒も薬もなにもやっていないのに，このような状態になっていたら，その異常度はひどいのでしょうか。異常・正常，正気・狂気は，当人の側から見ているのと一般人の側から見ているのでは，違ってみえるものです。場面や状況，人間関係によっても違うのです。

（4）　分かってくれる人の存在

　あなたが悩んでいる時は，それを分かってくれる人がいない時です。分かってくれる人がいると悩みが，ずいぶん軽くなります。狂気もそのような性質をもっています。「天才と狂気」は紙一重と言われます。天才とは，生まれつきに普通の人が真似のできないような才能を持った人，と定義されています。定義

> STAGE おかしいという感覚

からして，天才は普通ではないということでしょう。わたしは仕事がら，数は少ないですが，並外れた能力を持った子どもたちに出会ってきました。彼らはみんな，学校不適応で，不登校に陥っていたのです。教師が彼らの能力を分からなかったからです。臨床心理学の大家にユングという人がいます。彼は天才的な才能を持った人ですが，学校に関して言えば，いろいろ問題のあった人です。『ユング伝』から引用してみましょう。「授業は自分の遊びに没頭している少年には物足りなく感じられた。数学は彼のこころに『ハッキリした不安』を生んだ。教師は，幾何学がまったく自明であるかのような印象を与えた。一方，少年は，数とはそもそも何であるかがまだまったく分からなかった。彼は図画の授業を免除された。教師が，彼にはまったく能力がないと考えたからである。だが，教師は，この生徒がその空想から造形することが許されるなら，かなりのものをなし遂げられるということを知らないままでいた」そして，ユング自身「私は自分のぶつかっている困難を理解する人が誰もいないことを知った」と述べています。科学者や芸術家のように，創造している人間は，「普通」として決められた基準からは，もともと逸脱しているのです。このような能力が存在することを，理解されないままに，自己卑下したままで，狂気の内に死んでいった多くの人がいます。アインシュタインもたまたま彼の才能を見抜いた校長先生のおかげで，世紀の天才となった人です。ニイチェは天才的な哲学者ですが，妹は重度の知的障害者だと思われていました。しかし，ニイチェが死んだあと，『ニイチェ論』を著し，彼女もまたたいへんな才能の持ち主であることが分かりました。創造には狂気がつきものです。それは「創造の病」と呼ばれるものです。精神科医中井久夫は，このことを，「通常科学者」が「創造の病」を経て「パラダイムをつくる科学者」に変容する，と述べています。

　生まれつきの天才のような才能が無い人でも，自己の思いが理解されると狂気から脱出することは多く見られています。

　ある青年が，どす黒く疲れ果てたしかも神経がとぎすまされた状態で，私の所へやってきました。話を聞くと，自分の思っていることが，世間や通りすがりの人にまで伝わってしまい，それを避けるために，逃げ回っていたのです。

これでは疲れるはずです。人間は人に知られたくない思いをたくさん持っていますから，みなさんでも，自分が感じたことが他人に筒抜けになるとすると，一刻も人前でじっとしておられないでしょう。精神科医が診たら，これは典型的な「思考伝播妄想」ということになります。薬を処方されますと妄想は治まるでしょう。それで治ったと言えるかどうかはたいへん難しい問題です。妄想（分裂病）の原因論はいろいろありますが，まだまだ仮説の段階です。もし，原因が一元的で，薬が効くのなら，人間の感情を薬でコントロールできることになり，人間がロボット化することにもなるでしょう。私は彼の言うことを一通り聞いたのち，「私は今日お昼何を食べたでしょう？」と質問しました。彼は，「わからない」といいます。私は，「私とあなたは，少なくとも通行人よりも親しい関係だよね。そんな私の私自身はハッキリしている昼食の内容が分からないというのは，どうしてだろうね」と尋ねました。彼はずいぶん長い沈黙のあと，「ぼくの思い過ごしもあるでしょうね。でも，疲れるのです」と，最初にあった狂気のトーンが下がりました。もちろんこれで，彼の妄想が治まったとは思いません。しかし，人間関係が妄想のもつ狂気の力を減じることがお分かりだと思います。

　その他，幻聴に支配されている女性と話したとき，私は机を軽く叩いて，この音とあなたに喋りかけている声と「同じ質」の感じがしますか，と聞きますと，「違いますね」と答えてくれました。「机のノックの音は，あなたにも聞こえますし，私にも聞こえます。2人に聞こえる音と自分にしか聞こえない音があるのです」。「でも，私には確かに聞こえるのです」。「そう，それは確かです。今，僕は耳鳴りしてますが，あなたにそれが聞こえますか」と再び，尋ねました。彼女は「聞こえません」と言いました。「僕には，僕の耳鳴りが確かに聞こえていることを，あなたはそうだろうなあ，と思いますか」と言うと，「それは分かります」，というので，「音には自分にしか聞こえない音と，自分も他人にも聞こえる音があることが分かりましたか」，と再度いいますと，今度はハッキリと「いま私を脅かしている声は，私だけの声なのですね」と答えてくれました。これによって，彼女を支配している幻聴のエネルギーが，ずいぶん減るの

| STAGE おかしいという感覚 |

です。
　自分の悪口がテレビで放送されているといい回ったので，連れてこられた青年と一緒に，彼にチャンネルの選択を任せて，テレビをみました。彼はあちこちチャンネルを変えていましたが，「いつもは言っているのに」，と不思議そうにしました。最後に，「そうか，先生と一緒にいると，奴らは放送しないのだ」と，結論付けました。それ以後，私と話すときは不思議とあまりおかしいと思われる状態にはならないのです。人間関係があると，狂気の世界に巻き込まれている人でも，正常と異常の世界が変わるのです。
　狂気と正気の関係は，人間関係だけでなく，たとえば，沢山の妄想があった女性が，郷里の島に帰るだけで正気になったり，パリという大都会では，境界型の人格障害と診断され，生活困難だった男性が，故郷の太平洋の島に帰ったとたんに正常になる，というようなことは，しばしば起こっているのです。正常・異常，正気・狂気は，文化で変わる性質も持っているのです。

もっと知りたい人のために
▼

ゲハルト・ヴェーア（村本詔司訳）　1994　ユング伝　創元社

STAGE　おかしいという感覚

5　自己実現と現実適応

　「万物は流転する」(ヘラクレイトス)。宇宙に存在するものはすべて変化することをまぬがれません。無生物の変化は，物理法則に従うのみですが，生物，特に動物には意志がありますので，物理法則と意志との力関係（ベクトル）によって変化します。「われ思うゆえにわれあり」（デカルト），なのです。人間は存在を意識する動物です。存在していても，それが意識されませんと，存在していることにはなりません。逆に，存在していないものでも意識（イメージ）しますと，それは存在するのです。人間以外の動物は，その行動のほとんどを遺伝情報によっていますが，人間は自ら多くの情報を作りだし，それをコントロールしながら存在しています。それだけ人間の存在のありかたは複雑になります。コントロールしようとしたものに，逆にコントロールされたりするのです。この章では適応という観点から人間存在とこころを考えてみたいと思っています。

(1)　自然適応

　文明の発達が急速に起こっている時ほど，「自然に帰れ！」との呼びかけがふえます。文明の進歩が人間の存在の何かに悪影響を及ぼしているからです。人間は自然を克服することにやっきになってきました。そうしないことには，生き残れなかったからでしょう。

　夏にコートはいりませんが，冬にランニングシャツ1枚では寒すぎます。人間には自前の毛皮もありませんし，夏になったら毛が生え変わることもありません。走るのもそんなに速くはありませんし，空も飛べませんし，長く水にもぐったり泳いだりできません。嗅覚は犬に劣りますし，視力は鷹にはかなうま

STAGE　おかしいという感覚

せん。聴力はコウモリに太刀打ちできません。腕力は象の数分の１しかありません。人間は，他の動物と比べると，知能以外は劣ったところが多いのですが，そのような人間が今の世界を支配しています。そのために人間は服を考え，自動車や飛行機や船を発明し，エネルギーを開発し，電波の発信や受信を可能にし，それをコントロールしています。

　自然適応とは自然を受け入れ，自然に従い，しかも，自然に飲み込まれてしまわずに，自分の存在を生きることです。人間はあまりにも無力であったのと，大脳が異常に発達したため，自然を克服し，自然をおのれの支配下におこうとしてきました。人間のために滅ぼされた生物は枚挙にいとまがないのです。人間は自らの天敵を滅ぼそうとやっきになってきました。その結果，他の生物の天敵の一番が人間になり，人間には目につく天敵がなくなりました。人間の天敵の最大のものは人間かもしれません。何事も「過ぎたるは及ばざるがごとし」なのです。人間による自然破壊が進み，人間それ自体の破壊にまで及んでいます。野性動物が身につけている自然の感覚までなくすような症状が人間に起こっています。

　地球上の生物は，自然の大きな連鎖によって成立しています。それは，共存共栄の世界であり，弱肉強食の世界です。共存共栄と弱肉強食は，一見矛盾するように見ますが，弱肉強食が行われないと共存共栄もありえないし，共存共栄がありませんと弱肉強食もありません。餌がすぐに尽きてしまうからです。最近花粉症がひどくなっていますが，花粉症は花粉と空気汚染と清潔が原因です。花粉がなくなることはありませんし，花粉は今までもありました。自然が多いところには花粉は多いのです。空気汚染と清潔は，正反対のことですが，空気は汚しているのに，人間自体を清潔に保とうとした結果，汚染に過敏に反応し，逆に汚染に弱い体質になってしまったのです。いつもきれいな水を供給されている文明人がそうでない地域へ出掛けますと，すぐに胃腸をこわします。現地人にはそのようなことがないにもかかわらずです。寄生虫の「さなだむし」をおなかに飼って出掛けると大丈夫だそうですが，この事実に戦慄を覚えませんか。これでは何か，発展途上国の人の方が汚いようですが，事実は逆です。

原始生活が残っている所へ文明人がでかけますと，現地人に文明人の持ち込んだ病気が蔓延し，多大な被害が及ぶことが多いのです。ブラジル政府やカナダ政府は，原始の生活が残る所への文明人の入国を厳しく制限しているのもこのためです。

人間が自然をコントロールすればするほど，自然に対処する人間の力が衰えます。足の衰えはエレベーターやエスカレーターを発展させ，これがますます足の衰えを加速させています。このような悪循環は，自律神経を狂わせ，人間のこころにまで進入しています。

真夏，30度をこえる部屋で，寒いからとこたつを入れて寝ている人がいるのです。家の他の人達はクーラーを入れても暑いのに，彼だけは部屋を締切り，こたつを入れているのです。このようにしても，彼は汗もかきませんし，皮膚病にもかかりません。身体に異常があるわけではないのです。精神が暑さを感じさせないのです。むしろ彼は寒さを感じているのです。象徴的な表現をすれば，こころが猛烈に寒いのです。そのために自律神経が狂っているのです。こころの状態が良くなると，汗が出てきますし，このような暑い部屋には一分も居られなくなります。人間の精神はここまで極端になりうるのです。もちろん，ここまでひどくなくても，おなかが空いているのに食欲がなかったり，睡眠が不足しているのに眠れなかったり，満腹なのに食べるのが止まらない，というようなことは，そんなに珍しいことではありません。便秘やその他の生理的障害に悩むのも人間です。これも，人間の身体が環境に対して，適切な反応をする能力が低下したからです。人間はこれから自然と調和し，人間に備わった自然の力を回復するために知恵を使う必要があるでしょう。しかし，そのためには，ある種のマイナスを税金のように受け入れなければならないのですが，これが一番難しいことなのです（東山『臨床心理学』第2章，培風館，1988）。

（2） 社会適応

人間は集団で生活する動物です。集団を離れて生活することが困難な動物です。それは経済的な理由からのみではなく，精神的な理由も大きいのです。人

STAGE おかしいという感覚

は孤独に耐えることが難しいからです。独居して孤独にならない人は，そうとうこころが成熟した人です。

　群れで暮らすためには，群れの掟に従う必要があります。群れの掟に適応するのが社会的適応です。人間以外の動物でも，群れで生活する種があります。彼らも群れの掟に従っていますが，それらの多くは本能によるものです。しかし，人間の群れの掟の多くは，学習や思弁から作られたものが多いのです。実際ではなく，頭で作られていますので，それだけ複雑であり，時代や環境の影響を受けやすいのです。社会の潮流が変わりますと，掟がまったく逆になることもしばしば見られます。戦前は日本が一番強く正しく，英国や米国を敵視し，一流新聞ですら，「鬼畜米英」と書いてはばからなかったのです。そして，その掟に従わなかった国民はすべて非国民として群れから締め出され，厳しい制裁を受けました。しかし，敗戦を契機として，この掟は180度の転回をし，英米が正しく，戦争を指導していた昨日までの英雄は「戦犯」として裁かれ，群れから出ていかなければなりませんでした。このような掟の180度の転回は，人間が作った掟以外にはありません。ある意味で，180度転換することも異常なことで，後から禍根を残す原因になることが多いのですが。

　このような潮流の変化は戦後だけをとってみても数多くみられます。消費は敵から美徳になりましたし，「輸入は贅沢」から，膨大な貿易黒字の解消のため輸入を推進しなければならなくなっています。不景気になった途端に，財政再建から国債の増発による，未来への借金の付け回しが起こりました。何が正しいかは，歴史しか証明できませんが，180度の転回は，禍根を残すことだけは確かでしょう。第一，全く正しいことなどこの世にはないのです。正確に言えば，正しいことがたくさんあるのです。それが正反対のことであってもです。このことは，諺を見ればわかります。「虎穴に入らざれば虎児を得ず」と「君子危うきに近寄らず」のようにです。このように群れの掟は変わりやすく，正しいこともいろいろありますので，群れの掟（その時，群れが正しいと信じていること）に自己を没入し過ぎますと，掟が変わると自己嫌悪に陥ったり，人間不信になったりします。日本文化の特徴にみんな一緒にというのがありますので，群れ

の掟が個人にもたらすストレスは大きいものがあります。それが変わりますと，また，みんな一斉に変わる風潮があり，個人の価値を大切にする人には，耐えられないことが起こるのです。わが国では，場の倫理が優勢ですので，場の倫理が個の倫理と常に対立しているのです。グローバル・スタンダードが，それこそいつものように大声で叫ばれていますが，今のグローバル・スタンダードは欧米のスタンダードが中心ですので，どこまでわが国に定着するかは疑問です。大声に叫ばれることこそに，グローバル・スタンダードと相反している倫理が隠されています（東山，前掲書）。

（3） 心理的適応

　自然適応や社会的適応にくらべて，心理的適応はこころの中の出来事ですので，分かりにくいところがあります。自分が自分らしく生きている実感がある，というのが一般的な基準です。実存的で，自己疎外に陥っていない状態です。心理的適応は，自分の存在が十分生かされているのかどうかが基準になるのです。しかし，自分を摑む自分が明確でないと，他者から見ると心理的不適応だと思っていても，自分では分からないこともあり，ここがなかなか難しいところです。ロジャーズは，心理的不適応を理想自己と現実自己との乖離である，と定義しています。理想自己とはこうありたい自分で，現実自己とは今の現実の自分のことです。この2つに乖離がありますと，不満だったり，焦ったり，意欲がなくなったりします。なぜなら，自分ではもっとやれると思っているのに，実際はその何分の1もできなかったりするからです。そのために自分を卑下したり，自己に対する見方が否定的になります。それにも耐えられないと，世間や他の人や環境を恨んだりします。何もせずに，何もできないのに，楽観的に振る舞ったりしてしまいます。自分を自分が認めてやれるようにならないと，心理的適応は改善されません。励まされるだけでは，自己嫌悪がつのることさえあるのです。心理的適応は1つ違うとなかなか厄介な問題になります。

> STAGE おかしいという感覚

（4） 3つの適応間の関係と歪み

　自然適応と社会的適応と心理的適応は無関係ではありません。自然適応や社会的適応がまったくできていないのに，心理的には適応していることはまずありません。しかし，この3つがまったく一致していることもないのです。しばしば，1つの適応を犠牲にして他の適応をはかっていることも多いのです。例えば，気温が30度を超え，湿度の高い日本の夏に，背広にネクタイ着用はいかにも残酷です。社会的適応のために自然適応を犠牲にしているのです。フィリピンでは開襟シャツが，ハワイではアロハシャツが，正装として採用されています。ハワイでは上着着用のレストランでも，正式なアロハシャツであれば，正装として通るのです。高温多湿な日本でも何度か省エネルックが，鳴り物入りで喧伝されましたが，定着にはいたっていません。みんな一緒でないと社会的な不適応を感じてしまうのです。日本の夏には，素足に下駄が一番似合っていますが，靴を履くために水虫に悩まされることになるのです。伝統的な服装がこれほど軽んじられる国もないでしょう。これが今の潮流ですが，これが1度変わると正反対になるかもしれません。

　男性の話をしましたが，女性でも同じです。足を綺麗に見せるために，踵の高い靴を履く女性に外反母指が見られます。これも社会的適応や心理的適応を主にして自然適応を犠牲にしています。男性の服装に合わせようとすると，冷房がきき過ぎ，女性に冷えすぎを起こします。女性に合わせると，男性は暑くてたまりません。社会的適応のために男女の不和が起こったりするのです。

　群れの掟を重視するあまり，外では八方美人に振る舞っているが，家では不機嫌になっている人がいます。家でも外でも気を使いすぎる人は身体を壊します。最近，ストレスによる心身症が増えていますが，これは社会や環境に対する過剰適応のために心理的適応や自然適応が犠牲になっているのです。

　社会適応と心理的適応の関係には，文化も関係します。日本文化は，河合隼雄が指摘しているように，場の倫理が支配的です。場の倫理の支配する文化では，あまりにも個性的ですと心理的適応が難しくなります。かといって，場の

倫理に適応しすぎますと，心理的にあるいは身体的に不適応に陥ります。場の倫理を意識して，個を主張するようなことをしないと，心理的な適応が得にくいのです。逆に，欧米では，個の倫理が支配的です。しかし，個の倫理ばかりを優先させますと，バラバラになります。だから，個の主張をしながら場の雰囲気を壊さない配慮が要ります。家族や親や友人に対するコミュニケーションの頻度は，アメリカの方が日本よりよほど多いのが実情です。最近の若者の携帯電話による，頻繁なコミュニケーションは，グローバル・スタンダードが叫ばれる中での，日本の場の倫理が変化してきている兆候かも知れません。

　自然適応を犠牲にしていますと，本能的な直観が衰えてきます。すると今までは起こらなかったようなトラブルが多発することになります。いじめが問題になっていますが，いじめの基にあるものを考えてみましょう。人間にも動物と同じようにある種の縄張り意識や先住者優先の意識があります。この意識はかなり強力な力を持っています。先輩に挨拶しないとグループには居られません。未開地が，先に国旗を立てた国の領土になるという国際慣例も，この種の力でしょう。田舎に新興住宅地ができますと，住宅地が小さいときは，村の住人に気をつかう必要がありますが，新興の人口が増大しますと力関係が逆転したりします。不登校やいじめが古い住民と新しい住民の混合地域で多く見られることもこのことと無縁ではないと思われます。

　人間が接触したときのトラブルを解消する手段として，われわれは挨拶することをしてきました。昔の日本人は挨拶が上手だと言われていました。この頃の人の中には，挨拶しない人が増えています。挨拶ができないのです。アメリカに住んで見られるとよくわかると思いますが，同僚や隣人のように，知っている人だけでなく，見知らぬ人でも，少しの接触があると，お互いに挨拶を交わします。これは移民の国の掟なのでしょう。文明が発展し，都市集中が起こりました。昔と比べると今の日本の都市形成は，移住人から成り立っているのです。今までは土着だったので，それほどいらなかった見知らぬ人への挨拶が，移民の国アメリカくらいに必要になってきているのです。でも，まだまだ日本人はそれに慣れていません。いじめや切れる問題，隣近所の接触の減少など，

| STAGE おかしいという感覚 |

今の日本人の孤独化の問題に対して，どのような挨拶の訓練を行うかはこれからの課題でしょう。

STAGE　おかしいという感覚

6　こころと身体の関係

　人間が他の動物と異なっているのは，道具を使うことと言葉を操ることです。これによって人間は文化と抽象思考と遠隔コミュニケーションを獲得しました。このことは，そこに無いものをあるように表現することを可能にしましたし，直接的表現を間接的な表現で表すこともできまるようになりました。2つ良いことがなかなか同時にないように，誤解，嫉妬，羨望，競争などが，拡大しました。もし，言葉がなくて，200種類くらいの鳴き声しかなかったならば，誤解が生じる余地はありません。自分の身体しか武器がなかったならば，無差別大量殺戮のような愚かなことも起こりようがありません。そこにないものを表現できなかったなら，「いま・ここ」の生き方しかできませんので，神経症は生じません。野性動物に神経症はありませんが，人間が関わると動物に神経症が生じるのもお分かりだと思います。

（1）　気持ちを表す身体の言葉

　人間は言葉を獲得してから，動物なら一番直接な表現をする，感情や気持ちを言葉で表すようになりました。かなしい・うれしい・幸せなど，気持ちを表す言葉は，『感情辞典』があるように，1冊の辞典になるくらいあるのです。これによって，複雑な気持ちを正確に表現する手段を獲得しましたが，もともと感情はきわめて個人的なものですので，同じ言葉で表現された感情が，個人によって異なる，いわゆる誤解が生じます。「きらい！」という言葉は，文字通りの意味だと「嫌い」ですが，「きらい，きらいは好きのうち」のように，正反対の「すき！」を表すこともあるのです。人間の感情交流は，趣のある，魅力的

な，複雑な，誤解に満ちた，おかしげな，ことになるのです。誤解が人間関係に齟齬を来す最大の要因の1つですので，人間は誤解の渦の中にいつも生活していると言えます。「あいつはおかしい？」という言葉が，実は「自分がおかしい」ことであったりするのですから，複雑ですし，何が何だか分からないような気持ちが生じます。

　これまで述べたことは，まだ，直接的ですが，一番直接的に表現するはずの身体表現が実は比喩として使われています。例えば，「あの上司と話していると胃が痛くなるよ」，「不景気でしょう。もう，首が回らない」，「本当に腹が立つ」，「オリンピックが始まると，血が騒いで，仕事が手につかない」など，枚挙にいとまがないくらいです。かなり日常の日本語のできる外国人と話をしたとしましても，「どうですか？」と尋ねられて「首が回らないのです」と答えたとしますと，「肩がそうとう凝っているのですね」と受け取られかねないでしょう。外国人とまでいかなくても，人間関係が希薄だと，誤解が生じることが多くなりますし，人間関係が濃厚だと，普通には使わない語法で言葉を使いますので，深く分かり合えると同時に，大きな誤解が生じることもあります。

（2）　心身症と感情

　実際の身体は正常なのに，感情を表すのに身体が病んでいる言葉を，人間はよく使うことを述べましたが，言葉は可塑性や可逆性に富むコミュニケーション手段ですので，逆に感情を表現するのに，身体を使うことも多いのです。悲しいときに泣くのは普通でしょう。それでも，心理学に「悲しいから泣くのか，泣くから悲しいのか」という，古い問いがあります。一度，この問いを考えてみてください。なかなか難しい問題を含んでいます。悲しいから泣くなら，うれしいから笑う，ことは，どうでしょう。当たり前だと思われるかも知れませんが，周りにいる人をよく観察してみてください。うれしいから笑っていることの方が少ないかも知れません。照れ隠し笑い，怒っていることをさとられない笑い，ただの相槌とさえ思えるような中年女性の笑い，「箸がこけてもおかしい」ような思春期女性の笑い，など多様です。子どもは純真で単純なので，こ

のようなことはないと思われるかもしれませんが，3か月頃の乳児に見られる「三ヵ月微笑」は，生理的笑いと言われているように，おかしいとかおもしろいとかという感情は伴っていないといわれています。しかし，この微笑が養育者の愛情を深めるのに役だっているのですから，人間は生まれたときから「嘘つき」なのかもしれません。乳児は嘘をつくという意思を持っていませんので，「嘘つき」というのは，ちょっと極端ですが，人生は始まりから「誤解に基づく」と言えるようです。

　感情を身体で現すのに慣れていたり，感情を言葉で現せないでいますと，身体が感情の苦痛を表現する代理を頻繁に果たすようになります。「あの上司と話をすると胃が痛いよ」というのは，最初は本当の「胃」が痛いのではありませんが，上司との感情のコミュニケーションがはかられず，絶えず胃が痛いような状況に置かれますと，実際に「胃が痛み」だします。これが身体症状として固定したのが，心身症です。「どきどきする」が，心臓神経症になるような，器官神経症もあります。この場合は実際の心臓には，顕著な異常所見がありませんが，心身症になると気持ち表現というよりは，実際の身体病になっているのです。

　感情と身体の距離やその人の体質によって，感情の身体化はいろいろな形を取ります。昔の人が，大家族や親戚つき合い，村のつき合い，年齢の異なる子どもがリーダーの下で一緒に遊ぶなどによって，訓練されていた日常の人間関係の持ち方を，現代人は学んでいません。日常の感情のコミュニケーションの仕方が洗練されていないのです。「切れる」子どもが多発しているのも，感情のコミュニケーションを身体化している1種なのです。だから，心身症や「切れる行動」などの感情の身体化現象は，今後ますます増加することが予想されます。

（3）　病は気から

　「病は気から」という諺があります。気というのは，東洋では多様な意味を持っています。われわれが使っているような包括的に「気」を現す英語はありま

STAGE おかしいという感覚

せん。気を辞典で見ますと，1．天地の間を満たし，宇宙を構成する基本と考えられるもの。また，その動き。2．生命の原動力となる勢い。3．こころの動き・状態・働きを包括的に表す語。4．ハッキリとは見えなくても，その場を包み，その場に漂うと感じられるもの。5．そのもの本来の性質を形作るような要素，とわれわれの生活を包んでいるあらゆる要素や雰囲気を表しています。気候・天気，元気・精気，怒気・根気，空気・大気，雰囲気・気配，などなどいくらでもあります。

　こころと関係する言葉の多くは，「気」がついています。気が違う，気が抜ける，気をそそる，気が散る，短気，などなどです。気持ちを整えるのは，「気」を整えることになります。気の取り入れをわれわれは身体全体で行っているのですが，一番現実的な気の取り入れは呼吸です。呼吸によって，酸素を取り入れ，炭酸ガスを排出する事によって，食物を燃やし，エネルギーに変えて，生活しています。呼吸が止まるとそれは死を意味します。現在は，人工呼吸器によって，自発呼吸がなくなっても，呼吸はできますが，われわれが生きているという実感をもって生きていると感じるためには，自発呼吸が要件であることは，今も昔も変わっていません。ある意味で，今の人工呼吸の方が一時的ならともかく不自然であることは確かでしょう。

　精神の状態が呼吸と深い関係があることは，昔から分かっていました。精神の修行の第一課題は，気を整えることですので，まず呼吸を整えることから始まります。複式呼吸とゆっくりした呼吸をする訓練がなされるのです。われわれは通常1分間に16～7回の呼吸ですが，禅の高僧になると，何分間に1回の呼吸で十分な方さえおられるのです。自分の寿命が来たときに，自分で自然に呼吸するのを止めることもできます。心理療法の中に，自律訓練法というのがありますが，この訓練は，呼吸を整え，こころを自然な落ち着きの中に置くことから始まっています。自律訓練によって，生理機能が整えられ，自律神経系の乱れによる，こころや身体の不調が和らぐのです。逆に，過呼吸に成りますと脳波が乱れ，こころが乱れ，幻想がでてくるような状態がおこります。もっと進みますと，失神します。このような状態は人為的に作ることが出来ますの

で，心理療法家の感受性の訓練にももちいられています。そして，このような状態に自然に陥る神経症が過呼吸症候群です。みなさんも上がり性の人や緊張すると自然の力が出せない人は，日頃から腹式呼吸の練習をして，呼吸によって力を抜く練習をしておかれると実際の役に立つでしょう。お産の前に呼吸法を練習しておくとお産が楽になるので，産科ではよく使われています。息を抜く練習ができると，腹圧がかかっても脳圧がかからないので，安全なのです。トイレでも使えますし，ゴルフや投げ釣りなどの時にも息抜きの訓練は使えます。余分な力がかからずにスムースな運動ができるのです。平常心の基本も実は呼吸にあるのです。

（4） 非言語的表現とこころ──運動療法・遊戯療法・箱庭療法・芸術療法

こころと身体の関係のもう1つの大事な分野は運動や表現の領域です。運動はこころに溜まって憂さやエネルギーの発露になることが大きいので，ストレスがかかると，運動することをすすめられることからもわかります。神経症や精神病，自閉症児や障害児に，プールや海で遊ぶことによって，こころの開放や情緒の安定をはかる療法をしたことがあります。温水を使って，カウンセラーの他に水泳のトレーナーにも参加してもらいました。このプログラムは，上手に泳げるようになりたい人には，水泳の指導もしてもらえますが，それが主要目的ではありません。われわれ人間は海で生まれた生物から進化してきましたし，血液の組成も海水と近い成分です。羊水の中で胎児期を過ごしていますし，水とは深い関係があります。水がないところでは生きていけません。温水プールで自由に過ごしてもらい，そのあとでお風呂に入ります。温水とお風呂の温度差が何ともいえない暖かさと安らぎをもたらしました。プールプログラムは，日頃，閉じこもりによる運動不足の解消にもなり，一石三鳥くらいの利点が，参加者にありました。私が個人的に興味深く感じたことに，情緒障害児を持つお母さんにもこのプログラムに参加してもらいましたが，わたしが参加したプログラムのお母さん方は，見事に2つのグループに分かれました。1つは水を怖がるお母さんグループで，もう1つは水を征服しようと必死で泳がれ

| STAGE おかしいという感覚

るお母さん方でした。そして，怖がるお母さん方が水に親しまれるようになり，征服型のお母さん方が泳ぐことを楽しまれるようになると，子どもに対する接し方が変わることでした。柔軟になり，接し方に優しさが増し，子どもを受け入れる器が大きくなられるのです。不思議な変化でしたが，これは水と運動が持つ力なのでしょう。

　大人にとっても運動は遊びの要素を含んでいますが，子ども時代は遊びが学習であり，運動であり，情緒を育てるものです。「よくあそび・よく学べ」という言葉がありますが，よく遊ぶ子どもほどよく学ぶものです。現在子どもの問題が多発していますが，子どもが遊ばなくなったからです。よく遊ぶためには，こころが遊んでいる必要があります。遊びには見ている人（おとな）や友達が必要です。一人遊びもある時期のある子どもには重要ですが，見守ってくれるおとなや友達と遊ぶことが重要なのです。こころを病んだ子どもたちの治療法の第一は，遊戯療法といわれる遊びを使った心理療法です。遊戯療法は，子どものこころが分かる大人であるプレイセラピストと一緒に，安全で適当な広さとこころを表出できる遊具があるプレイルームで遊びながら行う心理療法です。子どもがこころから自発的な遊びをし，プレイセラピストがその遊びをつきあい，時には子どもの表現したい気持ちをフィードバックしていると，子どもは子ども本来の姿を取戻し，元気になっていきます。

　プレイセラピーは子どもの心理療法ですが，これと同じような意味をもった心理療法を，おとなの心理療法としてできないかと考えられたのが，箱庭療法です。箱庭療法はもともと子どもの床遊びや世界技法を，ユング心理学の理論を適用してカルフが発展させた療法です。箱庭が日本文化に古来からあることに注目し，ユング研究所で学んだ河合隼雄が日本に輸入しました。河合の卓見の通り，わが国で大いに発展し，今では世界で箱庭療法の先進国になっています。これは，52×72×7センチの箱に，好きなようにミニチュアのおもちゃを置いていくだけの簡単に実施できる心理療法です。セラピストは，興味をもって，クライエントの作る世界をともにしているだけです。みなさんも一度やってみられると分かりますが，不思議なことに，自分が置きたいもの，自分の気

持ちにピッタリしたものしか，箱庭にはなかなか置けません。そして，ピッタリしたものを置いていくうちに，自分のこころと何処かで共鳴する世界がそこに現れます。すると，気持ちが落ちつくのです。こころの何かが整理されていくのです。セラピストはユング心理学を学んでいることは大切ですが，それを背景に沈ませて，クライエントの表現を味わっていることがより重要な治療的要素になります。下手に知的な介入をすると，箱庭療法がせっかく持っている，治療的インパクトを減じるのです。これは非言語的心理療法に共通のものです。知的に言葉で表現できない，感情と直結した表現がこころの癒しとなるのですから。運動しているときにあれこれ考えたら，うまくいかないのと同じです。

　こころが落ちつかないときに，音楽を聞いたり，ピアノを弾いたり，絵を見にいったり，マンガを描いたり，思いつくままに何かを書いたりしますと，こころに余裕が甦ってきます。芸術活動は古来から人間の情緒の安定や成長に欠かせない行動でした。古代人は，洞窟に絵を描いたり，彫刻を彫ったり，モニュメントを作ったりしています。現代人も同じことをしています。このようなこころを癒す自然な芸術活動を取り入れたのが，芸術療法です。フィンガーペインティング，なぐり描き，コラージュ，粘土，物語つくり，ぬり絵，砂絵，ダンス，などが素材です。自分の気に入ったことをセラピストと一緒にするだけなのに，不思議とこころに活気が甦ります。この時も，大切なのは，セラピストがクライエントの表現の邪魔をしないことです。クライエントの表現に共感し，動きに乗っていることです。頭でなく，こころと身体を使うのです。すると人間は原始の力を取り戻すのです。頭と身体がバラバラで，頭でっかちになっていた，病める現代人の姿に，頭と身体とこころのバランスが取れた全体像が戻ってくるのです。

もっと知りたい人のために
▼

河合隼雄(編)　1969　箱庭療法入門　誠信書房
ケイスとダリー　1997　芸術療法ハンドブック　誠信書房

STAGE　癒しのプロセス

7　意識のはじまり

（1）　見ることと見返されること

　人間の意識がいつ始まるのかには諸説があります。しかし，かなり精密な乳幼児の観察がつみ重ねられているにもかかわらず，まだ定説はありません。本章では，主に第2章でもとりあげたイギリスの精神分析家ウィニコット（『遊ぶことと現実』岩崎学術出版社）の説に拠りながら，考えていきたいと思います。
　赤ん坊が母親を見つめます。当然母親は赤ん坊を見返します。この時赤ん坊は，母親を見つめながら，実は母親に見返された自分を見つめているのです。意識とは，自分を他ならぬ自分として意識することから始まります。（意識について論ずると，こうした同義反復が必然的に生じますが，それはご了承下さい）。他ならぬの「他」は，自分以外の者ということですから，自分を意識するとは，同時に自分以外のもの，つまり客観世界の存在に気づくことを意味します。意識の中心を自我(エゴ)といいますが，したがって自我の出現は客観世界の出現と同時に起るのです。今までは自分と世界とは1つでした。意識の成立とは，だから主客が分離することに他なりません。
　先の赤ん坊の場合，見ている自分と見られている自分がどれだけ分化しているかは，よく分っていません。しかしそこに主体としての見る自分と，客体としての見られる自分の萌芽の含まれていることは確かです。そしてウィニコットがもっとも重要なこととしてとりあげるのは，見ることが同時に見返されてもいることが，「存在する」ことに他ならないということです。だから母親（一応外界の代表ということです。必ずしも生みの母親である必要はありません。念のた

め)に見返されることがないと，赤ん坊は世界とのつながりを見失い，オーバーにいえば"非存在"の状態におちこんでしまうのです。ここでは見ることに限定して述べていますが，人間の赤ん坊は，生物学的にはもちろんですが，心理学的にも周囲からのそのつどの適切な反応がないと，"存在"できません。文字通り死亡することが多いし，かりに生きながらえても重篤な障害を背負うことになりやすいのです。赤ん坊が生れながら心理的に環界に開かれているのか，一種自閉的な完結した状態にまどろんでいるのかは，議論の分れるところです。しかし，生理的な相互作用の背後に何らかの心理的な働きを仮定する人が多いようです。

(2) あること (being) とすること (doing)

　ウィニコットには，もう1つ重要な考え方があります。それが「あること」と「すること」です。「あること」とは，存在してるだけで十分だとする実感です。もしも十分に恵まれた状況であれば，母親にとって赤ん坊は，存在しているだけで喜びの源です。赤ん坊はどこかでそれを感じています。しかも赤ん坊にとって，母親は世界そのもののような存在ですから，この体験は，自分が世界にうけ入れられている，という実感につながります。これが基本的安定感の基盤になります。前節に述べた，見返され体験もこれに属します。

　ところが赤ん坊は，やがて「すること」の段階に入ります。排泄訓練に明らかなように，赤ん坊は母親の期待に応えるために，何かをしなければならなくなります。これはもちろん，母親を自分とは別個の存在として意識することが前提です。問題は being の段階，つまり無条件に母親にうけ容れられることが不十分な場合，赤ん坊が doing によって母親に認められようとすることです。子どもが何かの能力に恵まれている場合，母親の喜びは大きいので，子どもへのその関心が，being によるものか doing によるものか分らぬことがあります。

　好むと好まざるにかかわらず，子どもは doing の段階に進みます。そこでの躓きがとくにノイローゼレベルの障害として現われることが多いのですが，being の段階が不十分であると，doing でカバーできなくなった時，大抵思春

> STAGE 癒しのプロセス

期から前青年期にかけてですが，もっと重篤な障害が露わになることがあります。しかも本人も親もそのことに気づいていない，つまり意識していないことが多いので，第3章で述べた，無意識の探究を必要とすることが少なくありません。

（3） 母親のことばかけ

　次にフランスの女性精神分析家のドルト（『無意識的身体像』ⅠⅡ　言叢社）の説を紹介します。彼女はフランスを代表する精神分析家のラカンの友人としても知られています。とくに子どもの治療に，学派の差を問題にしない卓越した成果をあげました。その彼女が，生れたばかりの赤ちゃんに対する母親のことばかけの重要性を指摘しています。たとえば赤ちゃんが大きなウンチをした時，あるいはお腹を減らして烈しく泣いている時，母親は「ああ，大きなウンチが出てスッとしたわねえ。ああ大きなあくび。気持いいねえ」とか，「あらあらお腹が空いちゃってたのねえ。さあオッパイをあげますよ，ホーラ，どんどんお腹がくちくなっていくよね。もう大安心なんだよねえ」とか。

　もちろん生れて間もない赤ちゃんに，母親のことばの意味など分るはずがありません。かつての母性本能論は今ははやりませんが，しかしそれを思わせる現象はいくつか発見されています。いずれにしろ，生れた赤ちゃんとお母さんとの間には，まるで1人なのか2人なのか分らない，お互いがお互い影響しあう一体感状況というものはあるらしい。

　皆さん方は一々名前を覚える必要はありませんが，フロイト派のマーラーとかユング派のノイマンとかシドリとかいった人が，この状態について，多少の差はあるにしても似たようなことを言っています。

　つまり赤ん坊は，自分がお母さんなのかお母さんが自分なのか分らないような状態にいて，お母さんのもっている全身感覚，全体的な方向性に包みこまれながら，知らず知らず（これを意識的というべきかどうかは大変微妙です），そして少しずつ，自分自身の全体感覚に気づいていくらしいのです。

　たとえば空腹体験にしても，極端にいえば精神分裂病者の世界没落体験に近

いのではないか，という医師さえいるくらいです。確かに体の中心の感覚がだんだんと力が抜けていき，いてもたってもいられなくなってゆくプロセスは，そのまま自分の存在ひいては世界，が崩壊してしまいそうな感覚に似ていると思います。しかしそこで授乳されると，今までのどうにもならない没落のプロセスが逆転し，次第に体の中心が充実してきます。そして最後はたっぷり満足した状態で，大きなあくびなども出るのです。すなわちある瞬間の経験はそれだけで完結するのでなく，時間的経過のうちに次の段階に移ります。そして全体として纏まったものが子どもの印象に刻みこまれてゆくのではないでしょうか。

空腹にしても暑さ寒さにしても，あるいはちょっとした痛みにしても，赤ん坊たちは当初は部分的にしか経験しません。そうしたバラバラな感覚体験の中で混乱しているのでしょう。ところが母親のことばは，それらの混乱した感覚体験を1つの全体に纏めます。そんな母親のことばの意味が分るというより，母子の相互交流のもつ全体的な関わりが，自然に子どもの全身に伝えられるのです。この全身的な身体感覚の形成されることが，後の自我形成（本章の定義では意識のはじまり）の出発点になる，というのがドルトの考えのようです。

（4） ロジァーズの無意識論

ロジァーズは，意識のはじまりについてはほとんど説明していません。せいぜい，自分のオヤ指はいつでも吸いたい時に吸えるけれども，母親の乳房はそうはゆかないことから自他の分化が生じるのであろう，といっているくらいです。彼は元来精神分析のアンチテーゼとして自分の方法や理論を築いてきた人ですが，基本的には精神分析学と多くの共通点をもっていることにも注目しておく必要があります。それが抑圧理論です。彼は自己概念に合わぬ経験は，自己概念に合うように歪めて知覚（ここでは意識とほとんど同義です）されるか，まったく知覚されなくなる，といっています。そして歪められた場合人は不安になり，知覚されない時には傷つきやすくなるというのです。しかし傷つきやすいとか不安になるとかいうことは，定義によればある種の意識状態ですから，

ここで彼のいっていることを，厳密に理論的に理解することはできません。潜在知覚ないし識閾下知覚をとりあげた認知心理学の適用が不可欠でしょう。

その点で，はじめロジャーズの弟子として出発し，今はフォーカシングの理論家，実践家であるジェンドリン（『体験過程と心理療法』牧書店）が，ずい分以前から，ロジャーズやフロイトの抑圧理論を批判し続けてきていますので，紹介しておきます。

（5） ジェンドリンの批判

たとえば経験（ロジャーズはそれを有機体的プロセスと呼びます）が自己概念に合わない時，それはこころのどこで見分けられるのでしょうか。ここでは意識か知覚か区別のつかぬ認知の働きが仮定されています。しかし本来有機体がその必然的なプロセスで知覚したものが，意識のレベルにまで伝わらないのは不思議な話です。それはフロイトの検閲機能についてもいえることです。そしてジェンドリンにいわせると，ここの見分けの説明が精緻になればなるほど，逆に，一たん自己概念や意識的自我の領域から排除された経験が，あらためて自己概念ないし自我の世界にとり込まれる説明ができない，というのです。これは当っていると思います。ジェンドリン自身は体験過程の概念によって，意識，無意識の問題をプロセスとして考え，自分なりにはこの疑問を解決しています。

いずれにしろ意識，無意識をどう考えるかが，臨床心理学の主要なテーマの１つです。もっとも行動療法（第23章参照）のように，それらをまったく考慮しない有力な立場もあるのですが。意識がいつ頃どのようにして始まったのか，という問題と共に，意識されるはずのものがどうして意識されなくなってしまったのか，逆に，意識されないはずのものがどういうプロセスで意識化されるのか，など多くの問題のあることを述べてきました。そこで次節では，少し角度を変えて，自我の目ざめについて述べることにします。

（6） 思春期における自我の目ざめ

今まで，自我の成立を意識のはじまりとしてきました。しかし発達心理学は，

思春期に今までと決定的に異なる自我意識の変化の生ずることを指摘しています。子どもの自我がおとなの自我に変わる節目，と考えてよいと思います。

　前にも書いた（『思春期のこころとからだ』ミネルヴァ書房）のですが，私自身の経験について書いてみたい，と思います。小学校3，4年の頃です。とある田舎の山道を歩いていました。そしておびただしいクモが巣をはってるのに気づきました。都会では珍しい大型の種だったので，一層びっくりしたのを覚えています。そして突然，「こいつら，こんな山奥で誰にも見られずに死んでいってよいのだろうか」という思いがわいてきました。今は私が見てるからよいのです。しかし10分もすれば私はそこにいなくなります。次にこの道を通るのは多分1年後です。その間このクモたちは，私なしでいてよいのだろうか。もちろん，クモたちが私とは無関係にそこで生れそこで死んでいくことは分っていました。しかし，何か納得しきれない思いにとりつかれたのです。

　ここで私がクモを見たことは，いわば前節の赤ん坊と同じく，同時にクモに見返されていたのです。もっといえば，クモを見ると同時に見返され，そのような相互作用の中に私は"存在"していたのでした。その意味では都会の私の家も"見え"ていたし，見返されてもいました。行ったことのないアフリカの奥地までも"未知の土地"として見えており，見返されていました。要するに私の独りよがりにすぎないのですが，世界は私に見られることによって存在し，私も世界に見返されることによって存在していたのです。その限り私自身も世界も自明のものでした。そこに未知の領域が含まれていることも承知の上で，"分って"いたのです。

　しかし山道でのクモ体験は，調和に満ちたこの自明の世界に，突如亀裂を生ぜしめました。こいつらは，私に見られなくなってもそこに居る，ということです。ということは，私を見返すこともせず，まさしく客体としてそこに居続けることに他なりません。私とクモとを結びつけていった一体感が崩れ，私は私，クモはクモとしてお互いにまったく無関係のままに生き続けるのです。今まで自分が絶対だと思い，その限り世界も絶対と思いこんでいたのが，この世の中でたった1人，その他大勢の諸物の1つとして，誰に見られることもなく

生きてゆく，そのことの不思議さにしばらくこころがすくんだのでしょう。

もちろん，この感じは間もなく消えました。それにしても不思議な静寂と，妙な生ま生ましさと，いわゆる離人感のようなものを感じたのは覚えています。

これが思春期的な自我の目ざめの１例です。要するに，今までの自分を中心とした絶対的な世界に裂け目が入り，相対性に気づいたわけです。自分が世界の中心におり，私あっての世界と思いこんでいたのが，世界は私とはまったく無関係にそこにあり，かつあり続けるであろう，という認識です。

（7） 動物に意識はあるのか

このテーマについては，動物心理学者の方から，多くの発見と意見が提出されています。しかし現時点では定義の問題としておくより仕方ありません。たとえばアメーバのような単細胞生物の入った液体に栄養物を入れると寄ってきますが，酸を入れると避けていきます。明らかに弁別の働きはあり，合目的々に動いているのですが，これを意識という（そういう専門家がいます）には無理があるかもしれません。あるいは太陽に向って回るヒマワリの向日性や，植物の根が水のある所に向ってのびる向水性などを，どう考えればよいのかも私には分りません。大型の肉食獣が獲物を獲る時の連繫プレイは，人間も及ばぬ程に素晴らしいことが多いのですが，彼らが意識的にそれをやってるかどうかは疑問です。知覚の働きに基づいて行動している可能性が大きいからです。

人間に限っていっても，内臓諸器官の動きを意識することは，障害の生じた時を除けばほとんどの人には不可能です。ましてや白血球や血小板の動きなど，知覚することさえできないと思います。難しい理屈は避けて，知覚を感覚器官による見分けの働きとしてみても，たとえば次に述べるチンパンジーのシロアリ釣りなどをどう考えるべきか，の疑問が残ります。

有名な話なので知っている人も多いと思いますが，ある種のチンパンジーは，アリの巣を見ることも匂うこともできない遠方で枝を折り，遠く離れたアリヅカまで行って，それを道具として穴にさしこんでそれについたアリを食べるのです。枝を折った時点でチンパンジーは，五感に頼らず頭の中で，イメージと

してアリ釣りのシーンを思いうかべていたことになります。霊長類の抽象能力については，ことばを覚えたゴリラや数式を解くチンパンジーなどが報告されています（松沢哲郎『チンパンジーから見た世界』東京大学出版会）が，本書では意識について，そこまで細かく考察をするつもりはありません。

　ただ主体としての自分と客体としての他者を見分け，主体そのものを客体化しうる能力を標準的な意識の働きとしておきます。意識の働きを特定の対象に絞りこむことは，実験的状況を除いてはほとんど不可能です。そこでアメリカの現象学的心理学派によって，「場」の概念が導入されました。同時に意識をプロセスとして考えようとする立場も有力です。次章でそれらについて考えます。

もっと知りたい人のために
▼

ヤコービ，M.（氏原　寛他訳）　1985　分析的人間関係　創元社

STAGE　癒しのプロセス

8　こころのはたらき

（1）　意識と無意識

　今までの説明から，こころの働きが，意識と無意識との複雑な絡まりあいから成っていることをお分りいただけた，と思います。しかし無意識とは定義上意識されていないのですから，意識の側からは無いも同然です。それをあえてあるというのは，無意識があると考えた方が意識の働きを説明しやすいからです。逆にいえば，ある種の意識の働きから無意識の存在を推測しているのです。第1章で述べた風のたとえを思い出して下さい。私たちはじかに風を見たり聞いたりすることはできません。しかし木がゆらいだり雨戸が鳴ったりしますと，すぐさま風が吹いてると推測することができます。実は風の働きの結果を感じているので，風そのものを見たり聞いたりしているのとは違います。

　そこで無意識をどう考えるかですが，いろんな人がいろんなことをいっていて，定説がありません。そもそも無意識など認めないのが，長い間心理学の基本的立場でした。しかし臨床心理学の実践に携わっている多くの人たちは，無意識を意識化することが健康を回復する道である，と考えようとしています。大雑把にいえば，フロイトもユングもロジャーズも，その点ではあまり変わりません。その場合，意識と無意識の領域を分けて，無意識領域にあるものをどれだけ意識的領域にとりこむか，が図式的に示されるのが普通でした。

　たとえば第2章に述べたコンプレックスは，一応無意識ということになっています。それが意識化されれば，問題は解決されるはずでした。それはその通りなのですが，意識的にうけとめるのが辛いので無意識の領域に追いやられて

いた問題ですから,意識化された以上意識的にそれととり組むことが課題になります。それが苦しみの多い,しかし実り豊かなカウンセリングのプロセスにつながります。だから意識化さえされればコンプレックスは即座に解消し,一切の悩みから解放されるわけではありません。

一方,ほとんど意識化がなされないようにみえて,問題行動が著しく改善されることがあります。第2章で遊戯療法で元気になった子どもの例をあげました。わが国で急速に普及している箱庭療法でも,カウンセラーのいる場で箱庭を作るだけでずい分よくなる人が少なくありません。そこで,遊戯療法や箱庭療法の場合でも何らかの意識化が行われているとすれば,意識というものを少し多様化して考える必要があります。また,意識のプロセスがつねに無意識の影響を受けているとすれば,無意識についても考えなおさねばなりません。つまり,どこまでを意識としどこからを無意識とするか,ということです。その点定義次第で,ある立場の人の無意識が別の人には1つの意識状態ということがありえます。

(2) こころの全体性または相補性

以上のことを,本章では主にユングとロジャーズの考えを踏まえて述べることにします。

ユングの考えの特色の1つは,こころを全体として捉え,意識と無意識の相補性を強調するところです。もちろん両者は相反的に働きあうことがあり,それがいろんな障害をひき起すことは周知のことです。しかしこころとは基本的に1つの全体として働こうとする,というのがユングの考えです。たとえば小説を読んだり映画を観ている場合を考えましょう。意識は今読んでいる所ないし場面に集中しています。しかし,この場面がどういう経過で生じてきたのかが分らなければ,その意味が分りません。2人は森番の息子とお姫さまで,王さまの家来に見つかれば大変なことになります。そのへんのいきさつは,今までの30分なり1時間の間に描かれていました。しかし,馴れそめがどうだったかなどを思い出そうとすると,今の場面から注意がそれてしまいます。そのた

め全体の意味が読みとりにくくなります。

　私自身は，意識とは図と背景からなる1つの場であり，さらには一連のプロセスとして捉えるべきだ，と考えています。図が意識の中心です。しかしそれは背景とたえず交流しています。背景は限りなく意識に近い明確な部分と，限りなく無意識に近いあいまいな部分を含んでいます。この部分が図をおびやかす時，たとえばさきの例では，なれそめのシーンを思い出したりすると，全体としてのゲシュタルトが崩れるのです。音楽についても，主旋律を奏でる楽器とバックを支える楽器がみごとなハーモニーを構成しており，それは図と背景の交流がスムーズに行なわれている好例です。さらに，今聴いている音はさっき聴いた音と微妙に絡みあって，1つのリズムないしメロディーを構成しています。何もかもが一様に明確になることがあれば，それこそブチ壊しになります。

　だから無意識を意識化することが，つねによいとは限りません。また背景の意識を無意識とするか意識とするかは，くり返し述べてきたように，定義の問題にすぎません。

（3）　ことばの働き

　生れつき目の見えない人が，手術によって見えるようになった時，はじめは色と光の洪水で何が何だか分らなかった，という報告があります。パッと見てそれが何かに見えるためには，あらかじめこれは何，あれは何ということを知っていて，そのつど対象を分類しなくてはなりません。イヌを見て，ネコでもキツネでもないまさしくイヌ，と見分けることができるのは，そういう分類機能が働いているからです。敵か味方か，食べられるか食べられないかの見分けは，誤れば時に致命的になります。だから現実に適応するために，この機能を欠かすことはできません。

　ただし分類は，個々の対象のもつある一面だけをとり上げて，その面を共通にもつものをすべて一括しているにすぎません。だから一面的抽象的な捉え方です。中心になる共通軸が正確でないといけないので，客観的ではあります。

したがって私の認識が同時にあなたの認識でもなければなりません。主にことばによって行われます。だからこのレベルの意識の働きが，通常思考と呼ばれているプロセス，つまり知る働きです。

たとえばイヌということばは，大きいのや小さいのや，白，黒，茶色，雄や雌，飼い犬，野良犬，時には物語にしか出てこない犬などのすべてを含みます。その際，1匹1匹の犬のもつユニークな特徴はすべてふり落されています。こうしたことばによる理解を踏まえて，はじめて多種多様な犬を一様に犬と見分けることができるのです。この時私たちは，犬とは何であるかを分った，または知った，といいます。しかし，それが一面的な知り方であることをくり返しておきます。もっと大切なことは，その時主体である私たちの方も，一面でしか関わっていないことです。たとえば，第1章でのべた遊牧人の「まれびと」との共食を，単に生命維持，または食欲を満たすだけの営みとわりきってしまうような場合です。

（4） 感じる働き

日本語で感じるといえば，感覚的なものも感情的なものも含みます。だから暑さも寒さも喜びも悲しみも，同じように「感じ」ます。ヨーロッパ語では，たとえば sensation と feeling のように，両者は使い分けられています。だから日本語で「感じる」というのと少し意味が違うはずです。本節で扱うのは，もっぱら feeling の方です。

さて私は，感じるとは，対象を自分との関わりにおいてうけとめた時の意識のプロセス，と考えています。たとえば同じ100万円の指環が，百貨店のショウウィンドウにある時と，友人の指を飾っている時と，金持の伯父さんがくれて自分の指にはまっている時の，同じ指輪が状況によってどう変わるかを考えてみて下さい。百貨店の場合だと，ああこんなものか，でしょう。友人の場合は，何だかイミテーションみたい，と見えたりします。自分のものになった時は，1時間見ても2時間見ても飽きないその深い色合いに，自分がびっくりするくらいでしょう。

[STAGE 癒しのプロセス]

　祖母から母へ，母から娘へ伝えられた指環は，客観的には大した値打ちのないことがありますが，娘にとっても何物にも代えがたい意味をもちます。したがって私たちの経験する感情は，しばしば対象を評価する合理的な働きなのです。ただしその基準はあくまで自分ですから，客観性はもちません。第1章で紹介した「バラはバラでも自分で水をかけたバラは別物だ」という感じは，当人にだけ感じられるプロセスで，他人からみればいじけて色のくすんだバラは，要するに"安物"にしかすぎません。しかし当人にはそういう客観的な基準をこえた，特別な意味をもっています。

　こういう場合は，客観的に知るプロセスと主観的に感じるプロセスはしばしば相反的です。感じることが知る働きを曇らせ，知ることが感情のプロセスに水をかけます。しかし，何の変哲もない古いパイプが，若くて逝った父の愛用のパイプだと分った途端，何ともいえぬ懐しさのこみ上げてくることがあります。田舎の家の柱の古傷が，子どもの時の兄弟の背比べの跡と分ると，何だか撫でさすってやりたいような思いに捉われたりもします。つまり，知ることが感じることを促す，あるいは感じることが知ることを一層深めるという，相補的な役割のあることも知っておく必要があります。

（5）　感覚レベルの意識

　動物たちには，しばしば人間より鋭い本能的な知覚能力が残されています。私たちは人間とはすべて同じといった理解に立ち，たとえば老若，男女，立居振舞によっていろいろ違ったインパクトを受けながら，しいて気づかぬふりをしています。仔ネコや仔イヌの仕草を見て可愛いと思ったり，若い異性が惹きつけられあうのは，すべてそれらの名残りです。多くの場合，われわれの意識の場は，知る働き，認識した世界に対してどうあるべきかに意識が集中します。その点知る働きを主に意識していることが多いのです。そんな場合，体で感じていることは，感覚レベルの意識として意識の場においては背景に沈んでいることが多い。しかし感覚遮断実験が示しているように，できるだけ五感が働かないような実験的状況に長時間さらされますと，幻覚や妄想など，極めて不安

定な状態の生じやすいことが分っています。普通私たちは，気圧の工合いや椅子の坐り心地や，それとない匂いやいろんなものを感じている（意識している）のですが，それは意識の場では大体背景に沈んでおり，明確に意識されていないのです。しかしそれらが大巾に感じられぬ（意識できぬ）状態では，明白な部分の意識まで怪しくなることが示されており，意識の場が背景があってこその纏まった世界であることが分ります。

（6） ふたたび感情のはたらきについて

　感情については，もう一言いっておきたいことがあります。それは従来の心理治療の各派が，カウンセリングの感情的プロセスの重要性については多くのことばを費しながら，なぜそうなのかについては余り説明していないからです。

　第4節で感情を，対象を自分との関わりでうけとめる時生じる意識のプロセス，と定義しておきました。それは問題を自分のものとしてうけとめる態度に通じています。知るはたらきは，対象を自分とは無関係のものとしてとらえる，しかし現実適応には不可欠のプロセスです。だから先祖伝来の家宝でも，いざとなれば"相場"で売らねばなりません。しかし感情プロセスは対象を自分との関わりでうけとめぬ限り生じません。以前ある学会で発表されたケースは，小さい娘が母親と共にいわゆる外傷体験に出あうのですが，「あれは母親に起ったことだから」と，自分との関係を否定していました。思春期と共に症状が出，カウンセリングが進むにつれ，「そこに居合わせただけで，実は自分もひどい傷を受けていた」ことに気づきます。そこからカウンセリングの過程が急展開し，娘さんは一応自分で納得できる生活ができるようになるのですが，私たちは自分にとってあまり辛い経験は，深くこころの底に沈めて，なかったことにする，いわゆる抑圧のメカニズムを使うことが多いのです。

　「あれはお母さんに起ったことだ」という決めつけは，合理化と呼ばれています。知る働きが感じる働きを抑えつけるために，しばしば使うテクニック（必ずしも意識的ではありませんので，メカニズムといった方がよいかもしれません）です。しかし以上のような感情プロセスが意識化されるにつれ，なぜ始まったの

か分らなかった癖や習慣の意味の分ることもありますから，思考と感情は時に相反的に，時に相補的に働くことがよく分ります。

（7） 直観のはたらき

以上の3つの働きに直観機能をつけ加えて，ユングは意識の四つの働きとしています。本章はユングの考えを下敷にしていますが，彼の考えをそのまま伝えようとするものではありません。彼の考え自体を批判する人がユング派の中にもいるのですから，あらゆる学説はどんなに影響力のあるものでも完璧なものなどなく，つねに批判と共に進んでゆくものであること，をわきまえておきたいと思います。

直観を，私は合目的々な身体プロセスが突如意識的領野，意識の場でいえば図の部分に突出することだ，と考えています。もちろんあることを考えていてなかなか答えが見えず，たまたま外出先のバスに足をかけた瞬間に閃いた，という有名な話がありますから，つねに身体プロセスと結びつけることはできません。ただ意識の場をかりに静的な図式と捉えるならば，最も明確で客観的で動かしがたいのが思考レベル，次にそれを支えつつ，時に思考レベルのプロセスと対立し，それが思考レベルの変革をうながすのが感情レベル。そしてさらにその両者を支えながら，通常はほとんど意識されていない（たとえば自転車を漕いでいる場合）のが感覚レベル。そしてそのもう1つ底の身体レベルの意識。これが突如イメージのレベルで意識世界に現われるのが直観レベルではないか，と考えています。ユングが，夢のイメージで身体疾患の部位の分ることがあると述べた例や，山中（『老いのソウロロギー』有斐閣）が，無意識的身体心像としてとりあげている事実がそれに当る，と思います。

私自身は，たとえば渡り鳥が渡りの途中で，この方向が絶対正しいともし意識したとすれば，その意識こそが直観レベルのそれだ，といいたく思います。渡り鳥たちが何をしるしに，毎年渡りの地に誤りなく到着するのか，生物学的にも議論は多いらしいのですが，何となくそんなことを感じています。

(8) 感情の明確化

　ところで，ロジャーズがそのカウンセリングで最も重視した感情の明確化についていいますと，彼自身はそこまで明確に言っていないのですが（偉大な実践家には実践そのものがしばしば自明の事実なので，説明が不十分な場合があります），以上述べてきた意識の場という考えはあったと思います（私の「意識の場」の考えは彼やクームズとスニッグ（1959）の「知覚の場（perceptual field）」の考えに多くを負うています）。だからクライエントのことばをおうむ返しに返す時，私のことばでいえば，思考レベルにとどまらぬ，感情レベル，感覚レベル，直観レベルの，つまり意識の場の背景にある万感の思いをこめていた，と考えたい。それを当時（30〜40年前です）のわれわれは，文字通りのおうむ返しをやっていたので，ロジャーズの方法に似て非なることをやっていたのでしょう。今日でも，まだその弊を脱していないと思われる自称ロジャーズ派がまだ少なくありませんので，とくに若い人たちには注意を促しておきたい，と思います。

もっと知りたい人のために
▼

氏原　寛　1990　心の一生　ミネルヴァ書房

STAGE　癒しのプロセス

9　人のこころ動物のこころ

（1）　意識はなぜ生じたのか

　フォン　フランツという，最近亡くなられたユング派の女性の分析家が，次のようなことを書いています。動物の中には，いわゆる進化の袋小路にはまりこんでかえって種属の安全のおびやかされている種類がいるらしい。たとえば北欧にいるネズミに似た小動物レミングは，時々，ムレ全体が断崖から海にとびこんで大量自殺するので知られています。正確な理由は分っていないのですが，種の保存という生物の大法則から外れていることは確かです。あるトリのオスたちはメスの気をひくため，次第に大きい翼を持つようになりましたが，そのため飛べなくなって外敵の犠牲になりやすくなりました。彼らは永年の遺伝的淘汰によって，定められた環境にうまく適応してきたのですが，状況が変わると，型にはまっただけのやり方では変化に対応できなくなり，時には亡びることもあるわけです。

　人間はそれに対して，あらかじめ定められた本能的な反射のメカニズムによるだけでなく，状況を的確に判断して，必ずしも本能に従わないでいける，生物としてのより高次な機能である意識を発達させたのだ，というのがフォンフランツの考えです。たしかに明日のことを見通して今日準備することによって，人類の生存率は大幅に安定してきました。しかし明日のことを考えすぎ，「いま，ここ」の現実をお留守にするようなことが起っています。死ぬことを怖れて毎日病院通いしている人たちは，そのためのエネルギーを，「いま，ここ」でよりよく生きるのに用いれば，もっと充実した生活を送ることができるでし

ょう。

　しかし人間は、動物とまったく違う仕組みをもっているのではなく、むしろ多くの部分で共通点があります。そこでフォン　フランツが拠り所にしている、コンラート・ローレンツ（『ソロモンの指環』早川書房）から、いくつかの話をとり出して紹介しましょう。

（2）　オオカミとハト

　ハトは優しくてオオカミは残酷だ、というのが国際的な定評です。しかしオオカミの方がハトよりも、仲間に対してははるかに優しいことがある、とローレンツはいいます。オオカミも時には牙を剥いてけんかをするのですが、相手が自分の首筋をさし出すと嚙むことができません。怒っていて嚙もうとするのですができないのです。オオカミのような強力な武器を身につけてしまった動物は、その武器で仲間同士が殺しあいをすると、一ぺんに数が減って、種として子孫を残すことができなくなるためです。いつの間にか仲間を嚙まない種だけが子孫を増やし、結果的に現在のオオカミたちは仲間を嚙まぬ、という本能的行動を身につけてしまったのです。これを抑制機能と呼びます。

　一方、ハトについて。ある時ローレンツが2羽のハトを1つの籠に入れて外出し、帰りが予定より大幅に遅れたことがありました。籠を見ると一羽がもう一方に殺され、ハネまで1本1本むしられていた、というのです。ハトの嘴は柔かく、一撃で仲間を倒すほどの力を持っていません。それに翼があるので、通常は相手の攻撃を逃れることができます。だからハトには抑制機能は備わっていません。したがって長時間籠に閉じこめられる状態で、お互いの間で戦いが生じると、徹底的にやってしまうのです。猛獣でもとも食いをする、抑制機能のない種類もいるのですが、それにはそれなりの種の保存のための機制があるはずです。とに角、ハトが意外に攻撃的性格をもっていることに驚かされます。

　ローレンツが忠告するのは、人間にはこの抑制機能がない、ということです。しかし人間の作り出したピストルや大砲やまして核兵器は、オオカミの牙の何

千万倍もの破壊力をもっています。だから余程の知性（本能的衝動ではありません）を働かせて攻撃性をコントロールしないと，何度目かの世界戦争や核戦争を抑えきれなくなる，ということです。

（3）ライオンとシマウマ

　このシマウマは，ひょっとするとガゼルという鹿に似た動物だったかもしれません。どちらも草食動物です。アフリカにはこれらの草食動物がライオンなどの肉食動物と同じ領域に住んでいることがあります。もちろん草食動物は肉食動物の餌になります。だから，時にTVにみられるライオンに倒されて貪り食われる草食動物の無残な姿には，哀れを催させられます。ところが，実はこのライオンたちが，草食動物たちにとって救世主的役割を果していることがあるらしい。

　つまりライオンが時々間引きしてくれるので，その地域に一定数の草食獣が住みつけるのです。それがなければ彼らの数は増えに増えて，そこいらの草を全部食いつくします。実際は移動しますが，もしその地にとどまるとなれば飢え死するよりありません。ライオンが適当な数に抑えてくれているのです。ところがライオンの数が増えて，草食獣を獲りすぎると，草食獣の数が減ってライオンは獲物をとりにくくなります。ライオンとてもめったやたらに草食獣をとれるわけでなく，年とったり生れたばかりの弱いやつを狙ってるのですから。するとライオンの数が減るのです。そうなると草食獣が増えます。しかし餌をとりやすくなったライオンの数が増えるので，草食獣の数も減ってきます。そこでライオンが減り草食獣が増え，ふたたびライオンが増え，といったことが何千年も何万年もくり返されている地域があるのです。

　ライオンに食われる草食獣が可哀想だと，ライオンの数を人為的に減らすと悲劇的なことが起ります。今までやさしい人間たちがくり返し行ってきた，環境破壊の1つです。人間には意識があります。そしてその底には，多分動物たちとほとんど変わらない無意識があります。それを内なる自然といってもよいでしょう。フォン　フランツのいうように，たしかに意識は無意識より高次の

心的機能なのでしょうが，アフリカの草原で何気なくくり返されている自然のプロセスに近い，私たち自身のこころの自然をかえりみる必要はあるでしょう。

（4） 生き物のおきて

もちろん自然には数々の厳しいおきてがあります。それを一言でいえば，よき子孫を残すことでしょう。1匹1匹の個体がそう意識してのことではありません。結果的に，そういう種が子孫を残すのに成功したのです。オットセイのムレは巨大なオスがすべてのメスを独占しています。ひ弱いオスにしてみれば，まったく厳しい状況です。しかしそれによって，子孫を残す仕事は強いオスによって行われ，結果的に強い子どもがより多く生れます。ニシンの子は，卵がもしすべておとなになれば，20年で地球と同じ大きさのニシンの塊ができる，といわれています。卵のまま，つまりカズノコとして食われたり，孵っても他の魚の餌食になったり，おとなになってからでさえ漁師の網にかかり，食われに食われても子孫を保てるだけの莫大な卵を生むのが，彼らのやり方です。

キタキツネの母親が献身的に子どもを守る姿は，TVでも何回か放映されたので観た人も多いと思います。しかし子どもが一定の年になると，今まで通りじゃれついてくる子どもを母親は残酷に追い払います。時には致命傷になるほど激しく咬みついて，です。追われた子どもは，泣く泣く自分の生活の場，つまりナワバリを作らなければなりません。失敗すれば死ぬよりないのです。母親から離された子どもたちの半数以上は，そうして命を失います。その代り，ナワバリを作るのに成功した強い個体が，子孫を残す仕事をひき受けます。一匹一匹の個体にとっては厳しい限りの状況ですが，種の繁栄を問題とする限り，それが彼らにとっての最善の方法なのです。

（5） ハーローのサル

ハーロー（『ヒューマンモデル』黎明書房　1984）はアメリカの心理学者でサルを使って多くの実験を試みました。その1つに，生れてすぐのコザルを母ちゃん人形と同じ檻に入れて，そこに怪物（たとえばクモの模型）を入れるのがあり

ます。母ちゃん人形ははりがね製でミルク瓶をもつのと，布張りですがミルク瓶をもたないのとがあります。コザルはだから，ふだんははりがねのお母ちゃんからミルクを飲んでいます。ところが怪物が現われると，ためらうことなく布製のお母ちゃんに飛びつきます。その柔い感触に暫くの間触れていると元気を回復し，お母ちゃんから離れて怪物に近づいたり，手に触れたりします。ところがはりがねのお母ちゃんしかいない場合，コザルは檻の隅にうずくまり，顔を被っておしっこを洩らしたりするだけです。大切なことは，実験の終った後，このコザルをムレに返してやっても，なかなかなじむことができなかったことです。

　これは哺乳類の幼児にとって，母親との身体接触がどれ程大切であるか，を示しています。普通の場合，幼児はつねに母親の傍にいます。だから怖しい体験が生じ瞬間的にパニックに陥っても，すぐ母親にしがみつくことができます。その体の柔かみや暖かみが子どもをおちつかせます。脈搏や匂いなども一役買っているはずです。ハーローのサルの場合には，柔い感触だけで，コザルはかなり元気をとり戻しました。おそらく人間の幼児の場合も事情は同じ，と考えられています。母親またはその代理の人との身体接触が極めて大切なのです。ハーローのコザルたちには，その後仲間と接触するのが難しくなってしまったものがおりました。サルがサルらしくなるためにはそれなりの，ということは，人間が人間らしくなるためには一定の人間的環境が必要のようです。人間という種に生れさえすれば，自然に人間になるとはいえないらしい。

　ニホンザルでも，赤ん坊の時からムレから離れて育てられたメスザルの場合，かりに赤ちゃんを生んでも育てることができない，という報告があります。やはり生れた時からムレにいて，先輩のメスザルたちの哺育活動を見ていないと，いわゆる母性本能（そんなものがあるとして）だけでは育児能力は身につかないのです。

（6）アマラとカマラ

　以前インドでは，時々人間の赤ちゃんがオオカミに育てられることがありま

した。たまたま赤ん坊をなくした牝オオカミが，人間の赤ちゃんを自分の子どもと思いこむようなことがあったのでしょう。シングという牧師が，偶然そういう人間の子どもを続けて2人発見し，アマラとカマラと名づけて育てました（C. マクリーン『ウルフ　チャイルド』福村出版）。

　いつオオカミにさらわれたのかが分りませんので，発見された時の年齢は分っていません。多分4，5歳と考えられています。後で発見された男の子は残念ながら間もなく死にますが，女の子の方は15，6歳まで生きることができました。人間社会に連れ戻されてからは，シング牧師の手厚い保護のもとで人間的教育が施されました。しかしいくつかの単語を除いて，とうとうことばを覚えることができませんでした。当初は昼の間は眠って夜起き出し，オオカミと変わらない声で遠吠えしていました。アマラとカマラとで抱きあうようにして眠り，四つ足で歩き，かつ相当のスピードで走ることもできました。生肉しか食べず直接ガツガツとむさぼり食った，といいます。

　それがやがて立ち上って二足で歩くようになり，スカートをはいて立っている写真が残されています。どう見ても年頃の娘さんですが，知的な能力にはかなりの障害があったようです。もともとが知恵遅れだったのではないか，という説もありますが重視されていません。臨界期ということが考えられるからです。

　臨界期とは，それなりの素質があっても，ある決った時期に適切な外的な刺激がなければ能力としては身につかない，という考えです。さきの，子育てのできないメスザルの場合を考えて下さい。サルとして生れようが人間として生れようが，普通のサルなり人なりに育つためには，サル環境ないしは人間環境という特殊な外的条件が要るのです。ことばを身につけるには，大体4，5歳くらいまでといわれています。人間の子どもを実験的に扱って確かめることはもちろんできません。しかしアマラとカマラのように，不幸にして早くから人間的環境を剥奪される例が以前にはありました。そこからの類推ですから確かなことはいえません。あるいは外国語を学習する場合，いくつかの例外はあるにしても，おとになってから本国人と同じように発音することは極めて難しい，

| STAGE 癒しのプロセス

ということが知られています。

（7）「自然に還れ」

　さて，動物たちと人間との，似たところ似ていないところを見てきました。私たちのこころの中には，自然な，つまり動物的な部分が多分にあります。複雑な人間社会を生きてゆくために，それらの多くは抑えつけられています。あるいはフォン　フランツのいうように，意識という，人間なればこその高次機能が発達してきたために，動物たちほど素直に生きられなくなっているのかもしれません。そのためしばしば叫ばれるのが，「自然に還れ」というスローガンです。

　しかし，それが不可能であることを思い知らなければなりません。本章の第4節で，動物たちの基本的傾向は，よき子孫を残すことであるのを見てきました。ナワバリを作りそこねた"無能な"キタキツネは死ななければなりません。せっかくオスに生れていても，弱いオットセイはメスとつがうことすら許されないのです。ライオンとシマウマの場合にしても，長い目で見ればお互いのバランスはとれていますが，寄ってたかって貪り食われる個々の犠牲者は哀れです。

　動物には個体意識がありません。ジャングルの掟は「弱い者は死ね」です。一時，餌づけされたニホンザルのムレに奇型の赤ちゃんが多く出ましたが，人間が特別に配慮してやらないと，おとなになるまで生きのびられませんでした。人間だけが，強い者が弱い者を助けてみんな仲よく，というスローガンを思いつきました。それがどの程度現実化されているかは，人によって意見の分れるところです。しかし「人間みな兄弟」とか「1人はみんなのために，みんなは1人のために」などのことばは，そういう気持をうまくいい表わしたものです。ただ，それがジャングルの掟に逆らうものであること，は承知しておく必要があります。

　それは，人間が「個」に目覚めているからです。1人の生命が百人の生命と同じ重みをもつ，という発想も同じです。動物たちには種のこころしかありま

せん（多分，です）。人間は個を生かそうとします。それが時に種の衝動（本能）と衝突します。そのつど私たちは苦しまねばなりません。それが個を超えたものであるだけに，時にはおぞましい暴力的なものとして，時には私たちを包みこむより大いなる存在として，感じられるからです。

　もう1つあります。つまり，私たちはどこまで自由なのか，という問題です。1つは今も述べたように，私たちには生れつき備わった衝動があります。これを生きなければ私たちの生活は生気を失います。さりとてそれに流されれば，個としての方向性を見失います。さらに環境の問題です。生れつきの傾向であっても，適切な環境がなければ能力として開発されないことはすでにみてきました。しかも私たちが環境を選ぶことはしばしば不可能です。しかしそこで個をどう生かすか。それが，意識的存在としての人間に避けられぬ課題だ，と私は考えています。詳しくは第25，26，27章をご覧下さい。

もっと知りたい人のために
▼

ローレンツ，K.（日高他訳）　1970　攻撃　I．II　みすず書房

STAGE　こころの発達と成熟

10　ライフサイクルとこころの課題

（1）ライフサイクルとは

　ライフサイクルとは，誕生から死までの，人の一生の過程をいいます。今ではこの言葉は，人の一生と言う意味で，一般的になっていますが，従来は，商品が市場に出てから陳腐化して発売中止になるまでの周期の意味で，産業界で広く普及していた言葉です。人の一生といいますと，従来の心理学では発達心理学の分野でした。しかし，発達心理学では，誕生から成人までを主な学問領域にしていたため，成人から死ぬまでの過程は，あまり問題になっていませんでした。臨床心理学は，こころの成熟に関係している領域を扱う分野ですので，早くから人の一生の過程に関心がありました。それでも，フロイトの精神発達理論では，口唇期から性器期までであり，従来の発達心理学的発想から抜けきれていませんでした。人の一生の精神発達に先鞭をつけたのは，新フロイト派のエリクソンです。

　エリクソンの個体発達分化の図式は，心理学の多くの教科書に書かれているように，精神の成熟を検討する大切な考え方を提供してくれたものです。

老年期	統合性	対	絶望
壮年期	世代性	対	自己陶酔
成人期	親密	対	孤立
青年期	同一性	対	同一性拡散
学童期	勤勉性	対	劣等感
幼児後期	自主性	対	罪悪感
幼児前期	自律性	対	恥・疑惑
乳児期	信頼	対	不信

図1　エリクソンの人間の発達段階図式

　発達と成熟は，生物学的に規定されている面と家族や環境に規定されている面があります。われわれ人間は，それぞれの時代にふさわしい人間像を持っています。これらの人間像は文化的要因に左右されることも多いので

すが，基本的にこころの底に感じている面も多いのです。ユングは人間が歴史的に本能的に持っているイメージを元型と呼びましたが，われわれはそれぞれの発達段階でそのようなイメージを持っています。それは，「老賢人」「太母」「青年」「子ども」「赤ちゃん」などです。

　子守歌で歌われているような乳児像は，「純真無垢・すやすやとよく眠る・かわいい」と「泣き叫ぶ・ぐずる・憎たらしい」です。乳児は，安心するとよく寝ますし，かわいいものです。しかし，不安や恐怖があるとぐずったり，泣き叫び，憎たらしい存在です。これが母親や養育者の不安を呼び起こし，虐待に繋がったりします。両者の関係は，循環し，よい循環になると乳児に基本的信頼感が生まれ，悪循環すると基本的不信感が植えつけられます。乳児は頼らないと生きていけませんので，それがないと周りの世界すべてが恐怖の対象になり，自分を取り巻く世界すべてに不信を抱くのです。

　幼児になりますと，「コントロールがよい・言うことを聞く・子どもらしい」と「多動・注意散漫・きかん気が強い・大人びた」となります。これも養育者との関係で，良循環したり悪循環したりします。自主的で自立的な幼児と依存的でいじけた，なつきにくい，子どもに分かれます。学童期になりますと，「よく遊びよく学ぶ・元気・仲間が多い・やさしい・勤勉・注目される」子どもと，「いじわる・いじめ・勉強しない・怠惰・目立たない・奇異な」子どもがいるのです。青年期では，「活動的・礼儀正しい・団結・強い・思いやり・自立的・社会的・夢がある」と「不活発・不作法・弱い・冷酷・孤立・依存的・非社会的・反社会的・夢のない」青年がいます。壮年期では，「勤勉・リーダーシップ・強い・援助的・慎みのある・建設・育てる」と「怠惰・厚顔無恥・貪欲・破壊的・弱い」となります。老年期では，「老賢人・懐が深い・しずかな微笑み・諦観・清潔・宗教的・慈悲」と「痴呆・けちな・愚痴の多い・しがみつき・汚い・過去への拘泥」の老人がいます。

　全ての人は，その時代の理想的な人間像を求めているのですが，なかなか思うようにいかないのも人生です。

STAGE こころの発達と成熟

（2） 問題児・者の過去像と現在像との関係

　フロイトは，乳幼児期の問題が，のちのちまでの人生に大きい影響を与えることを指摘しました。思春期や成人期の神経症の原因が，乳幼児期の心的生活（特に，性生活）にその原因があること，それらは無意識に存在することを発見しました。しかし，後の臨床心理学者たちは，原因がそれだけでないことを指摘しました。

　思春期や青年期，成人期に問題を起こした人の子ども時代の様子を，先生や保母さんに聞いてみますと，2つの答えが一般的です。1つは「目立たない・印象の薄い，反抗期のない，育てやすい」で，もう1つは「三児の魂百までですね」です。われわれは，おとなしい子どもが，ある日を境にして，乱暴で手がつけられなくなったり，反社会的な重大な非行をしたり，閉じこもりになったり，することに出会います。あまりにも今までの印象と違いますので，そのショックが与える心理的影響が強いためか，こちらのタイプの印象の方が強いのです。しかし，小さいときの「優しい，素直で，人の言うことをよく聞き，感受性豊かで，コントロールがよい」そのままの，大人も多いのです。同窓会で，先生や友達と久しぶりに会ったとき，「昔と1つも変わっていないね」と言われる人も多いことから，このことも真実であることがわかります。では，どうしてその個人が持っている特質がそのままに成長するのと逆転するのとがあるのでしょう。それは，人間の持っている2つの顔によります。

（3） 影との関係

　ユングは，影について，「影はその主体が自分自身について認めることを拒否しているが，それでもつねに，直接または間接に自分のうえに押しつけられてくるすべてのこと——例えば，性格の劣等な傾向やその他の両立しがたい傾向——を人格化したものである」と述べています。人間は，案外，人の言うことを素直に聞くことが苦手なようです。相手の言うことが自分の考えと違っていても，相手はそのように思っているのですから，「そうだね」と言ってあげても

よさそうなものですが，なかなかそのように相手の話を聞ける人はいません。これは子ども時代からの育てられ方と大きく関係しているようです。子どもの主張をそのまま聞いてやっていては，危険な事があることも事実です。が，親がそのまま聞いてやってもいいようなことでも，小さい時から，子どもは，素直に聞いてもらえていない体験をしています。親は，自分がそのことに不安を感じたり，自分の人生でそのことが失敗に結びつきやすいと感じたことを，子どもが主張しますと，必ずといっていいほど反対します。それでも子どもが主張すると，子どもは叱られることが多くなります。

　動物の子育てを見ていると，親が子どもを叱ることは稀です。親自身の予期不安で子どもに警告を与えることはほとんどありません。親が警告信号を出したり，叱る時は，子どもに真の危機が迫る時だけです。だから動物の子どもは親の言うことをほぼ無条件で聞き入れます。親の言うことを子どもが聞かなくなったときは，親から独立するときです。人間の親やおとなは，人間が将来を考える動物であることもあるのですが，親自身の予期不安（実際は不安状況にはない）で，子どもに警告を発することが多いのです。子どもは親の警告が空振りに終わったことや自分の意見の方が正しかったことを，しばしば体験します。また，子どもは体験が乏しいので，実際にやってみないことには，その善し悪しが分からないことも多いのです。失敗から学ばないと実生活の学習ができませんから。子どもは，自分がそうだと感じたら，自己主張をします。しかし，それが認められないと，子どもは自分の主張を取り下げ，これを無意識に抑圧します。抑圧というのは，実際にその自己主張が無くなったわけではありません。無意識に溜められているのです。

　本音を出すのを抑圧されますと，本音と建前が分かれるように人格は形成されていくのです。本音の部分で，社会的に受け入れられないような人格特性は，影の人格として無意識に形成されていきます。親の言うことをよく聞く性格は表の性格となり，反抗的な性格は影の部分に滞留していきます。親が，本当に危険なこと以外，子どもの主張を認めるのが大切です。そして，実践させ，失敗に終わったとき，怒るのではなく，これを慰め，なぜ失敗したかを共に考え

る態度で接するのです。逆に，親のコンプレックスや親の強い予期不安から，子どもの主張を抑圧させて行く態度で接しますと，子どもの本音は影の部分にどんどん溜まります。これでは性格の形成に違いがでるのが当たり前です。素直に育てられた子どもと絶えず自己主張を妨げられ，歪んだ価値観や不条理を押しつけられて育った子どもでは，影の人格に差が出るのです。ある時ついに，子どもは影の圧力に抵抗できなくなります。と，影の人格が表に噴出してきます。すると，周囲の人々には，突然その子どもが変わったように映るのです。もともとその子どもの影にあった性格なのですが。

おとなしい子どもが急に乱暴になったり，活発な子どもの意欲がなくなり，落ち込んだりするのもそのためです。日頃から，受け入れられて育っている子どもは，影の人格との差がそんなに大きくないので，他人の目にはそのままに映るのに対して，影の濃い人は，影が噴出してきた時に，周りの人はその突然の変化に驚くのです。

一般には，影（無意識）に抑圧した人格を表に統合して，あまりにも突然の変化や人格の表裏の乖離を少なくしようとする働き（成熟の過程）があります。これが反抗期なのです。反抗期は，3歳～4歳の第一反抗期，親の言うとおりから自分を主張する反抗期。思春期の反抗期，自分自身の考えやアイデンティティを確立するための反抗期，が良く知られています。しかし，27～8歳の反抗期もあります。これは真の大人になるための反抗期です。女性が，親や社会の制度や男性に対して自己主張したり，今までは耐えに耐えていた青年が，上司や親や社会制度に反抗したりします。また，50歳近くでの老人期への移行や更年期にも反抗期があります。女性からの突然の離婚宣言や突然の退社や不倫などが，この時期の反抗としてよく知られています。そして，反抗期での影と表の人格の統合が失敗しますと，うつ病や神経症，社会的脱落や非行に陥る人も多いのです。乖離の状態で，表と裏の人格が同一人物の現実場面に現れるのが，乖離性人格障害といわれる人々です。二重人格や多重人格は，最近よく耳にされる症状でしょう。世の中それだけ本音が言えなくなったからでしょうか。本音を受け入れてくれる人が少なくなったからでしょうか。臨床心理士の必要性

が言われているのも今の時代と無縁ではないようです。すなわち，子どもに接するおとなの2つの態度の内，先に述べた「子どもの主張を認め，実践させ，失敗に終わったとき，怒るのではなく，これを慰め，なぜ失敗したかを共に考える態度で接する」ことを職業的に行っているのが臨床心理士だからです。臨床心理士の基本的態度は，素直にクライエントの言うことを聞くことなのです。臨床心理士に会うと，どうして，症状やストレスが改善するのかがお分かりでしょう。

（4） ライフサイクルと家族の危機

人間は群れで生活する動物です。その最小単位が家族です。家族はそれぞれ独自の雰囲気を持っています。昔は家風とよばれていたものです。家族については後に詳しく述べますが，ここではライフサイクルと家族の危機について述べたいと思います。

家族は，多くの場合，子どもとその両親から成り立っています。結婚した夫婦に子どもが生まれた時，子どもにとっては当然のことですが，人生の始まりです。同時にそれは夫婦にとっても親の始まりなのです。親になりますと，夫婦の時には分からなかった問題や性格が男にも女にも現れます。それまでは分からなかった配偶者の子どもっぽさが，子どもが生まれたとたんに露呈したりします。自分の子どもと競争するような親もいます。子どもの世話より自分が依存したい親もいます。自分が果たせなかった夢を子どもに託そうとしたりします。親のコンプレックスが子どもにいろいろ投影されたりするのです。親になるまでに子どもっぽい依存性や不安を克服していないと，それが子どもに向かい，それに対して子どもが変な反応をする，という悪循環が起こります。これまでの発達課題をこなしていないと，親になった時点でその咎めが現れるのです。誕生は子どもにとっての最大の節目ですが，親にとっても人生の節目なのです。

このように親と子どものラインサイクルの節目が重なるのは，なにも子どもの誕生だけではありません。子どもが思春期になりますと，親の方は中年にな

っています。子どもに思春期の嵐が吹き荒れますと，親の方も中年の危機に迫られたりするのです。母と娘が同時に思春期的な行動をしているのに出会うことも，そんなに稀ではありません。母親の方の思春期のやり残しが，娘の思春期に刺激されて台頭するのです。ひと頃はやり言葉になった思秋期というのは，このような現象です。子どもだけがライフサイクルの節目の危機だったら，問題はそんなに大きくならないかもしれませんが，家中を巻き込むような大騒動になる思春期の問題は，親と子，時には祖父母のライフサイクルまでが重なっていることが多いのです。祖父母が持ち越しているライフサイクルの節目の課題が，親夫婦に影響を与えていますし，それが親夫婦のライフサイクルの節目の課題達成を困難にし，ひいては，またそれが子どもに影響する結果，子どもの思春期がとてつもなく大きな課題を背負いこむことになるのです。何か今の日本の赤字国債のようですね。次々と子孫につけを回していきますと，しまいには国の破産状態がやってくる可能性があるのです。これを防ぐには各自が少しずつ課題を背負うことです。でも，これはなかなかしんどいことですので，ついつい人のせいにするのです。子どもは母親のせいにし，母親は父親のせいにし，父親は祖母のせいにし，祖母は嫁のせいにするようなたらい回しをし，攻撃と非難だけが家の中を駆けめぐるのです。そして，いつも一番弱いものが犠牲になります。

　子どもが自立し，結婚する時は，親は初老期を迎えています。祖父母は高老年期です。どのように死を迎えるかは，老年期の課題です。空の巣症候群と言われている，子どもが独立して去った後，空いた巣に親だけが残されたわびしさからくるうつ症状も，今までの夫婦生活の総決算とこれから迎える老年期の夫婦としてのあり方を模索するための時期なのです。ここでも子どもと親のライフサイクルが連動しているです。

もっと知りたい人のために
▼

エリクソン，E. H.（仁科弥生訳）　1977　幼児期と社会　みすず書房

岩波講座精神の科学6　1983　ライフサイクル　岩波書店
家族心理学年報4　1986　ライフサイクルと家族の危機　金子書房

STAGE　こころの発達と成熟

11　こころの成熟と危機

「分離は成長への過程である」とアレンが述べていますように，成長への過程では前の段階からの分離が必要です。胎児が出産という母子分離を経て，乳児になるようにです。

胎児期が充実したものであれば，乳児期への移行はスムースです。それでも出産は，母子共にとって，大変な作業です。胎児の時に十分な発達がないと，乳児期においてそれが問題となります。胎児期は，胎教といわれるような心理的な影響があるかも知れませんが，なかなか科学的にそれを実証することが難しいので，普通は身体の発達が十分かどうかが大切です。熟産の項目が生育歴にありますように，難産や未熟児で生まれますと，それだけ乳児期の発達に負担がかかります。

（1）　乳児期の危機と課題

人間は他の動物と比較すると1年早く生まれたとされています。生まれた時から，1年たたないと歩くことも話すこともできないからです。おむつが取れるにも2年かかりますし，話し言葉が完成するのに4年かかります。その間は，養育者に自己を預けている状態です。乳児はその意味ではまったく無力と言えましょう。自分の意志を伝えるのは，泣くか微笑むか抱きつくか拒否するしか手段はありません。動物でも子どもは可愛いように，乳幼児のかわいさは，種を越えたものがあります。それはおとなの側，特に女性には，乳児をかわいく思う遺伝子が付与されているような感じです。動物の母親は，自分の命に代えても子どもを守ろうとしますので，子どもは母親に全幅の信頼を置いています。

しかし，人間の場合は，本能より学習の方に重きがあり，しかも母親の心理状態，経済状態，夫婦関係，子どもの状態によって，母子や親子の信頼関係が必ずしも良好とは言えない場合があります。これが典型的に現れるのが養護施設児の場合です。親が育てられないために，施設で育てられた子どもには，確定した養育者が決まらないため，ホスピタリズムと呼ばれるような症状が昔の養護施設では見られました。これは，無気力・無感動で食欲が無くなり，ついには死亡することさえある症状です。人間が一番無力な時期，乳児期において，親（人間）を信頼できるかどうかは，終生影響すると言われています。戦国時代に戦地から妻に当てた「火の用心。おせん泣かすな，馬肥やせ」といういちばん短くて要領を得た手紙の中にも「おせん泣かすな」と跡取り息子を泣かさないように，という子育ての要点が書かれています。乳児期を泣きの涙で過ごさせないことの大切さが，昔からあったということでしょう。

（2）　幼児期の危機と課題

　母親（養育者）の直接の保護から少し離れて，信頼できる母のイメージをこころに持った子どもは，母親を離れて，子ども集団に入っていきます。登園拒否の子どもの中には，母子分離が十分にできていない子どもがいます。母親を離れると，信頼できる母親のイメージがなくなるのです。幼児になると，乳児期のような直接的な母親の存在ではなくて，信頼できる母親のイメージが重要になるのです。乳児から幼児への移行期に，子どもは，母親（安心）イメージの象徴的品物として，毛布や人形など，乳児期に大切にしていた物を持ち歩くことも多いのです。これらのものは，移行対象と呼ばれています。

　子どもにとって，信頼できる母親のイメージの確立には，母親にも，同時に，子どもを自分の手元から離しても，安心していられる，子どもを信頼できるイメージが必要になります。乳児から幼児への移行期の子どもを見ていますと，母親に「見ていて，見ていて」と言いながら，母親が見ていてくれると，その距離をだんだん遠くに伸ばしていっているのが分かります。同時に，同じ年齢の仲間への好奇心が台頭してきます。これら2つのイメージの確立を効率よく

行うには，公園で子どもを遊ばせるのがいいのですが，最近は，公園デビューといわれるように，先に公園で遊んでいる親子への入会儀式を行わないと，公園で数組の母親と子どもが一緒に遊ぶことさえなかなか難しくなってきています。親しいと思われていた二組の親子の間で，相手の子どもを殺してしまう，というようなことさえ起こっているのです。わずらわしい公園デビューを避けますと，親子は孤立します。母親をサポートする人が無く，特に父親が忙しくて，孤立した母子を省みないと，母子密着や虐待やいろいろな非社会的問題が起こります。最近は母親をサポートするシステムや公園デビューをしにくい何組かの母子を，指導者のもとで遊ばせる施設ができています。少しずつ，母親から離れ，仲間のルールを学び，安心して，仲間に入る訓練を幼児期にしていないと，学童期に入ってから，仲間や集団生活でのトラブルに巻き込まれることになります。

（3） 学童期の危機と課題

幼児期と学童期の最大の差は，学童期は学業が中心になってくることです。戦前の侵略主義と戦後の学歴主義が，わが国の国民の最大のコンプレックスだと言われています。コンプレックスとは，いろいろな感情がそこに複合して，いろいろな場面で影響を与えてくることをいいます。戦後，憲法によって，それまで行われていた，地縁・血縁・身分・男女などの，社会的差別が，法律上では平等になり，本人の能力と年齢以外の尺度で，判断してはいけないことになりました。しかし，これを逆から見ると，個人の能力による格差が飛躍的に広がることなのです。キャリアといわれる上級公務員の昇進スピードは，一般職の公務員との間に，あまりにも大きい格差があります。学歴が，将来の社会・経済階層を決めかねないようになり，能力に依存した選別が小さいときから行われるようになりました。これが有名校志望になり，激烈な受験競争を生んでいます。また，能力は学業ばかりではなく，運動や芸能・芸術活動へと波及します。子どもは小さいころからプロへの道を歩まされることになります。運動や芸能や芸術は，その才能が生まれつきの場合の多いことが知られています。

だから，一部のプロ志向の親子を除いては，全体に及ぶような教科プログラムはありません。しかし，勉強だけは，文部省の指導要領と教科書によって，全部の子どもに課されています。勉強は，もし情緒の安定とそれに対する興味が同じであれば，知能によって左右されることが大きいのです。運動能力が相当異なる子どもに同じような運動訓練を行えば，能力の低い子どもは，当然落ちこぼれます。落ちこぼれた子どもにさらに上級の訓練を強制することはありません。でも，勉強だけは，このような理不尽なことが行われているのです。このように述べますと，能力別にすればよいと短絡的に考える人もあると思いますが，結論を急がないで下さい。能力別にしても，勉強が全部の子どもの必要課題として与えられていたら，同じことです。能力別にされたという，コンプレックスを，子どもたちはさらに抱くだけです。受験校を選ぶときに，すでにこのことが行われており，高校や大学の格差として大きな問題になっているのですから。コンプレックスは心理的な問題です。いくら入試制度を改革しても，その基本に，能力による選別化があれば，結果は同じことになります。大学入試に共通テストが導入されましたが，大学選別の基準がより細かくなっただけだ，といわれています。すなわち，大学格差を是正するどころか，拡大させたのです。コンプレックスの解消は制度だけでは駄目で，社会と個人のこころの変容が必要なのです。学童期からいわゆる学校の勉強を取り去り，個人が将来必要とすることを，個人の能力と動機によってのみ必要な学習プログラムを作成したら，現代の子どものこころが，どれくらい開放されるかが想像できるでしょう。でも，コンプレックスの解消ほど難しい心理的課題もまたないのです。

（4） 思春期の危機と課題

　人間は存在を考える動物です。自分が何者で，何のために生まれてきたのかを考える動物なのです。思春期までは，例外はありますが，子どもは実存的に生きています。何のために生きているのか，自分は何者なのか，というようなことはあまり考えずに，毎日の生活を送っています。その日の自分の興味や課題に忙しいからです。しかし，おとなになる，人間のおとなになる，というこ

とは、自分自身とは何かを考えずにはおれないのです。それには、まず自分がどのようなおとなに成りたいのかの理想像が必要です。理想のおとな像に同一視できて、はじめてそこから独立した自己のアイデンティティが確立できるのです。思春期は、子どもとおとなの境界期間です。だから、思春期の最大の課題は、アイデンティティの確立ということになります。アイデンティティの確立の反対がアイデンティティの拡散です。アイデンティティが拡散しますと、自分が何者かを自分で定位できないため、精神的な障害がでてきます。ひどいときは、分裂病とみまちがうほどです。しかし、この症状は一過性のことが多いことから、思春期危機と呼ばれています。現代は、理想的なおとな像を求めることが昔と比べて困難になりました。今の中学生に、自分が同一視できるような、おとなの理想像を聞いてもなかなか答えられません。それだけ思春期の問題が大きくなっているといえましょう。思春期以後にアイデンティティの確立の課題を持ち越した人は、それが確立されるまで、この問題につきまとわれ、悩み多い人生を送ることになります。

　思春期にもう1つの混乱の多い原因は、性の問題が入ってくるからです。学童期の終わりには、「性」抜きの完成があるといわれています。『ぼくは12歳』を書いて、自殺した少年がいましたが、彼はおとなになる前にある種の完成をしてしまった、といわれています。彼の著書を読まれると、そこには、ある種の成熟したおとなの姿が読み取れます。フロイトが「性」を神経症の原因の中心に置いたことは、それだけ性の問題は、人間にとって難しいことなのです。「性」は、肉体と精神の接点にあります。援助交際という名の少女売春が行われていますが、彼女たちにとっての大きな問題は、肉体が傷つくことよりも、魂が傷つくのです。このことをおとなたちは、肝に命じておかなければなりません。人間の「性」は、愛と魂の触れ合いのなかで、成熟させなければならないのです。

(5) 成人期の危機と課題

　成人期の最初の課題は、経済的自立、配偶者の獲得、自分の家庭を築くこと

です。これが完成すると，前半の人生が終わります。ライフサイクルのところで述べましたように，今までは自分が子どもから大人への上り道を歩いてきたのに対して，この後は自分の子どもたちが自分の人生を始めるのを援助する役割になります。これから先は，身体的に徐々に老いていき，最後は死へと向かいます。山を下りる道になるのです。登るのも難しいですが，下りはもっと難しいのです。登り道のような頂上目標がありませんから。自分が登り道でやり残してきた課題が，今度は配偶者や子どもや周囲の人々との間で，形を変えて登場します。「アダルト・チルドレン」という言葉が流行していますが，もともとはアル中の親に，愛情不足や虐待をされて育てられた子どもが大人になったときに，おとなになりきれない陥穽が残り，それがいろいろな問題を引き起こす，原因になることをいいます。しかし，それだけでなく，いろいろな要因でこれまでの発達課題が残されてきますと，おとなになりきれないおとなが誕生するのです。

(6) 中年の危機と課題

体力的にもピークを過ぎ，子どもが思春期から青年期に入り，親からの自立的傾向が顕著になった時に，中年の危機が訪れます。「人生の午後三時」という言葉がありますが，人生の前半から後半に入り，下り坂の気配が徐々に迫るころ，危機が訪れるのです。日本では昔からこの時代は，厄年と言われています。仕事に頑張ってきた男性は，自分の行く末の予測がつくようになります。先が見えてくるのです。身体も若いころのように無理がききません。自分の発言に重みができ，若いころなら通っていた無理が，反発をかうようになります。自分自身の自分に対する信頼と実際の仕事の成果にギャップがあると，自覚のないままに閑職に追いやられていたり，自分の意見が通らなくなったり，周りに冷たい雰囲気の壁ができたりしてくるようになります。仕事を持っている女性は，男性と変わりませんが，家事や子育てを中心にしてきた女性は，子どもの自立とともに，自分自身の人生の意味を再構築しなければならない時になります。更年期が始まり，気分もスッキリしませんし，気持ちも落ちつきません。

夫婦の仲も，空気のように自然といえば自然なのですが，存在感が実感として感じられなくなります。2人でいても，若いときのように活気や面白さがないのです。永遠の青年のように，夢を生きてきた人は，現実の中で，次第に不満居士になっていきます。若いときなら，反骨精神や反体制的な夢のある持ち味に，賛同してくれていた人々が，いつまでたっても現実感の持てない中年の嫌らしさに離れていきます。このような時には，後半の人生の在り方をじっくり模索する時なのですが，若いころからの自分のやり方を捨てきれないため，夢を追う人は見果てぬ夢を追いかけて失敗したり，配偶者に見られない異性像を誰かに投影して不倫に走ったり，鬱うつとした気分のなかでの生活のためのストレスから病気になったりします。

　中年の危機は，自分と違う生きかた，ユング的にいえば，自分の影の部分との統合や和解が必要なのです。走ってきた人は，ゆっくり歩いて周囲の景色を楽しむとか，夢を追ってきた人は，現実的な着実な生きかたを取り入れるとか，仕事人間は，これから来る老後に備えての家庭の再構築（リニューアル）に取りかかるとかを，しなくてはならないのです。でも，危機が来るまでは，人間はこのような自己と反対の性質を持つ課題には，なかなか取りかかれないものです。

（7）　老年期の危機と課題

　現代のわが国のライフサイクルの特徴は，青年期が長くなった（なかなかおとなになれない）ことと，老人期がそれ以上に延びたことです。子ども人口が全体の15％を下回ったと，1999年の国勢調査からわかりました。65歳以上の老人の人口割合が，毎年延びてきています。昔だったら，考えなくてもよかった老人期の人生設計を，若いうちからしなくてはいけない時代になりました。老人期の課題は，諦めと自然の成り行きを受け入れることです。諦めというと消極的なイメージをいだきますが，消極的な諦めは，実際には諦めていないことを意味しています。だから，このような老人は愚痴多き老人になり，周りから嫌われる老人になります。老人期の諦観は，積極的な諦めなのです。それは，自他

の区別を一段と明確にし，自分の老人性を受け入れることです。積極的な諦観は，感謝の念を起こさせます。愚痴と感謝，この正反対なこころの状態は，実は，その個人の40歳台からの老人期の展望に関わっています。老人設計というと，お金のことを中心に考えがちですが，それは3番目に大切なことです。第1は人の繋がりです。老人は孤独だと言われますが，孤独な老人は，老人期以前から人との繋がりをどこか大切にしてこなかった人です。己を頼んで，人との関係を大切にすることを，二の次にしてきたのです。第2は，自分と世界のつながりをつけておくことです。退職後に盆栽をやろうと考えている人は，本当は中年期に盆栽に関しての一通りのことをしておく必要があるのです。老人になって初めて，趣味を始めることはなかなか大変なことです。学習は若いときから行っていることが大切なのです。これは第一の人とのつながりと同じです。自分と世界（自然）のつながりのある人は，「独居しても孤独」にならないのです。

　未来とあの世は，今でも神様の領域なのです。

もっと知りたい人のために
▼

氏原　寛他（編）　1992　中年期のこころ　培風館
河合隼雄　1986　宗教と科学の接点　岩波書店

STAGE　こころの発達と成熟

12　個性と個性化

（1）　個性について

　個性とは，個人に備わり，他の人とはちがう，その個人にしかない性格・性質。個体に特有な特徴あるいは性格，と国語辞典では定義されています。心理学事典（平凡社）では，個性という項目はあまりせん。しかし，個人差という項目はあります。心理臨床大事典（培風館）にも，個性という項目はありません。索引に「個性」が載っていますが，これはフロムについて説明した中に，言葉だけが出ており，説明はありません。最新のカウンセリング辞典（ミネルヴァ書房）にも，個性という項目はありません。個性というのはどうも心理学用語ではないようです。心理学事典の個人差の説明は，「個人の間にいろいろな差がみられるのは事実であるが，人間の存在条件が複雑であるだけに，そのよってきたる要因を明らかにすることは，かなり難しい問題である。これまで，主として研究された方向は，個人差の遺伝的基礎を明らかにしようとするものと，その環境上の背景を示そうとするものとの二つである……」となっており，国語辞典が示すような，個人の性格や性質の特徴といった意味合いはありません。どうしてでしょうか？　それは，心理学では，人間の性格や性質のことを人格と言っているからです。また，人格というと価値観が付与されますので，人格から価値観を取り去る意味で，「パーソナリティ」という英語がそのまま使われていることが多いようです。性格や気質も人格心理学の中で取り扱われており，性格は人格から知能と気質を除いたものとして扱われたり，気質は体質と関係して遺伝的要因を中心にして扱われたりしますが，おおむね人格と同じ範疇で

扱われています。そして，人格心理学は心理学者の数だけあると言われます。心理学は他の学問，特に物理学などとは違って，こころはこころによってのみ観察される現象ですので，このようなことがありえるのです。

人間は自分のことや他人のこと，特に性質には関心があります。血液型や生年月日と性格特徴，生まれたときの星座と相性など，今も昔も人々の関心を引いています。厳密な心理学的操作と統計を使いますと，血液型と性格とは全く関係しないことが分かっています。でも，「血液型と性格」というような本を読んで，自分や友達のことをイメージしますと，どこか当てはまっているように感じて，心理学の調査結果をなかなか納得できないでしょう。分析心理学の創始者であるユングは相性と星座の関係を調べて，その間に関係のあることを見いだしましたが，後の学者が追跡してもその関係は証明されませんでした。ユングは，このような研究は，誰がどのような動機でもってするかで，結果が異なることがあるのだ，と言っています。自然科学は，同一方法で同一対象に行った調査（実験）は，同一の結果を示すということが大前提ですので，臨床心理学はいわゆる自然科学とは異なった性質をどこか持っているのでしょう。だいたい同一対象を限定することだけでも，臨床心理学的研究では困難ですから。同じ人を被験者に使ったとしても，臨床心理学的な調査では，被験者が幸せな時と不幸な時とでは，結果は違います。そして，このような変化は絶えず人間には起こっているのです。

(2) 気質について

生物に関する学問は分類が基本です。人格の中の気質の分類は古くから行われていました。みなさんも，太った人と芥川龍之介のようにやせ型の人と筋肉質の人をイメージするだけで，ホッとする感じの人，神経質そうな人，頑張るタイプ，との相関が高いと思いませんか。クレッチマーは，体型と気質の関係を研究しました。気質を，「循環気質」「粘液気質」「分裂気質」に分類しました。粘液気質は，体型として，闘士型（筋骨隆々型）と関係し，病的な面ではてんかんと関連する。この型の人の性格特徴は，考え方が堅苦しく頑固で固執的，

説明が回りくどく，融通性に欠ける，また，時には切れることがある。一方，粘り強く几帳面，約束や規則をきっちり守り，礼儀正しいので，信頼されていることも多い，としています。循環器質は，体型として，肥満型と関係し，病的な面としては，そううつ病と関連する。この型の人の性格特徴は，開放的で社交を好み，善良で親しみやすい。無邪気さや暖かみがあり，感情の表出が豊かである。現実主義的で共感的である。一方，気分による変動が大きく，その場限りの約束を気軽にしたりする。時には，ふさぎ込んで取っつきにくい面を持つ，としています。分裂気質は，体型としては瘦身型と関係し，病的な面では分裂病と関連する。この型の人の性格特徴は，つきつめて考える，独創的で空想的，疑い深い，自分の考えから離れられない，である。人間関係を作るのが下手である。閉鎖的で社交を好まない。一方，天才型の発明家，学者，小説家の多くはこの型の人である，としています（『カウンセリング辞典』ミネルヴァ書房　1999）。

　気質と病理の関係を彼は強調しました。すなわち分裂気質が嵩じてくると分裂病に発展するとしたのですが，現在では，気質と病理はそう簡単に関連づけられないことが分かっています。しかし，うつ病には全部とは言えないようですが，抗うつ剤が顕著な効果を示すことから，内分泌系の働きと気質が関係していることも明確です。

（3）　五感と個性

　生物は自己の感覚器官を使って外界とコミュニケーションを取っています。動物では種族保存が自己と種が生きていくことと関係していますので，その種特有の発達した感覚器官を持っています。すなわち，餌の確保と配偶者の確保です。鷹の目やコウモリの聴覚，犬の嗅覚などがそうです。犬は年をとってきますと，まず腰が弱くなり，次に視覚そして聴覚が弱ってきます。しかし，嗅覚だけはかなり年をとっても，残っています。犬の生物学的特色を示していると思いませんか？　人間は知能以外まあまあ普通の感覚器官を持っています。色彩感覚がない動物や視覚が退化した洞穴動物などと比べますと，かなりバラ

ンス良く感覚器官が発達しているといえます。それでも，どの感覚器官が優位であるかには，かなりの個人差があります。動物は自分の優れている感覚器官をコミュニケーションに使いますように，人間も自分の得意な感覚器官を知らないあいだに他の感覚器官より優位に使います。視覚障害者は，視覚が使えませんので聴覚が鋭くなることはよく知られています。聴覚障害者は視覚が優位になりますが，視覚は聴覚に比べてイメージの広がりが狭いのです。すなわち，視覚は，「いま・ここ」的感覚器官です。健常者に「視覚と聴覚の一つを欠損するとすれば，どちらを残したいか？」と問いますと，多くの人は視覚を残したいと思います。しかし，ヘレンケラーのようにどちらも欠損している人や中途聴覚障害者に聞きますと，聴覚を残したいと答えています。音の世界の方が広がりがあり，世界とのつながりが広いのです。聴覚障害者は視覚障害者より孤独感に悩まされるのです。

　音楽家は聴覚が優れていますし，芸術家は視覚や色彩感覚に優れています。料理人は味覚に優れています。料理は不味くては話になりませんが，食感や盛りつけも大切にされています。それでも京料理や宮廷の中華料理と下町の料理を比べてみますと，後者の方が味覚優位であることが分かります。料理にとって視覚や触覚は，余裕の産物で，味覚が主であって，後の感覚器官は従なのです。あんがい気がついていませんが，どの感覚器官が優れているかが，人間関係や環境の取り入れに大きく関係しています。人はそれぞれ聴覚優位・触覚優位・視覚優位・味覚優位，の人がいるのです。自分と違う感覚器官を持っている人とはコミュニケーションの誤解が起こります。デートで音楽を聞きに行ったとき，相手の人が聴覚優位の人であったら，その人が聞いている音楽と自分が聞いている音楽は違うのです。

　相手に聞こえている音が自分には聞こえていないことがあるのです。演奏家のちょっとした音はずしを自分は分からないのに，相手は分かっています。自分には楽しかった音楽が，相手には不快感を懐かせている場合もあります。音楽会の後で，相手が不愉快になっているのが，音楽の故だと分かっているといいのですが，そうでなくて自分が理由だと誤解したら，2人の仲がますます気

まずいものになるでしょう。人間は，犬ほど嗅覚を使っていないように思われますが，人間は，花の香りや香水を好みます。でも，香水の使い過ぎほど相手を不快にすることはありません。また，どれほど美人や美男子でも，その人が臭くてたまらなかったら，魅力はないでしょう。視覚より嗅覚の方が，人間にとって原始的感覚で，普段は表面に出ませんが，強烈さは嗅覚の方があるのです。

　子どもや男女の密接な人間関係にスキンシップが大切だと言われています。これは言葉（聴覚）より触覚の方が，親密な感覚をよく伝えるからでしょう。同じ言葉でも，話し言葉（聴覚）より，書き言葉（視覚）の方がよく伝わったり，逆だったりすることがあります。色彩感あふれる視覚人間と微妙な音を聞き分ける人の間で，思わぬ誤解が生じることがあることをお分かりになったと思います。自分の感覚器官の特徴を知っておくことは，大切なことなのです。

（4）　人間のタイプと個性化の過程

　個性は平均から偏っていることを示しています。偏っているからその人の特徴が出るのです。しかし，偏りがひどいと，人間関係や環境に適応するのに困難を伴うことがでてきます。感覚器官のところで述べましたが，自分の感覚器官の特徴を知ることは，相手の特徴を知ることに通じ，自分の足りない部分を補う手掛かりを持つことになります。人間は同時に2つのことはできません。例えば，子育てには厳しさと優しさの両方が必要ですが，同時に2つをすると子どもは混乱してしまいます。優しいときは優しくしてやることが大事で，厳しいときは厳しくすることが大切なのです。「厳しさの中にも優しさを，優しさの中にも厳しさを」というのは，偏りを避ける意味では大切なことですが，両者を一度にできない難しさがあるのです。

　ユングは人間のタイプと人格の成長に関して，卓越した論を展開した人です。ユングの考え方を使って個性の発達と統合について述べたいと思います。

　ユングは人間には2つの異なる一般的態度があると考えました。1つが内向でもう1つが外向です。客体との関係が消極的な場合を内向的態度，積極的な

場合を外向的態度としました。これは，内向的態度の人の判断基準が自分の中に向くのに対して，外向型の人のそれは外側に向かうからです。社会的な基準は外側にありますから，外向型の人はその場の雰囲気に合わせて適当に行動できます。社会的な適応は外向型の人の方が，うまくて，早くて，浅くて，軽いのです。内向型の人は，外の基準を内の基準に照らし合わす作業が要ります。外側の基準と自己のそれが合わないときは，身を引いています。だから，社会的適応は，外向型の人よりは，下手で，遅くて，深くて，重いのです。外向型の人は，時には社会に適応しすぎて，心理的に不適応（身体症状や神経症）に悩まされることもあります。内向型の人は，自分の良さが認められずに，くさってしまうこともあります。極端に言えば，八方美人と一方美人（このような言葉はありませんが）の違いです。このような極端なことは，通常は存在しません。個人の中には，どちらの態度もあるのです。影のところでも述べましたが，生まれつきの性質や親の態度，環境によって，どちらかの態度が表に現れていて，反対の態度が裏に隠れていることの方が多いのです。だから，時々，内向型の人が空騒ぎしたり，外向型の人が黙り込んだりするのです。ユングは，この2つの一般的態度とは別に，個人の特徴的な心理機能を考えました。心理機能とは，環境や場面にあまり関係しないこころの活動形式のことをいいます。ユングは，二軸で，4つの心理機能を考えました。一軸は合理的機能で，思考と感情の軸です。もう一軸は非合理的機能（理性に反しているのではなく，理性の枠外にある）で，感覚と直観の軸です。思考と感情，感覚と直観は相反している機能です。

　合理的機能から説明しましょう。思考とは，固有の法則によって，与えられた表象内容に概念的なつながりをもたらす心理機能です。ある法則から物事を見るのです。数学の証明はその典型です。数学の証明には感情は伴いません。しかし，人間の判断は，感情が伴います。感情機能は，ある事柄を受け入れるかどうかを，感情（一番底には快・不快がある）によって判断する機能なのです。男女の物の見方に食い違いがおこるのは，女性が感情型であるのに対して，男性が思考型であることが多く見られます。女性は男性の説明をくどいし気持ち

が分からないと考えますし，男性は女性の見方を自分勝手だと思ってしまうのです。しかし，女性も母親になって子どもと接すると，この態度が逆転します。母親は，どうしてそれがダメなのかを理屈で納得させようとしますが，子どものほうは自分の気持ちに合わないので，それを拒否したりします。母親が説得しようとすればするほど，子どもの感情が高ぶってきて，どうにもならない行き違いが生じることがよくあります。判断機能が違っているだけなのですが。

　もう1つの非合理的機能ですが，感覚とは，生理的刺激を知覚に仲介する機能です。感覚型の人は，感覚器官を通して世界を認識するのです。直観とは，事物そのものよりも，その背後にある可能性を知覚する機能なのです。だから，直観は無意識的な過程を通しての世界の認識です。一般的には，女性の方が直観的で，男性の方が感覚的だといわれています。地理音痴が女性に多いのも頷けるかも知れません。男性は，地図や目印とコンパスで方向を知るのに対して，女性は前に来たときの雰囲気があるとか，自分の進んでる方向が地図の方向と一致していると思い込んで，進んだりするからです。地図は自分の方向ではなくて，通常は北を上に書いてあるのです。頭では分かっていても，その場の認知は直観に従うのが，直観型の人です。男女の特徴のように述べましたが，女性もいろいろですし，男性も色々ですので，ここであまり引っかからないようにしてください。感覚型の人は，物騒な物や人を見かけないと，そこが物騒かどうか分かりませんが，直観型の人は，雰囲気だけでそこが物騒かどうかが分かります。直観が優れている人の利点は，今見えているだけの情報ではなくて，その背後にある本質から物事を見抜くことができることです。しかし，直観型の人の弱点は，直観には当たり外れがあることです。大相場師といわれた人々は，直観機能の優れた人ばかりです。しかし，最後まで相場で財をなした人はほんの一握りなのです。

　ユングの考え方をしますと，人間のタイプは，8種類あることになります。ここで誤解していただいては困ることがあります。タイプや気質の型は，分類箱ではなくて，尺度である，ということです。あまりにも自分のタイプ分類にこだわると分からなくなりますし，個人的な興味としては面白いのですが，臨

床心理学的には意味がありません。だから，全く感情的な人もいないし，全く思考的な人もいません。みんな少しずつ異なった機能をあわせ持っているのです。現代は，外向的で，思考的で，感覚的な人が，社会からは好まれます。その方が，みんなに分かりやすいからです。内向的で，感情的で，直観的だと，その人が何を考えているのかが分かりにくいし，突発的な行動が目立つことになります。しかし，それゆえ，現代人は，軽佻浮薄になりがちなのです。

（5）タイプと個性化の過程

国語辞典には個性という項目がありますが，心理学辞典にはないことは，既にのべました。しかし，心理学辞典には，「個性化の過程」という項目があります。ユングのすばらしいところは，物事を一元的に見ないところでしょう。ユングがフロイトから決別したのは，2人の性格の違いが大きいと思います。フロイトももちろん単純な人ではありませんが，汎性欲説に見られるように，概念が固定的です。ユングは，意識と無意識の相補性という考えを示しています。フロイトが無意識への抑圧を中心にして，神経症を考えたのと比べると，奥の深さが感じられます。抑圧だと，それは悪いもの，避けるもの，取り去るもの，ということになります。しかし，ユングの考え方をすると，意識での生活の無理を補償するものということになります。無意識を意識化するという一方通行ではなく，意識と無意識のコミュニケーションを図る双方向性を持ちます。自分の心理機能の劣等な機能を優等な機能に統合・深化していくのが個性化の過程です。われわれは個性化の過程を進むことによって，精神的な成熟がはたされていくのです。

もっと知りたい人のために
▼

河合隼雄　1967　ユング心理学入門　培風館

STAGE　イメージとシンボル

13　象徴（シンボル）

（1）　ふたたび意識と無意識について

　第8章で，意識からすれば無意識は無いも同然だ，と述べました。そのような無意識がどうして意識化されるのか。フロイトやロジァーズの無意識論（抑圧理論と考えてもよいでしょう）が精緻になればなるほど，無意識の意識化の説明が困難になるという，ジェンドリンの批判にも少し触れました。私たちの無意識に何が隠れているのか，はよく分りません。フロイト派の人たちは，それを忘れられた（または抑えこまれた）記憶だ，とします。それを個人的無意識と呼ぶことがあり，かつては意識されていたものだ，というのです。

　しかしそこには若干の問題が含まれます。最近のフロイト派の人たちは，赤ん坊がことばを身につける以前の記憶を問題にします。赤ん坊がむずかった時ことばをかけてやるとか，母親の心音を聞かせるだけでおちつくことが知られています。赤ん坊は，お母さんのお腹の中にいる時，すでにその声や心臓の音を聞き分けているらしいのです。だからその音を聞かされると安心するのでしょう。生れてからは，母親の匂いや独特の肌ざわりなども憶えていて，それが赤ちゃんを安心させます。だからこの段階の記憶は，かなりあいまいな感覚レベルのもの，ということになります。

　意識を考える場合，ことばによる明確な意識を考えがちで，フロイト自身はそのレベルの意識を主に考えていました。しかし第8章で述べたように，無意識には限りなく意識に近いものから，限りなく無意識に近いものがあります。それらを1つ1つ意識の違ったレベルとして考えることが可能です。そうなる

と，ことばのレベルでは忘れられている（無意識ということです）けれども，感覚レベルでは憶えられている（意識されているということです）というものがあって，それを意識というか無意識というかがあいまいになります。だから，個人的無意識を忘れられた記憶，と限定するのが難しいのです。

　もう1つがユングのいう集合的無意識です。彼は，フロイトのいう個人的無意識の底に，人間が生れつきもっているさらに深い無意識の層がある，と仮定しました。それは一種の可能態で，それ自体が意識されることはありません。たとえていえば素質のようなものです。どんな才能でも，外部環境との接触がなければ眠ったままです。モーツァルトが貧しい農夫だったとすれば，村の歌唄いくらいにはなったかもしれませんが，あの素晴らしい交響曲やオペラは作られなかったでしょう。人間の内部に隠れたままで生かされぬ，しかし，チャンス，ということはふさわしい外的環境，との出会いに恵まれた時，それが現実的なその人の体験として具体化されるのです。

（2）　若者の恋― 投　影（投射）と象徴

　たとえば，若者がはじめて少女を愛したとしましょう。恥じらいをこめた少女の微笑みは，若者にとって，まさしくその少女ならではのかけ代えのない喜びの源です。しかしあらゆる男性のこころの底には理想的な女性がひそんでいて，外的な対象に出会う機会を待っています。だから若者の見ているのは間違いなくその少女なのですが，そこにこの理想的な女性（ユング派ではアニマと呼んでいます）が重なるのです。この女性そのものが意識されることはありません。しかし現実の少女と出会うことで，間接にかつその程度には，意識されるのです。俗にいう「アバタもエクボ」のメカニズムです。

　それは若者の持っている内的可能性の1つが，外的なこの少女との出会いを通して開かれてゆくプロセスです。だから一見少女との愛は，その少女との間でしか展開しない外的プロセスなのですが，若者にとっては，今まで気づかなかった自分自身の発見のプロセスでもあります。恋愛のもつ至福の体験は，このような内的プロセスと外的プロセスが1つになり，少女，つまり外的対象の

中にいわば「われを失う」時，実はおのれの内的な可能性が新しく開かれてゆくところにあります。

これが，無意識が意識されてゆくプロセスです。つまりアニマは集合的無意識の底にまどろんでいます。それが現実の少女に出会います。若者自身はそのことに気づいていません。だから若者の愛しているのは少女であって，アニマではありません。しかし少女と恋に陥った時，実はアニマが少女の姿で具体化，つまり意識化されているのです。このように無意識が外的対象と重なることを，投影（プロジェクション）といいます。そして投影を受ける外的対象を本章では象徴（シンボル）と呼びます。そこで，無意識は象徴に投影されることによって意識化される，ということができます。

こうしたいきさつは，いつか少女への愛がさめた時，苦々しい思いと共に気づかれます。かつて彼女の上に見ていたものは何であったのか。しかし多少の年齢的変化はあるにしろ，同じその女性からあの輝かしさが消えたのです。それはアニマからの投影，──一種のエネルギーの投射（プロジェクション）です──がなくなったからです。あらゆる人間関係には，多かれ少なかれこの投影がつきまといます。ある意味でそれは極めて主観的な思いこみです。だから投影をひき戻し，客観的な人間同士としての関わりあいの強調されることがあります。しかしすでに述べたように，投影とは，象徴と出会うことによって，かつそれを通してしか実現できない，自らの可能性を開いてゆく意味があります。おそらくあらゆる有機体にとって，存在するとは外界との相互作用そのものだと思います。第7章の，見ることが同時に見返されることである赤ん坊のことを思い出して下さい。心理学的プロセスにも同じことがいえる，と思っています。

（3） 象徴とイメージ

さて第8章で，意識にはいろんなレベルのあることを説明しました。普通は，言語レベルの意識が強調されますが，もっと巾広く，図と背景からなる場，として考えた方が分りやすいことも述べました。そこで，前節でとり上げた象徴による意識をどのレベルと考えればよいのでしょうか。

13　象徴（シンボル）

　象徴が象徴的意味をもつのは，投影を通して自己開示の進んでいる時に限ります。そのものが，自分の内的プロセスとピッタリ合うからです。それがないと，象徴は単なる事物になり下ります。だからある人にとっては意味深い象徴が，別の人にとっては無意味なガラクタということがあります。前節の若者でいえば，愛の冷めた後の少女は，その象徴的意味を失ったのです。

　ここで大切なことは，内的プロセスは象徴を通してしか意識化されない，という前節の説明です。象徴は外的対象です。だからこのことは，象徴を言語レベルで意識することはできない，ということになります。だから，象徴による意識化は，匂いとか肌ざわりということも含めて，ほとんどの場合，感覚レベルのものです。ただし深い感動を伴うのが普通ですから，感覚，感情レベルの意識，ということになるでしょう。ことばが象徴的意味を担うこともありますが，その場合にも何らかの感動体験の伴うことが不可欠です。だから知的に理解，意識するというよりは，感覚的＝感情的に分らなければなりません。

　しかし何といっても，象徴体験のほとんどは視覚的刺激によってもたらされます。象徴とはイメージである，といってもよいくらいです。それが内的な感覚をゆり動かします。先の若者についていえば，少女のイメージが彼の集合的無意識，この場合アニマを活性化＝意識化させたのです。ただしその場合でも，第8章の意識の場でいえば，図として明確に意識されているのは少女のイメージです。大切なのは，その際背景の部分がそれと共振れしていることです。意識の場は，つねに全体として作用していますから，図の部分だけが強調されて背景との関わりを失うのは，むしろ硬直した状態です。たとえば少女の美しさに目がくらみ，どこかにチラチラしているその冷たさに気づかないような。

　象徴体験がおのれの未知の可能性を開くとは，むしろ背景の感覚・感情レベルの，どちらかといえばあいまいな意識に気づいてゆくプロセスです。その最も典型なものが，何らかのイメージ，たとえば曼陀羅を思いうかべ，そこでおのずから生じてくる内なるプロセスに注目する瞑想法です。しかしそれはどちらかといえば特異な宗教的体験に近いものです。臨床心理学の領域には，それと似た技法としていくつかのイメージ療法があります。

STAGE イメージとシンボル

（4） イメージ療法

　以前，サイモントン療法というのが注目を集めたことがあります。癌患者に，癌細胞を健康な細胞が攻撃しているところをイメージさせ，それで相当な効果をおさめたものです。どうしてそういうことが起るのか，不思議なことですが，一種の自己暗示，または逆に体を妙なコントロールから解放させるから，と考えられています。自律訓練法という治療法は，ドイツで開発されたものですが，以上の微妙な逆説をみごとに技法化したものです。詳しい説明はもちろんできませんが，たとえば「額が涼しくなる」という暗示をかけて，後は額がどのように感じられてくるかに，もっぱら受動的に注意を集中するのです。その際，意図的に涼しく感じようとするのは絶対禁止です。つまり一方で能動的（暗示，集中），一方で受動的という難しいことをやらねばなりません。はじめは指導者＝治療者のリードが要りますが，馴れればひとりでもやれるようになります。

　身体的プロセスとはもともと自然なものです。内臓諸器官が，ほとんど意識されることなくスムーズに機能しているのをみても，それは分ります。それを意識的にコントロールしようとすると，無理が生じることが多いのです。極めて単純な例をあげれば，唾を飲みこんだり瞬きをするのに，そのつど意識するようにしていると，しまいにスムーズに行えなくなるように，です。だから体の動きに任せて受動的になることが，自然な身体プロセスを回復させます。一方，額が涼しくなるというイメージを能動的に思いうかべることは，ある種の状況に意識を集中することになり，その場合のスムーズな身体機能が活性化されます。もちろん両方の動きがうまく噛み合わなければなりません。それで何もかもよくなるのではありませんが，相当な効果はあるのです。

（5） 夢

　夢は不思議な現象です。しばしば夢のようなこととして，本気で扱われないことが多い。しかし，夢の実験的な研究がすすむにつれて，夢のもつ心理学的な意味が確かめられつつあります。その1つが断夢実験です。眠ってる人の瞼

を見ていますと，それが烈しく動いていることがあります。これをレム期といい，夢は大抵その時に見られています。そこでレム期になるたびに眠っている人を起こし，また眠らせることをくり返すと，睡眠は足りているけれど夢は見られない，という状況ができ上ります。そうなると被験者の人たちが，多かれ少なかれ心理学的に不安定な状態を示したのです。

だから夢には何らかの安定作用がある，と考えられています。またレム期は誰しもに1晩数回ありますから，夢なんか見たことがないという人も，実は見ているのです。ただ覚めた時覚えていないだけの話です。だから断夢実験では，覚えている覚えていないとは関わりなく夢を見させないのです。多分覚醒時に心理学的に無理をした場合，夜の間に夢がバランスを回復させてくれるのでしょう。もちろん夢にはくり返しみるものや，悪夢などもありますから，それだけですべてが説明されるわけではありません。1つの考え方としてあるわけです。

(6) おとぎ話

おとぎ話はことばで語られるものですが，聞き手はそこからいろんなイメージを思い描き，それがいろんな興味をかき立てるのです。おとぎ話の特徴の1つは，主人公に感情のないことです。そこが伝説や神話と異なります。これらの主人公は喜んだり悲しんだりします。第8章で，感情とは対象を主体＝自我との関わりでうけとめた時の意識のプロセス，と定義しておきました。その限り，おとぎ話の主人公には自我がありません。いわば自我＝意識成立以前の心的状況です。そこで，若者はお姫さまのしらみをとって食べました，というような行動表現が心理学的な愛情表現となるわけです。おそらく自我意識のない動物の感情生活を表わすとしたら，行動によってしか表現できないように，です。

もう1つの特徴は，場所や時間に縛られていないことです。自我意識とは，「いま」がいつか，「ここ」がどこか，をつねに限定しています。そもそも「むかしむかしある所に」というおとぎ話の語り出しが，主人公たちが時間的空間

的制約をこえていることを示しています。また百姓がお姫さまと結婚したり，いくつかの冒険を重ねながら，旅から旅へと定着性がありません。話の筋はすこぶる簡単で，いつの間にか幼い子どもの読物だと考えられるようになりました。もともとはおとなたちへの語り物であったのですが。

それにもかかわらず，根強い人気が続いているのは，それが象徴としての意味を強くもっているからです。限定された所が少ないので，投影しやすいのです。聞き手たちは，それと気づくことすらなく，おとぎ話を通して自分たちの無意識を生きることができます。子どもの場合は尚更です。彼らはおとなほどに成熟した自我をもたないので，おとなよりずっとおとぎ話に近く生きているからです。

(7) 遊戯療法と箱庭療法

第2章で，遊戯治療や箱庭療法が，言語レベルでの洞察はないのに，目ざましい治療効果をあげることを述べました。それは玩具で遊んだり箱庭を作ることが，それ自体象徴的な意味をもっているからに他ならないのですが，本節では，少し違った角度からふれておきます。

それはこれらの技法では，技法をこえた治療者とクライエントとの人間関係が大きく物をいっていることです。むしろ，両者が遊びの背景で象徴的に関わっていること，が大きいのです。あらゆる心理治療がそうなのですが，一見そこで喋ったり作業したりしたことが効いているのですが，治療者，クライエント関係ができ上っていなければ，あまり効き目はないのです。それは，この治療者に対してこのクライエントが，まさに「いま，ここ」で喋ったりしたりしたということです。治療者についてもクライエントについてもいえることですが，この相手に出会ってこそはじめて開かれてくるおのれの可能性があります。またそのように開かれた相手に対して，あらためて次の可能性が開かれてきます。いわばお互いの内界が相手を外界の対象，つまり象徴として投影しあうのです。ここで開かれるとは，したがって自分に開かれると同時に相手に対しても開かれること，を意味します。

そういう場があるからこそ，クライエントは遊びにも作業にも開かれてきます。だから場が違えば，ということは治療者との関係が変わると，開かれ方も変わるのです。いわゆる箱庭療法さえやれば，どこでもいつでも同じ結果がもたらされるのではありません。さすがにこの頃はそういう人はいなくなってきましたが，ただ自由に遊ばせるだけで子どもがよくなるのなら家でもできると思いますので遊び方を教えて下さい，という方が以前にはありました。治療関係が1回きりの出会いだとか，クライエントだけでなく治療者の方も変容する，などといわれるのはそのことです。

もっと知りたい人のために
▼

河合隼雄・中村雄二郎　1984　トポスの知　TBSブリタニカ

STAGE　イメージとシンボル

14　部分を全体につなぐもの

（1）ジェンドリンの夢のケース

　ロジャーズやフロイトの抑圧理論を批判したジェンドリンが，次のような例を紹介しています（『夢とフォーカシング』福村出版）。あるクライエントの夢です。いつも怪物に追いかけられている夢をみる。捕まりそうになって目が覚める，というものです。そこでジェンドリンは，逃げないで話しあってみろ，といいます。すると次の夢で怪物は，「おーい，待ってくれ，オレを仲間に入れてくれ」と叫んでいたのです。クライエントは，怪物とは自分の中の今までうけ容れてこなかった部分でそれが近づいてきていること，に気づくことができました。

　この話は，こころが自律的に全体性を目ざしていることを語っています。私たちは，通常，自分をも世界をも分りきったこととしてうけとめています。実は，都合の悪いところを切り捨てているのです。しかし切り捨てられた部分は，全体に組みこまれることを求めます。ユングのいうように，集合的無意識の仮説をうけ入れますと，その領域は無限に広いわけですから，次から次へと意識の領域を広げることによって，私たちは無限の可能性に開かれている，といえるのです。しかし個人的無意識からであれ，もっと深いところからであれ，今まで無かったものが意識的世界に入ってくるとなると，折角の纏まった世界が崩れてしまいます。だからそういう可能性は，当初はうけ入れがたいものとして感じられるのです。ジェンドリンのケースでは，それが怪物として夢に現われた，と考えてよいでしょう。

こうなると，キュブラー=ロスの若い患者が，「優しさを忘れていた」と言ったのは，ただ優しくあればよかったというのではなく，優しくなることで相手へのこころを開き，それによって自分の可能性をより広く広げることを言っていたことが分ります。しかしそうした本来の傾向は，しばしば明日のため（地位とか名誉とかお金）に忘れさられ，私たちは窮屈なギスギスした世界に囚われ続けているのかもしれません。

(2) 中空構造について

日本の心理臨床家の中の際立ったリーダーに，河合隼雄という人がいます。日本人ではじめてユング派分析家のライセンスを獲得しました。その活躍は多岐にわたっていますが，ここではその，中空構造（河合）という概念に触れておきます。日本文化論の1つ，と考えてもらってよいでしょう。

彼は古事記を読んで，主要三神のうちまん中にいる，たとえばアメノミナカヌシやツクヨミがほとんど活躍しないことに注目します。ツクヨミの場合，主神はアマテラスとスサノオで，ツクヨミははじめにちょっと出て来るだけです。ここから河合は無為の神の重要性に気づきます。最近の彼の実践は，もっぱら「しないことをすること」に力を注いでいますので，それと関係があるかもしれません。もっとも何かをする方が，何もしないよりもずっとエネルギーは少なくてすむのですけれども。

とに角これらの三神は，すべて3つで1つの全体を形作っている三位一体なのです。だからアマテラスもスサノオも，ツクヨミを通してお互いがつながっているのであり，このつながりがなければお互いが存在することさえできません。つまり，アマテラスもスサノオもそれ自体独立した存在ではなく，お互いがあってこそ存在できるのです。その媒介としてツクヨミがいる。それが一見無為の神として，目にみえぬ重要な働きを果している理由です。

しかもそのつながりは，今までの説明に従えば，ことば以前のレベルのそれです。アマテラスとスサノオの関係は，ことばのレベルで十分把握できる，それだけに言語レベルの意識以後の現象と考えられるのですが，両者のつながり，

その媒介としてのツクヨミの働きは，言語的かかわりの不可欠の前提でありながら言語を絶していて，ことばレベルでは無為な状態にとどまるのです。

この部分が見失われますと，アマテラスとスサノオについての記述が詳しくなればなるほど，それは本質を離れます。逆に，ことばのレベルの意識がここ（中空）にはまりこみますと，まさしくことばが失われ，豊かではあっても混沌とした状況にのみこまれるのです。

（3） ふたたび意識の場について

以前述べたことを，第8章の意識の場という考え方でもう一度再検討してみましょう。意識の場は図と背景とからなっています。図はつねに意識の焦点であり，そのつど最も明確に意識されている部分ですが，背景との相互作用が明確でない限り，その意味の明らかになることはありません。ここで大切なことは，背景の意識があいまいなまま背景にとどまることによってのみ，図の意識はより鮮明になるという逆説で，背景の意識が意識のプロセスにおいて突如図として浮かび上ることは，かえって全体の意味を破壊します。

普通言語レベルの意識がもっとも正確で，図となることが多く，ついで感情・感覚・直観と，豊かではあるけれども未分化な背景を構成していることを述べました。しかし第8章の説明は，静的に図式化した意識の場であり，意識とはプロセスですから，それだけでそのすべての働きを説明したことにはなりません。たとえば図はつねに変化します。好きな絵を前にして感動している，その感動をことばのレベルで意識するのは難しいけれども，感じそのものは意外に明確に感じられています。しかしいわゆる筆舌につくしがたいとして，他人にも理解してもらえることばにおき代えるのは，難しい。

だから意識には，言語レベルで明確化することができないけれども，本人にはハッキリしている場合があります。私たちが音楽を楽しむ場合，意識の場には次々と新しい音が，それも重なってやってくる（それがハーモニーでしょう）のですが，それを感覚的に聞き分けることなど，音楽指揮者ならともかく，普通の人にはできません。しかし時間的経過も含んでのリズム感やメロディー感は，

大体こちらの予め期待した通りの効果を意識の場全体に与えてくれます。そこで期待通りの感覚体験ないし感情体験が得られます。

　だから意識の場において，あいまいとか明確ということをしばしばいいますが，それは言語・感情・感覚・直観という順序とは必ずしもつねに対応しないこと，に注意しておく必要があります。だから図が大切か背景が重要かなどという問題は大したことではなく，要は場が全体としてうまく働いているか，明確な部分もあいまいな部分も全部含みこんで，それが全体としてどれだけ纏まった働きをしているか，が問題なのです。そこで前節で述べた中空構造の空は，背景をさしていることが分ると思います。ただしこの背景は，一様な背景ではなく，そこに明確なものやあいまいなもの，言語レベルのものや感覚的レベルのもの，それらをすべてゴッチャに含みながら"動いて"いること，を理解する必要があります。

(4)　感覚遮断実験

　こころが全体を志向するとは以上のようなことです。これを逆の方向から見たのが，感覚遮断実験です。これは，カナダで始められたものです。目に被いをし耳にも栓をつめ部屋も暗くして，要するに外界から入る刺激をできるだけ少なくして被験者を観察するのです。大抵の被験者（ほとんどが健康な大学生でした）が，48時間もすると幻聴や幻覚を体験しはじめます。なかには実験が終ってから，元の常態に戻るのに本格的な心理治療を必要とするほどの人も出ました。危険なので安易に行うものではありません。

　ところでどうしてこんなことが起ったのでしょうか。先の断夢実験にも似てますが，効果は圧倒的です。いつまでも実験を続ければ，ほとんどの人が確実に精神に異常を来すでしょう。私たちは日常，内外から無数の刺激をうけとめています。それを触覚，臭覚，視覚，聴覚，味覚などの五官がうけとめ，重要度に応じて１つの纏まった場におさめてゆきます。それが今まで述べてきた意識の場です。しかしこの考え方は，もともとはクームズとスニッグの「知覚の（または現象的)場」理論から来ています。ロジャーズが自分の考えに大巾にとり

入れました。アメリカの現象学的心理学派の1つの主張です（哲学的現象学との直接の関係はありません）。

　その場合，重要度を判断する基準が自己概念なのですが，それについて触れることはしません。要するに知覚の場には，大小さまざまな無数の刺激がうけとめられ，大体纏まった意味のある全体を形作っています。場が，図と背景とからなる統合体であることは，くり返し説明してきました。ところが感覚遮断実験では，この背景の部分の刺激が消えるのです。普通はほとんど意識されていません，たとえば今私がこの原稿を書いている時のイスの坐り心地，室内の温度，腹工合など，何かが起らない限り意識されることはないのです。意識はもっぱら今書いていることの内容，それが今まで書いてきたこと，これから書こうとすること，の文脈をはずしていないかどうか（それとても感じとしてですが）に集中しています。

　しかし，背景の感じは意識されていないにも関わらず，どこかで感じられています。それらの感じが私の「通常感覚」を保っている，といえるでしょう。背景あっての図です。背景が支えているからこそ図の意味は明確になるのです。感覚遮断実験では，この，ふだん気づかれていない，しかし極めて重要な通常感覚の部分が，強引に知覚の場から遮断されたのです。そのため，知覚の場に明瞭な図が形成されることすら困難になり，奇妙な方向喪失感や幻覚体験が生じたもの，と思われます。だから，こころはつねに全体を指向し，バランスが崩れるとその回復を目ざすのです。

（5）　ことばの二重性

　第7章の第3節で，母親の赤ちゃんへのことばかけの大切なことを説明しました。赤ちゃんの感覚体験はおそらく断片的なものです。たとえば，最も充実した体験，抱っこして授乳されているのと，最も不安な体験，見捨てられ誰も相手にしてくれないのとが，同じ母親によるものとはうけとめられず，まったく別のバラバラの経験として感じられている可能性があります。そういうものが1つの場として纏まってくるにつれて，自我が生じ，それと共に外部の不安

定な刺激にも，一定の範囲なら耐えられるようになります。

　ドルトが強調したのもそのことです。お腹を空かせ泣き叫んでいる赤ちゃんを抱きあげ，「ああお腹がすいてたのね。大変だったわね。さあ，お乳をあげましょう。ほらほらゴクゴク吸って。おいしいでしょう。だんだんお腹が大きくなってきたね。ほーら，大きなあくび。ああ気持いいわねえ」など，ほとんどとめどのない話しかけが，何よりも赤ちゃんの母親との一体感を高めるのです。そしてこの一体感を通して，赤ん坊は次第に全身感覚に開かれてゆきます。唇だけ，肛門だけ，食べるだけ，排泄するだけのバラバラの感覚が，自分という１つの存在の全体像にくみ込まれてゆくのです。それが赤ん坊の，自我形成の基盤になることはすでに述べました。

　ことばには二重の働きがあります。赤ちゃんへのことばかけの場合，もちろん生後１年にもならぬ赤ちゃんに，ことばの意味の分るはずがありません。しかし，ドルトは分るというのです。以上述べた，全身的なボディコミュニケーションを通してです。この場合，ことばが部分の働きを全体につないでいます。もう１つは逆の動きです。全身的にはいろいろ感じているのですが，未分化でよく分らない。豊かには違いないが混沌としている。そういう場合，要するにこういうことだ，と片づけることがあります。意識の場でいえば，場全体は躍動しているのですが，全体がどうおちつくのか分らない時，言語レベルの意識にしたがって，たとえば，恋愛とは人間のオスとメスが性的にひきあう生物学的現象，などと決めつける場合です。正しいけれども多くのものがこぼれ落ち，恋愛のもつ最も豊かな意味が切り捨てられます。

（６）　臨死体験または前世療法

　近頃，こういうタイトルの本が書店に多く並ぶようになりました。以前は一部の人にしか関心がありませんでしたが，この頃はアメリカやドイツの本屋にも，似たような本が沢山並んでいます。

　臨死体験というのは，以前ならば医学的には死んだとされる人たちが生き返り，"死んでいた"間のことを思い出して話してみると，意外に一致するところ

STAGE イメージとシンボル

が多く,ひょっとしたら来世があるのかもしれない,と考えられてきていることです。前世療法とは,主に催眠療法を施行しているうちに見出された現象なのですが,自分は今生きている以前に,極端な場合過去何千年も昔にどこそこに住んでいた,と言うようになることです。著者に共通しているのは,自然科学的訓練を十分に受け(多くは精神科医),その方面で認められた業績があり,以前その類(たぐい)のことにはほとんど関心がなかったことです。読んだ限りでは極めて真面目な人たちが多いようです。

したがって彼らの本が,人を面白がらせるためだけに書かれたとは思えません。むしろ,科学者はまず事実を記述しなければならない,という使命感から,ひょっとしたら今まで築き上げてきた専門家としての権威を失ってでもあえて公表する,という決意が読みとれます。私自身は,死後の世界があるのかないのかについては何ともいえません。少なくとも,存在しない,とハッキリいい切るだけの自信はない,というところです。ただもし存在するという仮定に立つならば,第8章で論じた,意識・無意識の問題が1つのヒントを提供するかもしれない,と思っています。われわれのこころの底には,体から,さらに宇宙全体につながるような何かがあるかもしれない,と思いますから。以前人間のことをミクロコスモスと呼んだことがあります。それがどこかでマクロコスモス(大宇宙)と共ぶれする。そこに現代科学の常識では説明がつかない現象が突出する。少なくとも,十分調査した上ではないにしろ,私が読んだわずかばかりの文献にこれだけ具体的材料を示されれば否定はできない,と思わせるだけの事のあることは述べておかねばなりません。

私たちのこころに時に閃くイメージ(夢も含めて,あるいは精神のおかしくなった人の作品など)が,そういうものと無関係,というよりその象徴ではないか,と思えることがあるのです。

(7) 象徴と記号

最後に象徴と記号について,本書での差を明らかにしておきます。記号とはあるものを他のものでおき代えたものです。ある人をかりにAと呼ぶとすれば,

このAがある人の記号です。Aは別にBでもCでもよいのですが，とりあえずある人をAと呼ぶ，ということです。

　それに対して象徴は，そのようなご都合主義的なとり代えができません。それは，何か未知のものを意識する場合，そのイメージ（必ずしも視覚的なものに限定しなくてもよいのですが）によってしか，そしてその程度にしか意識できない場合です。この未知なものを直接意識することはできません。象徴を通して間接に意識できるだけです。ギリシャ神話に現われる多くの人間的な神々は，その意味では象徴です。神そのものをわれわれは意識＝体験することはできません。そんなことをすれば，それこそセメレと同じように，ゼウスの真の姿を見たとたん，焼き亡ぼされてしまうことになるでしょう。時に混乱が見受けられるので，一言つけ加えておきます。

もっと知りたい人のために
▼

シュヴァリエ, J.／ゲールブラン, A.(金光他訳)　1996　世界シンボル大辞典　大修館
　とくに序論「よみがえるシンボル」はやや難解ですが，充実した内容です。

STAGE　イメージとシンボル

15　太陽と月の意識

（1）月の意識

　トールキンの「指輪物語」に，ホビットが敵を追って大きな岩の前で見失うところがあります。入口を見つけるためには，1年の決った時の満月の光が当るところを見つけなければなりません。太陽のもとでは絶対に見えないのです。前章で象徴のもつあいまい性について書きました。背景があいまいであるからこそ，図は一層鮮やかになることも説明したはずです。もちろん図と背景はたえず交代し，意識の場が静的に凍りつくのは異常な場合です。映画館に入って坐るまでは座席が図ですが，いったん坐ってしまえば図は画面に変わります。

　ここで，象徴は背景を活性化させるイメージだ，ということもできるのですが，活性化された背景を通してみる時，あらためて象徴の新しい側面が見えてくることもあります。この時大切なのは，背景の動きにどれだけ敏感でありうるか，ということです。意識の焦点は象徴に固着されています。しかしそれと背景とが活発に交流しています。ここで，自律訓練法について述べた，受動的注意集中という逆説的な態度が要請されます。図に集中しながら受動的に背景の動きをみるのです。

　こうしてみえてくるものが，女性的叡知，いわゆる月の意識です。先述のホビットが秘密のトンネルを見つけるために，ぜひやらねばならないことです。真夏の太陽のもとではまったく見えない仕組みになっているのですから。これを受け身の知恵，といってよいかもしれません。踊りとは何かを理解するために踊りに関する万巻の書を読むことは，まったく無駄にはならないにしても余

り意味があるとは思えません。まず踊ってみることです。すると筋肉が伸びたり縮んだり，血管も広がったりふさがったりするはずです。リズム感に乗れば何やら楽しい気分になるかもしれません。それが踊りです。しかも踊りが上手になればなるほど，こうした感じは一層キメ細かく味わい分けられるようになります。

（2） 太陽の意識

　太陽の意識とは，一言でいえば見分けの明るさです。暗闇に明るみをもたらし，そこにすむ魑魅魍魎（ちみもうりょう），あいまいで怪し気なもの，を一掃します。その場合，主たる武器となるのがことばです。ルグィンの，おとなが読んでも明らかに面白い『ゲド戦記』に，占い師たちがなかなか真の名前を明かさぬところがあります。名前が正体を露わにするからです。人とは違う，自分にしかない名前によって，人も物も他ならぬその者であることが明らかになります。ことばにはそのような，その物を他と区別する，他とは明確に異なるそのもの自体をさし示す働きがあります。それだけ客観性があります。名前はいつでも誰にも同じ意味を示すのですから，お互いに誤解のしようがありません。

　しかし，それによって対象をとらえた＝理解したとはいうものの，そういう理解の仕方は，そのレベルにおいて捉えられる限りのものです。すでに意識の場によって図を説明したように，私たちはことばだけで知るのではありません。感情的意識感覚的意識など，いくつものレベルでの理解が可能なのです。そしてこころの傾向としては全体的理解を志向している，というのが前章の立場でした。そこに象徴やイメージの働きが入りこみます。それらはしばしばあいまいですが豊かな意味に満ちています。ある種の感情体験を文字通りことばで表現しようとしても，時に万巻をもってしても語りつくせないように，です。

　しかしこうした見分けの働きが，現実生活を切り開くのに大きな力を発揮してきたのは明らかです。私たちはことばによって，おおよそ自分が何者であるのか，世界がどのようであるか，そういう自分としてこの世界にどのように対応すべきか，を把握しています。文明は，その意味で太陽の意識と共にもたら

された，といってよいかもしれません。たとえ未知の部分は残されているにしろ，そのような分りきった世界だからこそ，秩序があり方向性も認められます。未知の部分にしても，「未知」ということではすでに知られているのですから。そしてその立場に立つと，感情的，感覚的レベルの意識はあいまいにすぎるのです。だから現代人は，そもそも図と背景からなる意識の場といった全体的なこころの構造を非合理（当り前です）とみなし，場全体を図にしてしまおうとするのです。背景をなくした場は陰影を失い，ギラギラした太陽の意識に照りつけられて，私たちは消耗しきっているのかもしれません。この太陽の意識を男性的な知恵とみることができます。そして柔い女性的叡知を求める人たちが，時に，オウムのようなカルト集団に走るのです。

（3） ことばと全体性

　前章の第5節でことばの二重性について触れました。1つは，断片的な感覚レベルの意識を全身的，全体的なものにつなぐためのものでした。ことばには，たしかにそうした働きがあります。個々の現象を全体的な体系にくみこむこと，と考えてよいと思います。たとえばいわゆる超常現象を，錯覚であるとか，大宇宙（マクロコスモス）と小宇宙（ミクロコスモス）（人間）との共ぶれだとか，説明するやり方です。それは感覚的に何かを感じ（意識し），それによって感情が動き（意識し），それらを納得しようとするこころの働きです。一言でいえば，合理的に物事を捉えようとする働きであり，人間の意識は，最終的にはそこに収斂していくように思えます。しかしそれもまた，部分的意識を全体的な意識としてうけ入れようとする1つの作用です。

　しかし同じ働きが，まったく逆の作用を及ぼすことがあります。それが合理化と呼ばれるメカニズムです。イソップにある酸っぱいブドウの話です。何度飛びついても届かないブドウについて，どうせあれは酸っぱいのだから，と負け惜しみをいう心理です。本当は口惜しさで一杯なのに，それを抑えこんで理屈で，ということはことばで，納得しようとするものです。こういう態度は，日常生活をスムーズに営むためには必要なことです。気持の動くたびに飛んだ

り跳ねたりしていたのでは，周囲も迷惑しますし，私たち自身，無駄なエネルギーを使って疲れるだけですから。

　しかし，いつもいつもそれでよいとはいかないのが難しいところです。外国の話ですが，ある少女は4，5歳の頃，突然入りこんできた男たちに母親がレイプされる場面を目撃しました。父親は兵役についていて留守でした。気丈なその子どもは，あれは母親に起ったことだから私には関係ない，と思っていました。しかし，思春期になってノイローゼの症状が出たのです。カウンセリングを受けているうちに，少女はその場面を思い出しました。そしてテーブルの下に隠れて，男たちに聞えないように，「助けて」と叫んでいたのを思い出したのです。そしてその時の怖れ，恨み，怒り，悲しみなどが一挙に溢れ出ました。こういう場合，カウンセラーが傍にいるだけで大変な助けになることは第13章第7節で述べました。もちろん1回きり，発作的に感情を爆発させてすむものではありません。

　皆さんは，PTSDということばを見るか聞くかしたことがあるでしょう。外傷後ストレス障害の略称です。神戸・淡路大震災の後もう何年もたつのに，いまだにその時の不安がとれないような症状です。ベトナム帰りのアメリカ兵たちに多くみられ，注目されるようになりました。ある種の辛い体験(それが外傷です)は何度も何度も感じ直す必要がある。それも，十分に共感してくれる人と共に。

　一言でいえば，意識の場全体がゆれ動いているのです。しかも感情レベル感覚レベル，さらにいえば身体レベルの意識は，文字通りことばになりませんから，それが何とか言えるようになるまで場全体で納得しなければならないのです。だから，最終的にはことばのレベルの納得が要るのかもしれません。しかし第2章第4節のアレンの子どものように，それは「ボクこのままでも」といった程度のものに止まることもあります。はじめの少女の例に戻れば，「あれは母親に起ったこと」という言語化ですんでいる間はよいのです。私たちはみんな，思い出すだけで体が震え出すような経験を一杯もっています。しかしふだんは忘れています。それはそれでよいのです。しかしなかにはこの少女のよう

に、いつかその気持にとことんつき合わねばならぬ場合があります。ことばレベルの意識だけでは、場全体の纏まりがつかないからです。

（4）エロスとロゴス

　前節までの月の意識と太陽の意識を、それぞれエロスとロゴスといってよいと思います。エロスとは愛＝関係性、ロゴスとは理性＝個人性のことです。だから月の意識に気づくためには、太陽の意識を眠らさねばなりません。意識の場ということでいえば、背景に沈みこんでもらうのです。すると、ことばにならぬ感じが感じられてきます。好きな音楽を聴いている場合を考えてもらうと分りやすい。そこで私たちは「われ」を忘れるのです。いわば音楽の中に溶けこんでしまう。しかしその時、実はこころの底から充実感が湧いてきます。音楽会ならば、音の中に自分が消え去るのではなくて、会場一杯に音と共に広がってゆくのです。

　それはすでに述べたように、「われ」を失うことによって、対象、この場合音楽、と「私」とが共ぶれを起し、今まで「われ」の気づかなかった「私」の可能性が、「われ」によって気づかれてゆくからです。ここで「われ」とは、もちろん意識の中心としての自我です。そこで「私」とは何かが問題になりますが、自我をも含みこんだ心全体の中心、ユング派のことばでいえば「自己」になる、と思います。意識の場でいえば、その全体を統べるもの、という仮説的存在になります。

　もう1つ大事なことは、「われ」を失うためには「われ」がいなければならない、という逆説です。「われ」は意識の中心ですから、つねに「いま」がいつか「ここ」がどこかを知っています。それは通常見当識として知られていることですが、私たちがつねに今がいつか、ここがどこかと明確に意識しているわけではありません。しかし必要な時はいつでも思い出す、つまり意識することができます。図としては、現在の刺激＝音楽に夢中になっているのですが、「いま、ここ」を忘れてもよいことが、背景においてしっかり感じられていなければなりません。それがないと、しばしば方向感が失われ途方にくれることになりま

す。

　関係性とは，以上述べてきた対象との融合的な側面です。個人性とは，自分が何者であるのかを，独自の時間的空間的存在として確かめようとする働きです。本節では，それをエロス，ロゴスということばで表わしたわけです。一見相反的にみえるその働きが，実は相補的であることが大切です。

（5）　現代人の孤独

　割と引用させてもらっているのですが，河合隼雄の本に次のような話がのっています。不登校の高校生です。ある時父親が，「お前の欲しいというものは何でも買ってやった。ハワイへも連れて行った。これ以上，一体何が不足なのか」と尋ねました。すると彼は，「仏壇がない」と答えたのです。そこで早速父親が金ピカの仏壇を買ってくれば，おそらく彼は「神棚がない」と言います。つまり，彼が不足だと思っているのは物ではなくて，こころのつながりだからです。
　私たちは，いつの頃からか個人としての自分に目覚めました。他から独立した完全な個人性です。どこからどこまでが自分の領域でどこから他者の領域になるのか。また，そうした他者についても1つ1つその領域を明確にし，その上でそういう他者とどう関わり合うか，を考えるようになりました。物事を，自分をも含めて客観化することを始めたのです。その結果が目ざましい近代科学の展開です。食べること，住むこと，着ることに関して，少なくとも文明国ではほとんど不自由しなくなりました。快適な生活が保証され，病気でバタバタやられる心配もありません。オーバーにいえば，人類の未来はバラ色に輝いていたのです。しかし現代，私たちは昔の人よりも幸せになったといえるのでしょうか。私自身は，明らかにそうなったと思っています。しかし多くの人は，セカセカと働きながら，何のためにそうしているのか分らなくなっています。
　客観的な認識が，人間はいつか死ぬ，という事実を明確にさし示しているからです。地位や名誉や財産を築いたからといって，人間，死ねばおしまいです。一時的には，そのためアクセク働いて人より少しばかり多く手に入れると"偉く"なったと嬉しがり，分け前が少ないと惨めな思いに囚われる。それを生き

甲斐と思える時期もあるのですが、また、そういう努力には思いがけない意味（本人の考えているものとは違います）が隠されてもいるのですが、考えてみればすごく空しい。いつか死ぬことと、死ぬ時はつねに独りぽっちだ、という認識のためです。

（6） より大いなるもの

　第2章の高校生の求めていたのは、そういう「意味」です。昔は、生きる意味を考える前に、まず生きるために働かねばなりませんでした。今そこそこに余裕ができて、以前なら老人または哲学者の考えるような問題に、子どもたちが直面させられているのです。何のために生きているのか。何のために学校へ行かなければならないのか。しかもそれをことばのレベルで意識することはできていません。ただ何となく、全身的に感じとっているのです。それは孤立感、何ともいえぬ空虚感、これといってやりたいものはなく、さりとてこころからやらねばならぬと思うものもなく、してもしなくてもどうでもよいものしかないので途方にくれているのです。

　個人性（ロゴス）の確立を目ざすことが私たちを根なし草にしている、といってよいかもしれません。大地にしっかりつながること、つまり自分が他者との関係性の中に生きていること（エロス）を、何らかの形で確めざるをえなくなっているのではないでしょうか。それが、「誰かのおかげで」とか「誰かのために」生きている、という実感でしょう。われわれの存在はご先祖さまのおかげです。また、われわれが存在することによって子孫が残ります。好むと好まざるにかかわらず、われわれは子孫のために生きていることになります。

　作家の水上勉は心筋梗塞で倒れ、生死の境をさまよったあげく、目の前に揺れる葉蔭から洩れてくる日影に気づいて生かされている有難さに感動した、と述べています。ただそんな風景を見るだけのことが、いかに有難いこころ躍る経験であるかが分った、というのです。いわゆる臨死体験をした人たちは、"死んでいる間"にお互い似たようなイメージに出会っているらしいのですが、それ以上に共通しているのは、死ぬことを怖れなくなることだそうです。死んで

いる間に"あの世"へ行き，ずっと前に亡くなった肉親や友人に出会い，芹沢光治郎という作家によれば死がまるで隣の部屋に行くようなもの，になるからです。

　これは，自分の存在が決して孤立したものではないこと，身内や先祖を通してもっと大きなものとつながっていること，を実感しているからです。だから死ぬことは終りではなく，独りぽっちで未知の世界に放り出されるとかまったくの無に帰ること，でもないらしいのです。そうした経験が誰しもに生じる客観的なものなのかどうかは分りません。しかし以前は，いろんな宗教的な行事がそういう実感を支えてくれていました。今，それが失われています。「仏様がない」という高校生の叫びは，そういう淋しさを訴えているのだと思います。

もっと知りたい人のために
▼

ノイマン，E.（林道義訳）　1984〜85　意識の起源史　上下　紀伊国屋書店

STAGE　家族・社会・時代

16 家族

（1）形態と構成

　家族の定義はいろいろあってまだハッキリと定まっていません。心理学者・社会学者・文化人類学者，などによってさまざまです。比較的安定した定義としては，「家族は夫婦と子どもによって構成され，居住を共にし，経済的協同および生殖によって特徴づけられる社会集団である」（マードック）です。

　人間は群れで生活する動物です。それは群れでいるほうが単独でいるよりも，食料の確保，外敵からの防衛，子育てに有利だったからです。群れの最小単位が家族です。家族は婚姻関係と血縁によって結ばれ，成り立っています。戦後になって，新憲法が制定されたことにより，新しい戸籍法が昭和22年に制定され，現在まで13回の改正が行われています。改正がこれだけ多くの回数になっていることは，戦後家族の在り方の変化がいかに著しかったかを物語っています。戸籍法は家族を定義する基礎ですから。「戸籍は，市町村の区域内に本籍を定める一の夫婦及びこれと氏を同じくする子ごとに，これを編成する。」（第6条）。「婚姻の届出があったときは，夫婦について新戸籍を編成する。」（第16条），となっています。戸籍法から単純に家族の構成を考えると，家族の単位は夫婦と子どもから成り立つ，ということになります。戦前は戸主権と長子家督相続を基本とした，家族制度が法律で制定されていましたが，戦後はそれがなくなりました。戸籍の始めに記載される人を，戸籍筆頭者と呼びますが，戸籍筆頭者は，婚姻において自分の氏を受け継いだ人をそのように呼ぶだけで，妻の氏を名のれば妻が，夫の氏を名のれば夫がそうなるだけで，家族の監督権と

は何ら関係しない名目のみのものです。現在核家族が普通になっていますが、その基礎は戦後の戸籍法が改正された時から、制度的にはそのようになっているのです。夫婦と子どもと夫婦のどちらかの両親（親）と同居している、いわゆる三世代同居の家族もまだまだ日本にはありますが、その数は減少してきています。

（2） 結婚と離婚

　サルからヒトへの進化を可能にした大きな条件は2つあります。それは、直立2足歩行、言葉の獲得、家族という社会単位をもつこと、です。家族は社会制度であり、社会的婚姻制度をもっているのは、人間だけです。家族は結婚によって生まれ、離婚によって解体（分裂）します。家族が成立するためには5つの条件があります。それは、特定の雄-雌間の持続的関係、インセスト・タブー（近親相姦タブー）があること、外婚制があること、コミュニティの形成、雄と雌の経済的分離、です（河合雅雄, 1992）。動物の世界では、メスの獲得がオスの一大事業です。これは、生物が自己の遺伝子を残すことに生命をかけているからです。もし、人間に動物のような熾烈なオスの闘いを認めますと、人間は知能を発達させている動物ですので、泥沼の闘いになるでしょう。婚姻制度はそれを防ぐ意味では合理的な制度です。しかし、不倫や夫婦間のトラブルなど、動物性から見ると、不合理な面をもっています。メスにはそれが自分の子であるかどうかはハッキリしています。オスはその点では、メスを信用するしかないのです。婚姻制度による貞操に対する束縛は、昔から女性に厳しかったのは、この生物学的相違がベースにあったからでしょう。生物学的な婚姻関係をみますと、哺乳類で一夫一妻制をとるものはたいへん少なく、全哺乳類の中でわずか3パーセントと言われています。霊長類になるとかなり様子がちがってきます。霊長類約2百種類のうち37種、18パーセントが一夫一妻制の社会を作っています。現在の人類社会では、一夫一妻制をとっているのは約20パーセントで、他は一夫多妻制です。しかし、鳥類の91パーセントはペア型です（河合雅雄, 上掲書）。これは、出産・授乳はメスしかできない哺乳類と抱卵と給餌をペアです

る鳥類の違いかもしれません。だから昔は一夫多妻の社会が多くありました。今でも，イスラムの社会や発展途上国に一夫多妻の社会が残っていますが，社会が近代工業化するにしたがって，一夫一妻制が普通になっています。

　婚姻制度は生殖・子育てと深く関係しています。近代になって，生殖機能の医学的解明と避妊の発達によって，生殖と婚姻が分離し，その傾向がますます強くなってきています。法律も不倫をした方からの離婚請求が認められるようになったり，嫡出児と非嫡出児の遺産相続の差も無くなってきています。このことは法律が現実的な事実から判断するようになったからですが，婚姻制度という観点から見ると，制度としての厳格な枠組みが破綻していることになります。このことは，どちらが良い・悪いの問題ではなく，実質的な家族観の変化を示しているのです。

　婚姻制度があるから離婚があります。欧米では離婚件数がここ20年の間に激増しました。それは離婚手続きが簡素化されたこととカソリックを中心とした宗教の衰退とも関係しています。日本で離婚の割合が一番多かったのは，明治16年です。これは江戸期には，妻からの離婚請求が認められなかったのですが，明治6年の太政官布告によって妻の離婚請求が認められたからです。そして，明治30年頃までが離婚率の高かった時代です。この時には，無思慮な離婚もずいぶんあったそうです（空井健三　1983『精神の科学』第7巻岩波書店）。

　ペア型の動物で，子育ての最中に離婚するのは人間だけです。このことは，人間の子育て期間が長いことや発情期がないことなどとも関係してきます。他の動物に子育て中の離婚が見られないのは，それをすると子育てが成り立たないからでしょう。人間は身体の養育という点では，代替乳もあり，社会保障制度や保育制度があるので，子育てが可能だからです。しかし，精神発達や情緒の育成という面では，長い間ペア型育児（家族型育児）を取ってきた人間の社会構造と精神構造がありますので，単親による子育てには無理や歪みが生じやすいのです。この点については後に詳しく述べますが，この歪みは子どもにより多くの影響を与えています。

（3）　家族の形態に変化をもたらす要因

　家族の形態は，産業構造の変化とも密接に対応しています。第1次産業時代（農耕・牧畜・漁労の時代），第2次産業時代（鉱工業時代），第3次産業時代（サービス業時代）によって変化しています。横山（1986）は，「日本の伝統的な子育て観は，植物（農作物）を育て，育つことのアナロジーで捉えられていたようである。事実，江戸期の育児書は，たびたび子どもの育つ様子を植物にたとえているし，また明治期には，養蚕と子育てを類比させているのもある。どれも育てる営みの共通性を捉えているのである。育てる行為で最も重要なのは，育つという自然の営みを中心におくことであろう。それは手をふれることのできない領域であり，あえていえば神様に頼むほかない領域である。それに対して，工業化と都市化の中での近代的育児は，むしろ，工と商の倫理，つまり作ると売るによって捉えられるようになっていったと言えよう。昭和の初期でも都市で子育てをされていた方々のお話は，どこかJIS規格のような標準を意識し，こうやったら良いか，ああやったら良いかと工夫し，それなりに能動的に働きかけていく姿勢が感じられる。そこには，子どもが育つことへの，あるいは育つ子どもへの基本的な信頼を失いかける契機があったように思われる」と述べ（『子育ての社会史』勁草書房），産業構造の変化が子育ての心理に影響していることを示唆しています。

　産業構造の変化は，子育ての前段階である結婚のあり方に変化を与えました。ラカン（1986）は，「婚姻のきずなにおいて個人の自由な選択を全面的に押し出すことにより，結婚のために家族制度の社会的優位をひそかに逆転させた。この逆転は15世紀に経済革命とともに実現され，そこからブルジョワ社会と近代人の心理が生じたのである」，と述べています（宮本忠雄他訳『複合家族』哲学書房）。菅原（1987）は，農業社会に適していた大家族，工業社会に適していた核家族にかわって，サービス経済時代に適する家族は，個人を核としてゆるやかに結びつく家族になる，と近未来の予測をしています（『新家族の時代』中公新書）。さらに，フォン　フランツによると，「現代人は相互の愛情にもとづいて結

婚するという壮大な実験を試みつつある。その結果の1つがアメリカにおける離婚率の上昇である。以前結婚は上流社会でも下層社会でも、ほとんどが政略的便宜的なものにすぎなかった。それでも多くの恋物語が伝わっているのは、そのような社会システムに抗っても結ばれようとした話でほとんど悲恋に終わっている」、というのです（氏原寛　1998『家族と福祉領域の心理臨床』金子書房）。今後、体外受精やクローン技術の発達、人工子宮の開発が行われるようになると、親子の関係や母子関係（お腹をいためた子）など、家族や親子のイメージの基底が変化してしまうかも知れません。

（4）　家族の機能とその変化

　家族の結合には、婚姻制度と血縁という外枠とともに、家族の機能がどのように働いているかという実質的・内的な枠組みがあります。バラバラな家族、崩壊家族などと呼ばれている家族は、家族の外枠はかろうじて残っているのですが、機能的で内的な枠組みが崩壊しているのです。家族の内枠とは、「いっしょに食事をして、いっしょに雑談・団らんの場をもち、いっしょに寝る」ことです。一昔前までは、朝食と夕食は家族そろって取る家族がほとんどでした。不登校児のいる家族の1週間の食事表（何時に・どこで・誰といっしょに食事をしたか）を調べたことがあります。驚いたことに、家族がバラバラに食事を取っていることがほとんどでした。家族いっしょにそろって食事をするのが、週に1度でそれもファミリーレストランという例さえありました。現在、このことは何も不登校児のいる家族だけでなく、都市に住む（いや都市だけではないかもしれません）家庭のかなりの数がこのような傾向をもっているのではないでしょうか。このことは100日間継続して家族がそろって7時に夕食をとることができると100万円もらえるというテレビ番組さえあることからわかります。現代は、家族がそろって食事をするという、一昔前ならあたりまえのことに、多額の賞金がでる時代なのです。

　いっしょに食事をしますと会話や団らんがはずみます。それがないと雑談が少なくなります。食事時間や場所が異なると、寝る時間が違ってきます。川の

字になって家族がいっしょに休むなどという風景が，日本からなくなりつつあります。夫婦の関係だって，ダブルベッドからツインベッド，寝室を変える，別居するという方向で疎遠になります。雑談ができ，ユーモアに富む集団は健全です。家族も雑談ができ，笑いがあるときは健全です。「家族会議を開き，親子や夫婦で話をしなければならない」ときは，家族が危機的なときです。

　家族に昔のように，いっしょに食事をし，会話をし，いっしょに寝ることを求めることが，生活様式の変化により，現在はだんだん不可能になってきています。それだけ社会や周囲の様相が一昔前と比べて急速に変化したのです。家族が群れの最小単位として機能したのは，家族が，群れの機能である食料の確保・安全（防衛）・子育てをするうえで必要欠くべからざる存在だったからです。人間の食事は火を使います。火は貴重なエネルギーの消費ですから，一度にみんなで済まさないとたいへんな浪費になります。そんな浪費をするだけの生産性がない時代にはそのようなことはできませんでした。食事も家族単位ではなしに，長屋や集落単位で行う必要があった時代さえあります。お風呂もつい最近まで，もらい湯や銭湯が普通でした。機械化されていない時代は，家族の誰か（主に主婦）が，みんなの身のまわりの世話（家事）をしないと，家族の生活が成り立ちませんでした。洗濯にしても，食事やお風呂の準備にしても，川へ行って手洗いで洗濯したり，井戸から水を汲んで薪でたくお風呂や食事の準備では，専業者がいないと成り立ちません。子どもたちも家事を手伝わなければ，生活ができませんでした。子育てにしても，代替ミルクや紙おむつがない時代には，母親が必要でした。避妊具がなかったり，安く手に入らない時代には，多産が一般的でしたので，母親や育児を助ける女性の存在が欠かせませんでした。子守は年長の女児の大事な仕事の１つでした。女児は子守をすることで，将来の自分自身の子育ての練習をしていました。保育所や保育会社のような組織的なものを別にすると，個人的な子守も今はほとんど見られなくなりました。

　このように見てきますと，現代という時代は，物理的・物質的に家族がいっしょにいる必要性を大幅に減じています。家族がそうであるので，それを最小

単位として構成する地域社会も大幅な変化を余儀なくさせられています。結や講を結成して，屋根の葺き替えや協同の農作業をする必要性がなくなりました。薪が必要でなくなったので，山の木の下草を刈る必要もありません。道路がアスファルトになり，道普請もなくなりました。隣組を作って，防犯や防火をする必要性もありません。既成宗教が力をもたなくなり，季節感が薄れるに従って，共同でする儀式の必要性がなくなりました。現代の地域集団としての行動は，並行遊びの子どものように，いっしょにいるがバラバラに行動しているに過ぎません。いっしょにいるだけでもいやなときは，1人になってこもってしまいます。他人への関心を失ってしまうので，「隣は何をする人ぞ」となってしまいます。

　共同作業や共同祭祀，防火や防犯がなくなっても，食料の獲得と子育ては必要です。食料の獲得の場が，地域社会から離れたとき，日本人はそれを会社に求めました。それまでは，地域社会が食料確保の場であったのですが，現在は会社（職場）が食料確保のための場になったのです。人間の意識や文化の底流は，そんなに簡単には変わりませんので，一昔前の地域社会の役割を，会社が果たすことになりました。遠足や運動会，パーティなど地域社会で行っていたことを会社が行っていました。会社が地域社会であり，大家族であるような様相を呈していました。現在は，日本経済の低迷と世界化のために，グローバル・スタンダードが採用されるようになり，護送船団方式や終身雇用制と年功序列制が崩れてきています。それにともなって，家族のあり方も大きな変化を遂げつつあります。また，子育てに関係する地域社会の役割は学校が担うようになりました。本来ならば家庭や地域社会が担う役割まで学校へ押しつけている現象があります。学校での子どもの問題の多発は学校と家庭・地域社会の関係の変化から起こってきている面も大きいと思われます。

もっと知りたい人のために
▼

河合雅雄　1992　人間の由来　上下　小学館

東山紘久　1998　現代社会における家族・福祉と臨床心理士の役割　河合隼雄・東山紘久(編)　家族と福祉領域の心理臨床　金子書房

STAGE　家族・社会・時代

17　父性・母性と子育て機能

（1）母性について

　哺乳動物は，子育てに母乳が必要なため，子育ては母親が中心になっています。動物の子育てを見ていると，母親は時には自分の命をかけて子育てしています。そして，例外はありますがほとんどの哺乳動物は，誰に教えてもらうわけでもなく，決まった手順で効率的に出産と育児をこなしています。これら動物の子育ては，母親の遺伝子にインプットされているため，母性本能という言葉が生まれました。人間も哺乳動物であるため，母性本能があると長らく考えられていました。しかし，最近増大している子どもの虐待や長崎県や奈良県で起こったわが子を保険金目当てで殺害する，というような事件を見ますと，人間の母性は他の動物と異なるようです。また，人間は他の動物と異なって，生まれたときは何もできません。養育者の完全なケアがないと1年間は歩くことさえできません。トイレの自立には2年以上かかりますし，言葉が一応の完成を見るのに4年かかります。人間は子育てが長い動物です。成人するのに法律では20年もかかります。20歳でも1人前とはいえないのが近頃の傾向です。このために人間は独特の子育て機能を持っているといえます。

　人間の母性には2種類あると考えられます。1つは本能的母性です。これは母親の遺伝子に組み込まれています。そして，それに対応する遺伝子が子どもにも組み込まれています。子どもの泣き声や匂いで，自分の子どもかどうかが分かる機能などは母親に備わっています。泣き声によって，その要求の違いがわかります。ウイニコットは，出産後ある一定の期間，母親が献身的に子ども

につくす現象を述べています。しかし，これらの遺伝子が働くには，一定の条件や期間（臨界期）があり，それらの条件が母子の病気や社会的条件によって満たされないと働きません。もう1つの母性は，学習的母性です。人間は大脳を働かせて地球上の他の生命を支配してきました。生まれた時は白紙であると思われるほど，後天的な学習によって生活しています。学習による母性は，女性だけに限ってはいません。「クレイマー・クレイマー」という映画を見られた方はお分かりと思いますが，仕事人間で育児にほとんど関わらなかった父親が，妻に去られた後，始めはほとんどできなかった家事や育児を，子どもに教えられながらはたしていくプロセスは感動的でした。父親の中に，母性が子どもとの関わりによって育まれてゆきました。後に，妻との間で，親権に関しての裁判が起こります。おさない子の親権は，男女同権をベースにしているアメリカでさえ，母親に与える方がよいとの一般認識があります。この映画でも，判決は一般常識によって，母親に親権を与えましたが，子どもと親の関わりの深さを知った母親（妻）は，子どもが夫と暮らすことを認める結末でした。最近，大きな遊園地の食堂で，おさない子どもに食事をさせている父親の側で，タバコをふかしている若い母親をよく見かけるようになりました。そのような光景を見ていますと，父親の中にずいぶん細やかな母性的なアプローチがあるのを感じます。文化の変化により，これからますますこの傾向が強まるかもしれません。

（2）　女性の個性化

　社会が近代化・工業化するにしたがって，少子化になってきました。現在日本の出生率は1.5を割り込んできました。このままでは人口が減少します。日本は世界一の長寿国です。老人人口が急速に増大し，老人問題の解決が急務になっています。女性の就業人口が増大し，教育年限の拡大等により，結婚年齢が遅延し，結婚しても，出産しても就業を続ける女性が多くなっていますので，少子化の傾向は続くと思われます。結婚観も子育て観も変化してきました。専業主婦に意義を見いだせない女性や働くことに生き甲斐を感じる女性が増えて

います。

　女性の家庭外労働に関しての一般論として，山下景子（1998）は，「夫婦と子どもによる核家族は，夫は仕事，妻は家庭という性役割分業によって，労働経済機能を夫に一任し，家庭機能を妻に一任することで維持されてきた。それは三世代同居のしがらみから嫁を解放し，夫婦単位の家族という新しい家庭の理想像とされた時代もあったが，家庭のなかで居場所を失った夫と家庭に閉じ込められた妻という新しい問題を生じさせた。また，経済的理由からであり，自己実現の要求からであり，多くの女性が家庭外の労働に出るようになり，性役割分業にもとづく核家族は変化を余儀なくされた」（『家族と福祉領域の心理臨床』金子書房）と現在の核家族のあり方の問題を指摘しています。共働き女性たちの労働意欲の心理的側面に関して，東山弘子（1998）は，「女性たちは，仕事を通して人間として豊かな体験をし，人格が豊かになっていく，このことのために働くのだ。家庭から社会にでたのは，まず自分の人格を豊かなものにしたいという願いからであり，それが家庭に反映することを望んでいるからである。子どものことはそっちのけで，なりふり構わず働くということではなく，働くことによって手に入れた家庭の社会化，開かれた家庭という姿を土台にして，子どもたちに人生の意味を教え，人間的な体験を深めさせることができると信じて働くのだ。自己実現とか自己確立は，家庭との関係を切り離したところではありえない。切り離した場合，家族に何かが起こる。共働きはバランス感覚である」（『家族と福祉領域の心理臨床』金子書房），と共働きの女性の心境を述べています。女性がこのような生き方を実行していくためには，職業上のある程度の専門家になるとか，キャリア・ウーマン的な生活能力がないと，なかなかむずかしい（小此木啓吾），のです。女性の意識の変化によって，人生観が多様化し，それにともなって，職業観，結婚観，育児観も多様化し，変化しているのが現在でしょう。ただ，女性の生き方の種々のシナリオを提出してきたのが，能力の高い，先進的な女性ですので，「良妻賢母」のような，その時代の社会に広く認められ，誰でもが持てるようなモデルが分解し，アイデンティティの確立の前提となる同一視できるものが見つけにくいのも，個性化の過程で苦悩す

る女性が増大してきたのも，現代です。人間は社会的な動物ですので，いつの時代でも社会的感情が必要です。社会的感情は，共通の自我理想にもとづく他人との同一視の上に成り立っているからです（フロイト）。このことは女性だけのことではなく，男性にも共通することですが，女性の自我理想の方が男性の自我理想よりも変化が大きいように思われるからです。

(3) 父 性

母親が子どもにとって実態的な命の創始者であり，養育者であるのにたいして，父親はある種の像であり，それは生まれてから後に少しずつ形成されてくるイメージなのです。山本唱輝 (1987) は，「心の中での父親像・母親像を問題にする場合，母親像は個人の実際の体験の性質に規定される面が大きく，心理的加工を許し難いのに対して，父親像の場合，想像される面が大きく，現実の体験からもう少し自由に離れることが可能で，心の中だけで造り上げることのできる部分が母親像に比して大きいということになります」（岡田康伸編『子どもの成長と父親』2 章，朱鷺書房），とその特質を述べています。父親の存在自体がイメージなのです。

イメージとして作られている父親像とはどういうものでしょうか。安渓真一 (1983) は，「父親のイメージとは，家庭にあっては誤ることのない家長であり，社会にあっては正義と勇気と寛大さをその身に備えた君主であり，宗教では父なる至高の神であった。そして，その背後には父親の元型が存在しており，その元型こそが父親の子どもに対する影響力の秘密なのである。その力というのは渡り鳥が渡りをするような力のようなもので，それは鳥が自分で自ら作り出した力なのではなくて，その鳥に代々伝わった力なのである。

この元型とは，父親の神話類型であり，それは男性・法律・国家・理性・精神・自然力などに関係を規定する。父親は創始者であり，権威である。従って，法律であり，国家である。彼は風のように世界の中を動くものである。創造的な風の息吹であり，精神である。自己実現という，1 人の人の究極的な目標の中の，社会的側面を象徴するものが，父親の元型であり，それ故にこそ，父親

という象徴の持つ意義は極めて大きいのである」と，ユングの理論を引用して述べています。

　このような父親像がどのようにして作られてくるかといいますと，フロイトは，父性とは，まず子どもたちに対して，自分自身が自分の欲望を克服し，衝動を抑えこんで，それらと戦い打ち克っていくことに模範を示すような父親像——それが真の父性像であり，自分の衝動や，エゴイズムをほしいままにするような専制君主は決して父性的なものではないのである（小此木啓吾），と述べています。ブロンフェンブレンナーは，父が男らしい厳しさと優しい愛情を兼ね備えている時に，息子の男らしさの発達が最も促進されると述べ，子どもの道徳性や倫理感は子どもは自分を叱ったり叩いたりする父親の現実の態度に同一化するのではなく，父親自身のもつ道徳感や倫理感に同一化するのです（馬場謙一）。

　父性や父親像は，決して強権的に作られるものではなく，子どもたちが実際の父親と接するなかで，また，母親から聞かされる父親の話によって作られていくのです。尾方真樹（1986）は，健康な家族を調査した研究で，父親のイメージ形成における母親の重要性と家族の健康が子どもたちの父親像の良さと関係していることを見いだしています。具体的には，「母子三人そろっての話題は，父親にまつわる楽しいものが多かった。ふだん父親は忙しく，夕食を一緒にとることは難しいが，家にいるときには必ず全員で食卓につく。食事時は，テレビを消して話し合いの場としている。開放的で明るくかつ柔軟性に富む家族である。この家は外界に対しても開放的で，子どもの友人の出入りも多いようである。そして，母親に，父親（夫）のことを尋ねると，嬉々として話し出し，積極的に夫の写真を見せたり，父親をほめていかに自分にとってもったいないほどの素敵な夫であるかを伝えようとする」（「健康な家族システムの研究」日本家族心理学会編『ライフサイクルと家族の危機』金子書房），としています。子育てにとって，とかく母性の重要性が強調されることが多いのですが，家族にとって父親の存在感が強いことも大切なことなのです。そして，子どもたちが肯定的な父親像をもつのに，母親の父親に対する肯定的な態度が欠かせないのです。ラ

カンも，父親像の大切さを指摘し，「父親のイマーゴの弱まった諸形態では，昇華エネルギーを創造的方向からそらせ，自己愛的状態のなんらかの理想のなかへ閉じこめてしまうのを助長するような損傷を，強調することができる。父親の死は，それが発達のどんな段階で生ずるにせよ，エディプスの完成度に応じて，同じく現実の進歩を凝固させることにより枯渇させがちである」と述べています。

　現代社会は父親の存在をどんどん希薄にする方向に動いています。これはなにも日本だけの現象ではなく，西欧世界にも共通することです。どうしてそのようになったかといいますと，第2次世界大戦後のヨーロッパにおいて，父親の権威性が喪失してきたことを指摘したミッチャーリッヒは，『父なき社会』の中で，「分業の発達，職住分離，自立的生産者から消費的労働者の立場への変化」を指摘しています。小此木啓吾は，「いまの社会そのものが，自分自身の欲望に打ち克つことよりも，欲望をいかに満たすかという術の発達した人間のほうが社会への適応性がある。自分の欲望を抑えつけて我慢したからといって，それが社会で適応しない時代になってきていることが『父親不在』の背景にあると考えなければならない。現実での父親不在とは，父親が家庭の中で明確な存在感を持たない事実を意味している。日常の家庭生活の中で，父親がいなくて困るどんな機能が残っているというのか。家庭外で収入を得，その収入を家庭内に運んでくる以外に，ほとんどの機能は父親なしで済ますことができる」，(『家庭のない家族の時代』)と，今の状況を述べています。

　特に，わが国は，先にも述べましたように，法律上守られていた父親の権限が戦後なくなりました。わが国はもともと「母性社会」だと言われています(河合隼雄)。母性社会は「みんないっしょ」の規範で動く社会です。現在，グローバル・スタンダードの観点から批判されている，護送船団方式，年功序列，終身雇用，などは，みんな横並びの原理を基礎としているのです。佐々木孝次(1982)は，「われわれの家族のなかの父親は，子どもが社会のルールを内面化するのを促し，社会化を助ける面は乏しいようである。われわれの家族は，同世代の男女がコトバ契約を心理的に受け入れることによって成立している夫婦家

族というより、お互いが幼児期のあたたかさを再現することに主眼をおいているので、むしろすべての家族が母子家族と呼ぶのにふさわしいような心理状態にある」、とその特徴を述べています。だから、日本の家族は、「夫＝妻の関係は、特に情緒的な面において、妻（母）＝子どもたちの関係に比べて、はなはだ弱いものであった」し、「父性的宗教の伝統がない日本では、特に、父親的権威の衰退のもとで、権威への対応を知らない子どもたちと、権威を取り入れ、自己の役割へ統合することに必ずしも成功していない指導者が生み出されやすい土壌があるのです」。だから、「核家族の現象が急速に起こり、父親を立てる母親の数がしだいに減少しはじめてから、家庭のなかで日本の父親がおかれた、外面的虚飾をはぎとられた惨めな状況がなによりもよく物語っている」（佐々木孝次『父親とはなにか』講談社）、のです。父親の権威がなくなったからといって、母親がしっかりしていますと、まだましです。しかし、「父親が権威を失い続けている間、母親は家庭の中で権威を確立してきているのだろうか。そうではなく、父親と同じように家庭の中での母親の存在そのものも揺らいできており、自らの存在に自信を持てなくなってきているように見える」（安渓真一）のです。

　80年代は家族の時代と呼ばれていました。家族に問題が多発したからです。21世紀を目前にして、家族崩壊を含めて、家族の問題はますます深刻になってきていますが、それはこのような状況があるからです。現在の父親の権威や父性は、以前のように上から社会的統制のもとに作られるものではなく、1人1人の父親個人が、自分をかけて子どもや妻との関係を通して作らなければならないのです。このことは、母親（母性）にも当てはまりますし、世の中で権威になっている職業人、管理職、教師や警察官、検事・判事・弁護士、医師、などすべてに当てはまることかもしれません。父親だからといって、先生だからといって、権威があるのではなく、権威はその職や役割にある人の個人の存在様式にかかっているのです。

もっと知りたい人のために
▼

小此木啓吾　1983　家庭のない家族の時代　ABC出版

馬場謙一，福島章，小川捷之，山中康裕編　1983　父親の深層　有斐閣

STAGE　家族・社会・時代

18　日本文化・時代精神と家族の病

（1）　父権（系）社会の母性社会である日本社会

　家族は社会単位ですので，そこには文化が反映されています。須藤健一（1989）は，「父権（系）社会においては，男性は子どもを育て，自分の財産や社会的地位を，子どもとくに息子に相続・継承させるのが普通である。それにたいし，母系社会では，祖母，母，娘というように，代々女性の血縁関係（出自）をたどって，社会集団（家や家族）をつくりあげ，相続・継承の方法を決定する。男性の血縁というものはまったくといっていいほど役にたたない。父系社会と母系社会の区別は，相続・居住地（嫁入り婚・婿入り婚）・墓（どちらの墓に入るか），などによって異なる。母系集団は夫婦関係でなく，兄弟姉妹関係を軸に形成される」（『母系社会の構造』紀伊国屋書店）としています。この定義からすると，日本は，多くが嫁入り婚であり，長い間男系長子相続であり，夫の墓に入り，夫婦関係が中心である，などから明らかに父権社会です。日本も昔々は夫の通い婚が普通であり，妻は自分の家族といっしょに暮らしており，母系家族だったようです。しかし，「母系社会は，社会の複雑な構成では，父系社会にくらべ社会のしくみとしては弱いと見なされている。したがって，母系社会は父系社会の影響，人口の増加，貨幣経済の波及などの要因でたちどころに崩壊してしまうともいわれてきた」（須藤，上掲書）のです。長い間，母系社会だったミクロネシアでも，近代文明が入り込み，給与生活者が出現するようになったときに，母系社会が崩れてきています。また，「母系社会は牧畜民社会にはほとんど存在しない。大規模な王国ないし高文化を築きあげたのは，おしなべて父系社会で

ある」，と須藤（上掲書）は述べています。このことは，もともとは母系社会であったところが，文明とともに父系社会になった国ともともと父系社会であった国があるということになります。母系社会であった社会では，父系社会になったとしても，母性文化の影響は残ります。制度的変化があっても，地の文化はそんなにたやすく変化しないからです。このことは宗教に色濃く反映しています。父なる神を唯一の神とする一神教の社会と八百万の自然神を神とする多信教とでは，人々の価値観や態度など文化のすべての面で違いが生じます。

　河合隼雄は日本文化の特質を母性社会（文化）だと言いました。母性文化とは，母性原理が支配的な文化です。母性原理とは，「包含する」機能によって示される。それはすべてのものを良きにつけ悪しきにつけ包み込んでしまい，そこではすべてのものが絶対的な平等性をもつ。「わが子であるかぎり」すべて平等に可愛いのであり，子どもの個性や能力とは関係のないことである。しかしながら，母親は子どもが勝手に母の膝下を離れるのを許さない。それは子どもの危機を守るためでもあるし，母―子一体という根本原理の破壊を許さぬためといってもよい。かくて，母性原理はその肯定的な面においては，産み育てるものであり，否定的には，呑み込み，しがみつき，死に至らしめる面をもっている。ユングは母性の本質として，慈しみ育てること，饗宴的な情動性，暗黒の深さ，をあげている。暗黒の深さは何ものも区別しない平等性と，すべてのものを飲みこむ恐ろしさを示している。饗宴的な情動性は，すべてのものが等しく自然のままの衝動の動きを体現することを示している（河合隼雄　1976『母性社会日本の病理』中央公論社）。母性社会というように明確には述べていないのですが，多くの学者が日本文化の特質を記述している内容を見ますと，まさに日本文化は母性文化だと言えるのです。例を上げてみましょう。

　山村賢明（1982）は，「日本における母親は，単なる幼児体験の域を越えた存在として，子どもが『社会化』され，おとなになり，さらに死ぬまで，終生影響をあたえ，日本人の行動を規定しているものとみなされているようである。しかもそのことは，特定の母子関係をはなれて，社会的一般的に強調される傾向がある。日本の『父』は，むしろはっきりとした輪郭をもっていないことが，

その特徴的な意味かもしれない。『父』は，心理的には多分に『母』のなかにとりこまれてしまって，そのなかに溶解されている」(『日本人と母』東洋館出版)，と述べています。小此木啓吾は，「未開の母性社会と，現代日本社会を比較すると，大いに共通した心理構造を見いだすことができる。日本における社会と家庭の関係を見ると，日本の男性は，夫婦協力して一つのことを行うことが下手であり，男は疑似同性愛的なつきあいを生きがいとし，夫婦中心の結婚感があいまいであり，そのために生じる夫婦，父母の連合のゆがみが，母親の子どもたちに対する強い結びつきを生み，母子関係優位の家庭関係を作りだしている。こういう社会環境の中で，母性社会日本といわれるような日本的な対人関係様式が伝統的につくり上げられている。自分たちの家庭そのものをよい家庭だと思う。こうした思い込みによって，お互いの一体感をいだき続けようとする。この自己愛こそ現代の日本的核家族を支えるマイホーム幻想の源泉である」，としています。

(2) イエ中心の日本とその変化

　河合隼雄 (1998，上掲書) は，「わが国においては，『イエ』の存続ということが，すべての人にとって最重要であったことをよく認識しておかねばならない。それは必ずしも血縁を重視していない。このような『イエ』重視は，アジアの他の諸国によく見られる血縁重視の家族主義でない点をよく知っていなくてはいけない」，と述べています。佐々木孝次 (1982) は，「日本の社会を代表する第二集団にイエモト (家元) がある。そして，この社会組織を動かしているのは，『縁』の原理である。日本において，長子による単相続が行われていて，この制度による家族形態がイエと呼ばれ，そこでは，父＝息子の関係が優勢であったかのように見えるが，情緒的な面では，母＝息子の間柄が非常に重要である。日本の母親が，しばしば父親に隷属しているとみなされていても，それは相手に帰依したためでなく，制度的な面からの圧迫が，有無をいわさぬ力を発揮していたと考えるほうがよさそうである。このようなとき，母親は家長としての父親に，精神的な意味において帰依するのではなく，波風を鎮め，同時に自分

の身を守るために，これに逆らわない。あるいは，むしろ積極的に，これを立てるのである。日本の家族はもともと夫婦家族というべきではなく，むしろ，母子家族というべきだろう。このような家族が社会の下位システムなら，イエモトという上位システムもまた，その性格は母子集団とよばれるべきものである。西欧的な意味での父親の機能は，白黒をはっきりさせて，その結果を両当事者に対して承服させる機能である。ところが，日本的伝統では，調停者はことの白・黒には焦点を当てずにおいて，もっぱら争いを丸く納めて，なにをさておいても，争いのもつれから角をとることである。この調停者としての行動様式は，つまるところ，日本の家庭のなかの母親になんとよく似ていることだろう。会社の幹部や政党の親分は，この点において家庭のなかの母親の，たんなるコピーと思えてくるほどである」(『父親とはなにか』講談社)，と日本の契約や争いの仲裁の要点を述べています。そして，このことは日本文化が母性文化であるからなのです。これは，また，仏教とも関係しているのです。小此木啓吾は，「仏教的な世界は，最後にはだれも悪い人はいないのに，罪だけが起こっていて，それがだれのせいかわからない。だれを非難していいかといっても，非難すべき相手はいない。つまり，この世界は，個々の個別性や人格の主体性，自我の境界が打ち消された混乱混沌とした状態だと，外国人は体験してしまう」，と述べています。このことは戦後処理に対する，日本とドイツの違いによく現れていますし，いま行われているバブルの処理に対しても，数百人の銀行関係者を処罰したアメリカとわずかのトップの責任を申し訳程度に処分する日本との違いなのです。ただ，現在の日本は，母性文化が基本となっているのですが，イエ中心であったそのイエの解体が進んでいるのです。小此木啓吾は，「かつての家族の間には，しっかりした秩序とルールがあった。家庭内にもさまざまな礼儀作法，しきたり，それぞれの分に応じた役割が確立していた。家族神話が存在し，その家族神話に恥じることのない行動の仕方とかものの考え方があった。ところが現代社会では，こういう家族アイデンティティと呼ぶにふさわしい秩序をもち，それを子どもに伝えるような家庭が急速に解体した。社会そのものがモラトリアム化しているために，こうした伝統の積極的な機能が

STAGE 家族・社会・時代

発揮されることがほとんどなくなり，どの家族も家としての伝統から切り離された根無し草的な核家族になってしまった」，と述べています（前掲書）。日本的家族アイデンティティである「家風」という日本語が死語になってきています。

（3） 家族の病・文化の病

　個人の心理的な問題は，後に詳しく述べられています。しかし，精神的な問題は，個人を超えたところからの影響を無視しえないのです。吉本隆明（1993）は，「子どもを取り巻く社会環境というものは，表層で解けるものも，その国のひととおなじくらいにその国の風俗習慣を理解し，その言葉も理解しなければどうしてもわからない，そういう中間段階もある。もっといえば，何百年もおなじ土地に生活しているものの子孫というか，そうでないとどうしてもそこまでわからないよという問題もある」，と述べています。

　「わが国は今，個人を大切にする方向へと，日本の家族観は変化し，経済的な発展と相まって，核家族が急激に実現した。形態はできたが，それを支えるための家族の意識は，昔のままと代わらぬところがあり，そのギャップのために，多くの家族問題が生じてきた」，と河合隼雄は指摘しています。小此木啓吾も「戦後日本の核家族が，はたしてどこまで米国的な意味での健全な核家族の理念を実現したか？　それぞれの家族の深層心理は，依然として日本土着的なものによって動かされていたのではないか」，としています。

　現代の先進諸国の社会では，健全な核家族が解体の道をたどっています。リッズの1950年代の健全な核家族の基準は，１．父母の連合，２．世代境界の確立，３．男性・女性としての役割の明確化でした。しかし，かつて欧米の核家族がもっていた家庭としての種々の機能を失ってきています。女性の生き方の変化，情報社会による世代間境界の消失，宗教の弱体化などが変化の要因です。小此木啓吾は，このような家族のみならず，社会全体に起こっている，比較文化論的な違いを超えた両者共通の社会心理的な変化を「モラトリアム人間化」としてとらえるべきだとしています。社会全体がモラトリアム人間社会になるにつれて，いままでアイデンティティ人間の生活原理であった，それぞれの社

会の規制原理が機能しなくなったのです。日本は，このような世界的な家族の解体の動向と外枠としてあった，イエや父権の解体という二重の危機にさらされています。最近，個人の責任（自己責任）や能力主義（能力賃金制）がいわれていますが，まだまだ欧米のような厳しさがありません。個性化や個人の尊重がいわれていますが，その基本原理である，契約主義はまだまだなじんでいません。契約は能力主義と結果主義（達成度）をその基底にもっています。今，経済界はリストラ旋風が吹いていますが，それでも欧米では許されないような「甘え」が横行しています。逆に陰湿でいじめ的に離職に追い込むような手段が見られたりします。契約が正面きって行われないところがあるのです。

（4） これからの方向性

多くの施設児にプレイセラピーをしていて，十年前には，施設児に特有にみられたプレイがありました。例えば，正義の味方が弱い，泥棒よりも警官の方が悪者である，戦いが双方とも全滅に終わる，世界が終焉する，などです。いまではこのようなプレイは家庭児にも見られます。小此木啓吾は，「表面的には夫婦円満に暮らし，家庭の主婦として伝統的な核家族の中で暮らす，いわゆる健全な核家族の形態をとっている母親の，母性的養育能力の欠乏が深刻になっている。最も現代的なマターナル・ディプリベーションは，むしろごく普通に暮らしている子どもたちと母親との間で生じているのである」，と述べています。確かに，昔は，横山浩司（1986）が，調査したように，「明治10年に来日した，お雇い外国人教師エドワード・モースは，『日本その日その日』のなかで，「赤ん坊が泣き叫ぶのを聞くことはめったに無く，母親が赤ん坊に向かって癇癪を起こしているのを見たことが無い。私は世界中に日本ほど赤ん坊のために尽くす国は無く，また日本の赤ん坊ほどよい赤ん坊は世界中にないと確信する」でした。その時代には母親を支える制度がありました。「昔は，子育てに関わる親は，もっとたくさんいた。出産のときの『トリアゲオヤ』からはじまり，はじめての乳をもらう『チオヤ』，名前をつけてもらう『ナヅケオヤ』などは，日本全国，ひろく見られた習わしであった。こうした複数の親子の結合が，共同

体のひろがりをつくっていた。そして，子どもは，この結びつきの中で育てられていったのである」(横山，前掲書)。しかし，昔を今にはできません。小此木啓吾は，家族という言葉は一応やめてしまって，ヒューマン・サポート・ネットワークとかいう言葉でいい直しています。「子どもにどれだけのヒューマン・サポート・ネットワークがあったら一人前に育つのかという発想があります」，と家族を相手にしないような過激とも思われる提案をしています。

　青年期が長くなった，30歳にならないとなかなか一人前にはならない，大人も幼い，精神成熟が遅延している，など現代人の幼さが目立っています。受験ばかりで，精神的な成熟を目指す教育をしていない，とはよく言われていることです。不思議なことですが，これも母性文化のなせることなのでしょうか。身体成熟が加速化しているのに対して，それに対応する制度が整備されていないのです。少年法の改正が論議されていますが，年齢を下げて責任を取るようにするだけでは問題ですが，身体成熟度に応じて精神的に大人にするシステムを作る必要があることは確かでしょう。アメリカ人に，息子が母親に対して家庭内暴力がおこることを言ったときに，彼らは直ぐに，父親はどうしているのか，母親に暴力を振るうようになったら，それはもう大人なのだから，家から放り出せばよい，と言ったのです。他人への暴力の責任は，それをふるえる体力があればそれに対する責任を取らせるのがルールなのです。幼いとますます保護的になり，大人にするシステムを構築しないのでは，母親の膝もとを離れさせずに，飲み込んでしまう，母性原理そのもののような気がします。

　日本は父系社会の母性文化の国です。母系社会であるミクロネシアと日本の自立の課題を見ますと，父系社会では女性の自立が課題になり，母系社会では男性の自立ということになります。自立には身辺自律，経済的自立，精神的自立があります。母性文化の国である日本の男性は，身辺自律が必要になります。父系社会である日本の女性の方は，経済的自立が必要になります。両者を併せると，夫婦は，夫婦共同の経済的裏づけのもとに，家事・育児の共同，社会的連帯というしくみを作りだすことでしょう。父親は自分の人格をかけて子どもと付き合うことにより，父性を発揮し，母親は子どもが母性剥奪を経験しない

母性的感受性を養うことだと思います。それと日本特有のイエからの自立が必要です。日本の家庭は夫婦中心というより子ども中心に運営されています。だから，日本の子どもたちは，母親に家から追い出される代わりに，こころの中に住み込んで自分と密着して一体となった母親（イメージ）を自らの手で自分のこころから追い出す必要があります。自分を支配している母親から自立することなしには，大人になれません。実家からの精神的自立が夫婦共に必要です。そのためには，夫婦の関係を子育てのときだけでなく，死ぬまで育てていくことをしなければならないのです。そして，配偶者が亡くなったら1人で暮らすというレベルまでの個性化をはかるのです。

もっと知りたい人のために
▼

河合隼雄　1976　母性社会日本の病理　中央公論出版社
河合隼雄　1994　流動する家族関係　岩波書店
須藤健一　1989　母系社会の構造　紀伊国屋書店

STAGE　こころを知るために

19　知能検査と投影法

（1）こころを測る

　第1章の第1節で，こころのとらえにくさについて述べました。誰もこころを見た人はなく，触れた人もありません。そのようなこころをどのようにして測るのでしょうか。第1章では風になぞらえて説明しましたが，風の場合も，その働きの結果を測ることには違いないのですが，まだ風速とか風圧を正確に直接的に測ることができます。しかしこころの場合，それがなかなか難しい。たとえば，どんな時明るく感じ逆に暗く感じるか，を測ろうとする時，物理学でいう光度の概念が役に立つでしょう。厳密に定義されていますし，客観的に測定することも可能です。しかし同じ明るさを，人のこころがどう受けとめるかということになると，受容器官の状態が問題になります。そうなるとどうしても生理心理学的な方法によらざるをえません。皆さんも知っていると思いますが，人間の目はあらゆる光を見分けているわけではありません。ある範囲内の光の波しか知覚できないのです。赤外線写真を見て驚くのは，機械が人間の視覚では捉えられない世界を見せつけてくれるからです。

　しかし，こころの沈んでいる時は周りが暗くなる，といいます。逆に弾んでいる時は明るく見えるとか。この時の明るさとか暗さは主観的なものです。それを客観的に測ることができるのかどうか。性格的に明るいとか暗いともいいますが，何を基準にそういうことがいえるのか。おいしいとかまずいとかいうのも，化学的にその成分を分析することはできても，ある人がおいしいと思うものを別の人はまずいとしか思えないことがよくあります。私自身ついていう

と，外国にいて，これならお前でも食べられるだろう，と出されたチーズが一口嚙んで吐き出したくなる代物でした。こんなおいしいものをどうしてと，まるで異邦人(まさにその通りだったのですが)を見るような目付きをされ，がっかりしたことがあります。

　本章では以上のような問題を，とくに知能検査と代表的な性格検査であるロールシャッハ法をめぐって考えてみたい，と思います。

(2)　知能検査

　知能検査については，発達との関連ですでに第4章でとり上げられています。それを踏まえた上で考えると，この検査は頭のよしあしを測る検査だ，と思われる方が多いでしょう。しかし頭のよしあしとは何か，というとまだまだ結論が出ていないのです。常識的には分っています。たとえば，第1図のAの所に動物を置きBの所に餌を置きます。ニワトリの場合餌に一番近い直線コースを進みますが，当然金網にぶつかってそれ以上前に出られません。したがって餌にありつけないことになります。イヌの場合，最初は金網にぶつかりますが，やがて端を回りこんで餌に辿りつきます。サルは状況を一目見て，最初から端を

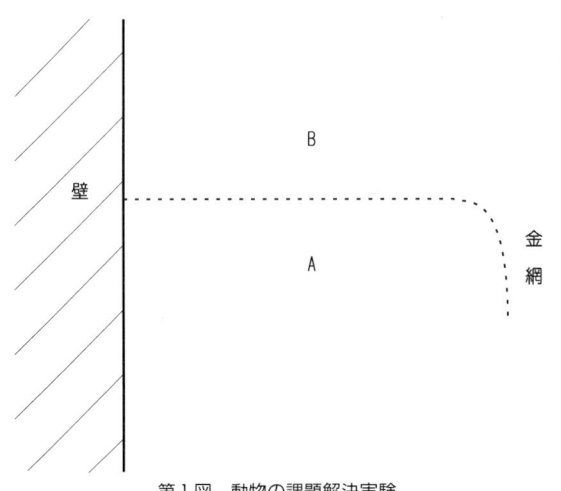

第1図　動物の課題解決実験
ケーラー『類人猿の知能試験』より

回りこんで簡単に餌をとります。

　この場合，サルが一番頭がよくてニワトリが一番悪い，といえるでしょう。つまり，ある状況でいかにして餌を手に入れるかの課題が与えられ，それをいかにうまく解決するかどうかの能力が問われているわけです。そうすると，知能とは課題解決能力ということになります。現代，知能については研究者の数と同じだけの定義がある，といわれていますが，これが，まあ大体において妥当，と認められている定義です。

（3） 遺伝か環境か

　ところがそこに難しい問題が出てきます。知能とは普通，生れつきの素質と考えられていますが，素質そのものを測ることはできません。研究者によって定義が分れるのは，知能もまた，心一般と同じように直接見たり触れたりできないからです。そこで課題解決能力を知能とする，ということになるのです。しかし，能力とはすでに身についた力です。素質があっても適切な環境がなければ能力とはなりません。モーツァルトがもし日本に生れておれば，その素質が花開くことはなかったと思います。

　知能検査とはいくつかの課題を与えて，その解決能力を調べる検査です。代表的なものにビネー検査がありますが，年齢ごとにいくつかの課題があり，その解決の仕方で知能を判断します。たとえば6歳ではほとんどの子どもができるけれども，5歳では半分くらい4歳ではほとんどできない，とすれば5歳級の問題ということになります。厳密な手続きでこういう問題が段階的に作られており，何問正解すれば知能的には何歳何カ月並みと計算できます。それを知能年齢といい，その値を実際の年齢で割ったものを100倍したのが有名な知能指数（IQ）です。だから知能年齢と実際の年齢が一致していると IQ は100になり，100以上は普通以上，100以下は普通以下になります。大体90から110までで全体の半分になり，そのへんが普通知ということになります。それにもかなり厳密な統計学的な操作がなされていますが，第4章での説明もあるし詳細は省きます。

問題は，たとえば「おはしとは何ですか」といったもので，日本人ならば環境のいかんを問わず，食事の時に使う2本の棒，という答が思い浮かびます。しかしはしを使ったことのないヨーロッパ人にしてみれば，答えようがありません。300年前のイギリスで文字を知らないことは，社会階層の指標でした。現在では義務教育の普及によって，6，7歳になっても文字を覚えられないとすれば，やはり知的に遅れている可能性が大きくなります。そういう，環境の影響をできるだけ考えなくてすむような問題が選ばれているのですが，やはり問題を作る人たちが大体教育を受けた都会の人が多いので，どうしても田舎で十分な教育を受けていない人には不利になります。そこで得点が同じ場合には，環境によって加点する検査もあります。

（4） 妥当性

それと，そのようにして出てきた数字が果して知能を測っているのか，という問題があります。知能指数とは，ある知能検査（いくつかの検査があり，検査によって問題が違いますし，出てくる数値に若干のバラッキがあります）を施行した場合，同年齢集団でIQ90から110までが半分を占め，それ以上とそれ以下の人数が大体対称形で並ぶように作られています。これをノーマルカーヴ（正規曲線）と呼びます。身長だとか体重など生れつきの要因の強いものは，沢山の人を調べると大体そういうカーヴにおちつくことが知られています。知能を素質的なものとすると当然ノーマルカーヴを描く，と考えられているからです。

しかし，特殊な問題の成績がたまたまよかったからといって，知能がすぐれているとはいえません。そこで，一般に頭がよいしるしとされている能力との比較が行われます。たとえば学業成績とか。もちろん，これは環境の影響が相当大きい能力ですが，一応の目安にはなります。あるいは頭がよいと分っている人たちの知能指数を，そうでない人たちのそれと比べることも行われています。しかし知能そのものをとり出してみるわけにはいきませんので，知能指数をもって知的能力の一応の指標とする，くらいの程度です。だから，IQが出たからといって頭のよしあしが分るわけではありません。それに，年齢に応じて

かなり変動することも分っています。知的レベルを判断するのに極めて有力な資料ですが、その意味を読みとる専門的訓練が必要です。

（5） 信頼性

もう1つ大事なことは、いつどこでやっても結果が安定していることです。その日の工合で出来が大幅によかったり悪かったりでは困るのです。またIQ 98と99の差と、99と100、あるいは121と122の差も一定でなければなりません。これは物差しの目盛りのようなものですから、同じ1センチが違っていては話にならないようなことです。だからいろいろ工夫がこらされているのですが、いいたいことは、知能に限らず、心理的な働きは身長や体重を測るように直接には測れない、ということです。それを知能検査に基づいて説明しました。

（6） 投影法

知能検査に限らず心理検査の多くは、この検査でこの範囲に入る人は10人のうち8人までは「……」と思われる、というものです。「…」の中に、精神病とか神経症とか性格障害とかが入ります。だからそういう検査をいくつかやり、重なる所が多くなるほど「…」の可能性は大きくなります。しかし100パーセントにはなりません。それはすでに述べたように、そうした判断が間接的な資料によっているからです。多分そうかもしれないが、今目の前にいる人が、100人のうちの例外的な1人であることを否定することはできません。一発必中の正確な判断はおそらく不可能です。それは、人間が客観的な方法では捉えきれない面をもっているからだ、と思います。第13章でも述べたように、カウンセリングでは、現代の科学では説明できないことが時に起ります。それをどう考えるかはこれからの問題であるにしても、ユングが、理論とは事実を説明するための仮説であり、事実が理論のために歪められることがあってはならない、といったのは、科学者としてはこころするべき態度でしょう。

投影法には、人間の無意識と無意識とがぶつかりあう側面があります。その点、次章に述べる事例研究法に似たところがある。しかし近代的な心理学的技

法である以上，占いやオカルト技法とはもちろん異なっています。しかし最近の客観的科学主義にひきこまれた人たちは，その投影法からさえ，誰がやっても同じ結果の出る技法を求めているようです。もちろん心理検査は，被験者のこころについて調べるものですから，結果的に相当な客観性が要ります。それが，誰がやっても同じ結果が出るのが当然，あるテストの権威者にいわせると，高校生でもやり方に習熟すればベテランと同じ結果を読みとれることが１つの理想なのです。

　しかしこれには少し疑問があります。カウンセラーや医師の仕事にはどこか芸術家的な所があるからです。画家はおのれの独自性を極めつくした所で万人に訴える普遍レベルに達することができる，とされています。たとえば，ミロという人の絵は，生後１年くらいの赤ん坊の心像を描いたものだ，という意見があります。そうかもしれません。もちろんそうでないかもしれない。ただ彼の絵が多くの人のこころを打つのは，そうかもしれないと思えるほど彼の絵が独特であり，その絵が自分のこころの底深く沈んでゆくと，誰しもに共通のしかしほとんどの人の忘れているイメージが，独自の感覚を通して浮かび出てくるからでしょう。

　ここでいう投影法は，もちろん１対１で行う，ロールシャッハ・テストやTATを考えています。知能テストの場合と同じく，テストそのものの説明をするつもりはありません。心理検査を考える場合に，それぞれがそれなりの狙いをもっていて，それなりの効用と限界をもつものであることを説明しているわけです。

（7）　ロールシャッハ・テスト

　このテストは10枚のインクのシミを見せて，それが何に見えるかを聞いてゆく検査です。もともとがシミですから何に見えても構いません。ところが私たちは通常，外界を見る場合，主にその形に基づいて判断しています。だから犬の形を見せられれば，誰しも犬と思います。しかしそれが犬か狼か分らない。猫かもしれないし鳥のようでもある。いっそ雲にも見えるような形を見ますと，

どう判断してよいか途方にくれてしまいます。中には色のついたものもありますし，パッと見て動いているようにみえるものもあります。しかも1人ひとりの反応は，大体の標準はありますが，みな違います。その差を通してその人らしさを見てゆこう，とするのがこのテストの狙いです。

　第13章で，無意識が象徴を介して意識されるプロセスについて述べました。そのプロセスを投影と呼ぶことも説明したはずです。外界が明確な場合，私たちにとって問題になるのは，反応がいかに適切か，ということです。それは正確な知覚に基づく正確な反応が前提とされているからです。知能検査とはいわばそういう検査でした。だから正確さからどれだけ片寄っているかが，判断の重要な基準になりました。しかしロールシャッハ・テストに正しい答はありません。インクのシミはいわば何にでも見えるように作られています。そこで被験者は，いくつかの手がかりによってではありますが，自分で何かを決めなくてはなりません。だから客観的に何かを言うのですが，主観的にどう見えるか，を言っていることになります。つまり，被験者にとっては意識されていない何かが，たまたまロールシャッハの図版に触発（投影）されて，意識的なイメージとしてたち現われてくる，つまり意識化されてくる，という意味があります。投影法と呼ばれているのは，そのためです。

　しかし，インクのシミのどの部分にどのように感じやすいかは，検査者自身が身をもって分っておく必要があります。そうであってこそ，被験者の反応をより敏感に感じられるのです。だからオーバーにいうと，ロールシャッハの反応は，箱庭作品を作者とその場にいる治療者との合作といいたいのと同じくらいに，検査者の存在が物をいうことがあります。またそこまでいかないと，被験者の本当のところは出てこない，といわれたりもします。

　これは心理検査全般についていえることでもありますが，単に客観的レベルにとどまらない，検査者・被験者の主観的な入れこみ現象のごときものが生じることがあり，それを検査結果の解釈に生かすことを目ざしている人たちもいます。もちろんそれではあまりに客観性に欠ける，と批判する人も少なくありません。アメリカではロールシャッハ・テストが被験者よりも検査者の投影法

だとして，以前ほど用いられなくなっています。

(8) テストバッテリーについて

　以上のことから，あらゆるテストにはその効用と限界があることが分ります。最近，東洋医学の効用がわりに評価されていますが，西洋医学が東洋に入ってきた時，生活状態の問題はあったにしろ，それまで猖獗を極めていた多くの病気の癒されたことを，見逃してはなりません。その後，西洋医学でゆきづまった患者に，東洋医学の知恵が役立つことが多くなっているのでしょう。ここでどちらの方法がすぐれているかを議論しても始まりません。いろんな方法がありいろんな病気に利く。ただし一発ですべての病気を癒すことはできない。だとすれば，どのような方法がどんな時に利き，どんな時限界にぶつかるのか，また別な方法や薬を用いた時はどうか，などについて十分な知識をもち，それらを使い分けたり一緒に使ったりすればよいわけです。

　心理検査についても事情は同じです。とくに身体検査ほどに直接に測定できる対象ではないだけに，このことはもっと当てはまります。そこで，いろんな検査を組み合せて総合的な判断を求める必要があります。これがテストバッテリーです。しかしそのためには，それぞれの検査について大体こういう面を調べるのには強いが，別な面には弱いことなどに精通している必要はあります。どれか1つについて相当やってから次に移るのが，経験的には，迂遠に見えて一番能率的な方法，と思っています。

もっと知りたい人のために
▼

氏原　寛・成田善弘編　2000　診断と見立て——心理アセスメント　臨床心理学②
　培風館

STAGE　こころを知るために

20　事例研究

(1)　日本心理臨床学会

　約10年前，日本心理臨床学会が発足しました。もちろん年1回の研究発表大会があります。その際，1題3時間の事例発表が認められました。それでそれまで事例研究会を経験したことのない若い学会員が，文字通り目から鱗の落ちる思いをしてその臨床的レベルが一挙に向上した，といわれています。それまでは，事例発表が学問的とはなかなか認められませんでした。たった1例を報告したからといって，それが稀有のケース（かつての二重人格など）ならばとも角，それ程変りばえせぬケースの治療経過の報告にどれ程の意味があるのか，疑問にされていたからです。それまで，ケースの発表がなかったのではありませんが，1ケースに質疑も入れて長くても15分位が標準でした。
　その後，発表希望が増えて時間が短縮されましたが，それでも2時間くらいかけて，みっちりした報告の後インテンシヴなディスカッションが行われています。いわゆる廊下トンビ，つまり発表会場に入っては出てウロウロする参加者のほとんどいないのも，この学会の特色になっています。それだけ事例報告が，参加者たちの注目を集めているのです。一ぺん会場に入りこむと出られないほどの，緊張したやりとりがあるためです。
　また，最近は博士論文に事例研究を中心に据えたものが多く出るようになりました。どうやら個々の事例が，学問的研究の対象になり，それなりに評価される時代が訪れつつあるのです。どうしてそういう状況が生じてきたのでしょうか。一言でいえば，心理臨床の仕事に従事する心理学の専門家が増えてきた

からです。臨床の場では，日々クライエントないし患者と直面します。きれい事ではなく，クライエントにはよくなってもらわなければなりません。「なるはず」では駄目で「なる」ことが必要なのです。そしてそのために心理士が役に立つ必要があります。かつそのことを領域を異にする人たちにも理解してもらわなければなりません。それは現実の，そのつど解決してゆかねばならない問題です。事例研究は，そういう人たちの実際的な指針として，当事者たちのすべて（発表者，参加者，コメンター）に意味深い経験を提供したのだ，と思います。

（2） 能動的理解

物事＝対象を理解するのに，大雑把に分けて2つの立場のあることを，とくに第8章を中心に述べてきました。ここであらためてとり上げておきます。

1つは能動的な理解です。これを単純化して，客観的分類的理解といってもよいでしょう。物事を一面でわり切って，正確で鋭いのが特徴です。逆に，いろんなものを1つの共通点でくくってしまう，いい代えれば具体的現象に抽象的基準を当てはめる粗っぽさがあります。その場合，誤まりようのない正確な定義が要ります。また，状況に応じて，この定義をいくらでも細かくしてゆくことができます。たとえば，アメリカでは黒人の血が1滴でも混っておれば黒人とされます（ハヤカワ）。皮膚の色は問題になりません。両親が白人と黒人であれば，半白人，半黒人とすべきなのでしょうが，社会的慣習としてはなじまないのでしょう。

一たん定義が定まりますと，すべてそれでわり切られます。そしてそれ以外の面はすべて切り捨てられる。それがさっき粗っぽいといった理由です。人のよさ，頭のよしあし，財産，健康など，人を判断する基準はいくつもありますが，それらは一切無視されます。それを絞りこんでゆくと，いわゆるワスプ，つまり白人（W），アングロサクソン（AS），プロテスタント（P）以外は人でない，といった偏見につながります。これは，臨床心理学や精神医学でいえば，分裂病，性格障害，欠損家庭などということでクライエントを決めつけること

になるかもしれません。それはそれで参考にはなりますが、それでその人のすべてを分ったことにはならないのです。むしろ断片化、抽象化、非人間化していることを思う必要があります。ただし精密な外科手術が、身体の仕組みに関する部分的知識に拠っていることは認めなければなりません。その場合でも、全人的な立場の必要性は決してなくならないのですが、医師や患者の人間性は直接問題になりません。

　もう1ついっておきたいのは、こういう理解の仕方には定義次第という面のあることです。かつてヨーロッパとアメリカでは、精神病とか神経症についての定義が異なり、同じことばを使い当然同じ現象をさしているつもりが、お互いが違うことを言いあっていた、ということがあります。だから客観的認識には、意外と恣意的な一面のあることをわきまえておく必要があります。

(3)　受動的理解

　ところが実際のカウンセリングは、人と人との出会いです。だからカウンセラー、クライエントの双方が、お互いを客観的に理解しあいながら、かつそれを踏まえつつ、主観的にも影響されざるをえません。人間は、まさに存在することによってすでに犯し犯される関係にある、からです。

　このことを、第8章に述べた意識の働きということで考えると、思考レベルの認識と同時に、好むと好まざるにかかわらず、感情的感覚的直観的認識が生じている、ということです。思考レベルの認識とは、前節に述べたように、対象を自らの概念的=分類的枠組に当てはめることですから、能動的知的な働きです。それに対して感じる働きには、まず感じさせられている面が強いのです。気がついたら嬉しくなったり腹が立ったりしています。暑さ寒さも知的に分る前に体が感じています。感情には、自分との関わりで対象を意識する判断機能、つまり能動的な面がありますが、後にも述べるように、状況を知ったからこそ感じていることが多い。それは知的な働きとの相補的な作用によります。たとえば前にも述べたように、ただのガラクタと思っていた古い道具が、大好きだった祖父の愛用のものと"分った"途端、懐しさがこみ上げてくるような場合

です。

　カウンセリング場面では，カウンセラーはクライエントからのインパクトに全面的にさらされていますから，意識の場はいわば全開しています。

（4）　カウンセラーの役割

　しかしここに重要な問題が生じます。つまり，カウンセラーはカウンセラーであるからこそ，このクライエントに会っています。だからクライエントに対しては，誰かれなしに同じようにカウンセラーとして反応することになります。しかしそうではありません。というのは，人間というものは，個々の状況を通してのみ自分を生かすことができるからです。

　たとえば，同じような親しみを感じたからといって，親子，兄妹，夫婦，同僚，師弟などでは皆違います。夫婦のように仲のよい親子とか，恋人のように仲のよい師弟では困るのです。フロイトもユングも，近親姦願望をどう克服するかが人格の発達に大きく影響する，といっています。たとえば成熟した娘に対して父親は当然性的な魅力を感じるでしょうし，娘も男性としての父親を多かれ少なかれ意識します。しかし衝動のままにまるで恋人のように飛びついていたのでは，少なくとも現時点では，社会的問題を抜きにしても，父娘の双方の大きい災いになります。

　性的衝動は基本的に満たされるべきものです。しかしそれは，個々人のおかれた状況に応じて満たされねばなりません。父親に女性としての魅力を感じてもらえない娘は，女性としての自分に自信がもてない，ということばがあります。親子といえども、成熟したオスとメスの間で性的に惹かれあうのは当り前のことなのです。そのことをどれだけ意識しているかどうかは別にして，です。カウンセリング場面でも，当然同様のことが起ります。クライエントが異性かどうか，若いか年寄りか，社会的背景はどうか，などのことによって，カウンセラーのうけるインパクトはそれぞれ違います。このことにどれだけ敏感でありうるか，がカウンセラーとしての重要な条件です。その上で，カウンセラーとしてどう対応するかが，さらに重要な条件となります。

STAGE こころを知るために

（5） 知ることと感じることと

　ここで先にも触れた，知る働きと感じる働き，つまり能動的な働きと受動的な働きを，カウンセラーが人間としてどう具体化するかが重要です。しかしそれは，要するに私たちが，あらゆる役割関係を通して行っていることです。気持(ごく大雑把な意味で使っています)に負けると枠がはずれます。役割にこだわると人間性が出てきません。前にも述べたように，私たちは，一方で本能(私はそれを種の衝動と呼んでいます)を満足させることがなければ生気を失います。他方，役割関係（これを個の状況と呼んでいます）を見失うと方向感を失うのです。

　この，種の衝動に気づくことが感じる働きです。個の状況を見失わないことが知る働きです。時に2つのこの働きは反発しあうのですが，通常は協応しています。そこでカウンセリング場面で，このことはとくにカウンセラーの場合，どのように生ずるのでしょうか。ここで第4章の第8節の，感情の明確化について述べたところを思い出して下さい。もともとこれはロジャーズのことばです。彼は，カウンセラーはクライエントの感情を明確化しなければならない，といいました。当初私たちは，今から30年以上も前の話ですが，それを，クライエントの言ったことばをおうむ返しすることでやらねばならない，と思いこんでいました。それらについてくり返すことはしません。ただ，クライエントがことばにしたことを，意識の場でいえば背景の感じを感じとることなく，ひたすらおうむ返しに努めていたのは，今から思えば，経験と知識の両方が欠けていたからにしろ，残念なことではありました。

　その場合，知的な情報をもつことが，カウンセラーの感情を確かなものにして，それが逆にクライエント理解を促します。前にも述べたように，私はこれを，映画や芝居の主人公に共感する働きになぞらえています。私たちは，外国の王や貴族の登場する豪華な映画に感動します。しかし私は，日本の一介の庶民にすぎません。しかしやはり登場人物の気持が分るのです。それは私に外国についてのある程度の知識があり，人間心理についても何がしか知っているからです。つまり，人間とはこういう時こういう風にする，ということが分って

いるから，たとえば義理と人情の板挟みになって苦悩する主人公に共感できるのです。

　カウンセリングの場合も同じです。クライエントはたしかに「いま，ここ」にいるのですが，その「いま」がいつか，「ここ」がどこかを承知していなければ，共感するにもできないことがあります。時には，こんな悲しい話を楽し気に話すとはどういうことか，と聞き返す場合さえあることはすでに述べたと思います。

（6）「いま，ここ」の出会い

　もちろんそれだけでは不十分です。カウンセラーとクライエントは，「いま・ここ」で出会っているのですから，そこでげんに生じていることこそが大切です。この場合にこそ第3節に述べた受動的理解が要るのです。カウンセラーもクライエントも，お互いの表情の変化，ちょっとした仕草，声の調子などに影響されています。ここで決定的に大切なことは，だから「今あなたのお気持はこうなんですね」ということではなく，「私はそれによってこんな風に感じさせられている」という，カウンセラー自身の自分についての気づきです。そこから，「いまあなたはクシャミをしたけれども，それで私の言ってたことが吹きとばされてしまったように感じている。何かうけ入れにくいことを言ったのだろうか」などのことが言えるかもしれません。それを「いや，時々やるんです」「ああ，そうですか」で終ってしまうと，「いま・ここ」でクシャミの出たことの意味を確かめることができなくなります。カウンセリング場面以外の所で時々やることがたまたま出たのであって，それが「よそごと」「ひとごと」になってしまうからです。

　ただし、誰彼なしに，いつでもこういう対応をするわけではありません。クライエントの状態についての判断，今までのカウンセリングの流れなど，いわゆる能動的理解を踏まえての上のことです。それが「いま・ここ」でのカウンセラーの動きを支えています。当然，あと何分くらいあるかとか，次回までどれくらいの間隔か，などのことも背景にあります。

（7） 事例研究の意味

　事例研究は1つきりの事例の報告です。そんな特殊な例について話しあってどうして別のケースの参考になるのか，という批判が時に聞かれます。しかし今までに述べてきたように，カウンセリングは生身の人間同士の対決です。大切なことは，発表者はもちろん，参加者もコメンターも全員が，報告される内容にオープンでなければなりません。それによってはじめて，特定のこのクライエントに対して自分がどのように動かされているか，が分るのです。そして会場の他の人との動きと照合することによって，自分自身がどう開かれてゆくか，または開かれにくいのかのプロセスを感じとることができます。だから，客体としてのいろんな事例の意味を知ることも収穫にはなりますが，むしろ，自分自身の開かれ方，先の，能動的理解と受動的理解が具体的なクライエントの前でどのように展開してゆくか，またはしにくいか，が見えてきます。

　もちろん芸術の場合と同じで，1つのケースが十分深められると，普遍的な，参加者会員に役立つレベルにまで達することがあるかもしれません。いわゆる有名症例の中にはそういうものが含まれます。しかし事例研究のケースが，みんながみんなそのレベルに達しているとは思えません。にもかかわらず，それが多くの人に意味深い体験となり，若い人たちの技倆を確実に向上させているとすれば，そこにカウンセラーとしての自己啓発的な契機が含まれているからに違いない，と考えています。

（8） 個別性と普遍性

　個別的な事例研究が普遍的な意味をもつことを述べてきました。このことをもっと分りやすくするために，あらためて種の衝動と個の状況について述べておきます。もちろん種の衝動が普遍性を表わし，個の状況が個別性を表わします。そして，普遍的なものは個別的なものを通してしか具体化されないことをいいたいからです。先の，仲のよさが夫婦，親子，友人関係などによって現われ方の異なるのがその1例です。

これを，内容と形式ということで考えてよいかもしれません。内容は形式があってはじめて現実化されます。しかし形式はしばしば内容を窒息させます。この二律背反をどう克服するかは，あらゆる芸術表現に見られるところでしょう。事例研究で私たちが経験するのは，たしかに1つの特殊例にすぎないのですが，そこにこのカウンセラーとこのクライエントを通してしか実現されない，普遍的なカウンセリングのありようが示されています。だから個別例でありながら，また未熟なケースであってさえ垣間みえる普遍的なものが，個別的な参加者の普遍的レベルに達するのです。どこまで意識的レベルでうけとめられているかどうかはとも角，そうした経験をふまえて，次には自分自身の個々のケースに生かしてゆくことができているのではないか，と思われます。

もっと知りたい人のために
▼

氏原　寛，東山紘久編　1994　カウンセリング事例集別冊『発達』17　ミネルヴァ書房

STAGE　こころを知るために

21　共感的理解と診断的理解

（1）ロジャーズの頃

　わが国のカウンセリングが，ロジャーズの理論と技法が伝えられた昭和30年代に始まったことは，皆さんも承知のことと思います。現在でも彼の影響はまだかなり残っています。ただ私たち臨床心理学を専門とする者の知識と経験が深まると共に，ロジャーズ派以外の理論や技法も紹介され，相対的にその影響が弱まっているのは確かです。本節では，わが国の心理臨床の歴史的な発展過程を，まずふり返ってみることにします。

　カウンセリング，心理治療，精神療法，精神分析と，似たようなことばがあります。いずれも微妙にニュアンスが異なります。しかし大雑把にいうと，カウンセリングよりも心理治療の方がやや専門的といった感じがあります。それについては後で説明します。精神療法の原語は，心理治療と同じ psychotherapy ですが，医師たちが自分たちの実践をこの名で呼んでいます。心理治療は psychotherapy の日本心理臨床学会による公式の訳語です。臨床心理士の行う psychotherapy と考えてよいでしょう。精神分析はもともとはフロイトの始めた技法です。分析家といえば当初はほとんどが医師でした。今も世界的に，かつわが国でも，その傾向は残っています。厳格な訓練コースがあり正規の資格をとるには難しい試験に合格しなければなりません。

　ところでカウンセリングとは，本来がガイダンスの一環として出てきたものです。ロジャーズはカウンセリングと心理治療は同じ意味だ，としていますが，彼の最初の臨床活動の場が，子どものガイダンスセンターであったことと無関

係ではないようです。ガイダンスとは相談指導といった意味でしょう。だからはじめは，いかに適切な情報を集めクライエントに伝えるか，に主眼がおかれていました。しかし，客観的には文句のない指導を，クライエントがしばしばうけつけないことが分ってきました。単なる情報提供以上に，クライエントの感情に働きかける必要性が認識されてきたのです。そこでガイダンスの領域にカウンセリングが導入されるようになりました。事実，難しいクライエントの中には，神経症や時には精神病を疑われる人も混っていたのです。

わが国の場合，ガイダンスはまず教育の分野にとり入れられました。したがって，それと同時にカウンセリングが導入されたのです。はじめは文部省の肝入りで，各都道府県でカウンセリングの教育現場への適用がはかられました。もちろん先生たちは心理学の素人です。それが敗戦のショックの冷めやらぬ頃，わけの分らぬままにカウンセリングという片仮名にぶつかったのでした。幸か不幸かその頃まで，わが国の心理学者で臨床実践に従事していた人はほとんどいませんでした。わずかに知能検査などに基づく教育相談が行われている程度でした。

そこへロジャーズの理論と技法が入りこんで来たのです。しかも次節で述べるように，それは，カウンセラーが純粋になる程度に応じてクライエントはよくなる，という考えを出発点にしていましたし，当時，私たちもそう考えていました。それが誰でもがやれるような錯覚を与えました。そこで学校の先生たちを中心に，企業の人事担当者，看護婦など，いわば素人が中心となって，第一次の爆発的なカウンセリングブームが始まったのです。

（2） ロジャーズの3原則

ロジャーズは，カウンセリングがうまくいくためにカウンセラーの満たさねばならぬ条件を3つあげました。それだけで必要にして十分であるというのです。それが共感的理解と無条件の受容と純粋さでした。その際，診断的理解は無用であるばかりでなく，有害でさえあると論じています。だから，クライエントの生育歴について知っていることが，かえって「いま・ここ」の共感的プ

ロセスを妨げる，と警告したりもしました。当時，経験に乏しかった素人カウンセラーたちには，そのことばの意味を深刻に考えるだけの用意がありませんでした。だからなかば無手勝流の，ひたすらクライエントの前で純粋であろうとする，にわかカウンセラーが続出したのです。しかもそれがそれなりの効果をもったのがよかったのかどうか，今でも判断の難しいところです。

本書をここまで読み続けてこられた方にはお分りと思いますが，共感には知ることによって深められる側面があるし，純粋さには，誰に対してそうなのか，という個別的な側面があります。無条件に受容する，ということもどういう条件のもとでそれが可能か，という難しい問題が含まれています。実践的裏づけがなくわずかに本に頼るだけで，経験といえば当時大流行であったカウンセリング・ワークショップのグループ体験くらいしかなかったので，これらの3条件を表層的に丸呑みしたのはやむをえなかったと思います。そうした頭でっかちのカウンセラーが，実際にクライエントに会ってゆくうちに，どうも本に書いてある（と当時の私たちが理解した）のとは違うものがある，と気づいていったのが，わが国のカウンセリングの展開のプロセスだったと思います。

なお，当時専門家と目された人たちも，臨床経験という点では，以上のにわかカウンセラーとあまり差はありませんでした。しかしいち早く外国の文献に当り，理論的な面できめの細かい紹介に当るなどした功績は，評価されるべきでしょう。面白いのは，そうした人たちが，ロジャーズの診断無用論にもかかわらず，終始，ロールシャッハ・テストやTATへの興味を失わなかったことです。

（3） カウンセリングマインド

当時，そして今もなお根強く残っているのが，カウンセリングマインドの強調です。これは，あらゆる人間関係にカウンセリング的態度がどれだけ生かされているかどうかでその関係のよしあしが評価できる，とするものです。たしかにそういう一面はあります。しかしくり返し強調してきたように，普遍的な原理は個別的な状況を通して顕われます。またあらゆる人間関係が，いわゆる

成長促進的ないし妨害的側面をもっていることも否めません。そして人間関係とは，漠然とした人類愛のようなものを考えない限り，すべて個々の役割関係に他なりません。前章で近親姦願望について述べたように，本能的な衝動（さきの人類愛もその1つと考えてよいかもしれません）は生きられねばならないにしても，個々の役割関係を超えて，あるいは無視して実現することはできないのです。

　カウンセリングマインドは，こうした役割関係を超えた，あらゆる人間関係につきものの，成長促進的な面を強調したものです。それは親子，同僚，師弟関係などのすべての基本に含まれています。いわば人間関係における非特異的な側面です。同時に，すべての人間関係には，親子ならではの，または夫婦の間にしかない，特異的な側面があります。もちろんカウンセリング関係にも，そこにしかない特異な相があります。その，非特異的な面と特異的な面を個々の実践にどう生かすか，にカウンセラーたちは努力し続けてきました。そこの所をとび越えて，もっぱらカウンセリングマインドを強調することは，カウンセラーでないとできない，しかもクライエントの成長には不可欠の，カウンセラーのいわば専門性をおろそかにすることに他なりません。今日，指導的カウンセラーと目されている人たちの中にも，依然としてカウンセリングマインドを強調する方が見受けられますが，あえていえば，真剣にカウンセリング活動にとり組まれたことがあるのかどうか，疑問に思うくらいです。

(4) 診断的理解

　診断的理解が，今までに論じてきた能動的客観的理解に通じることは，お分りのことと思います。それが共感的理解を促すことのあるのは，すでに述べました。また，具体的にどう対応するかの判断を下す場合，重要な役割を果します。たとえば「精神科医の診察をうけて下さい。その上でカウンセリングをひき受けるかどうか決めますから。よい医者を知っているので紹介します」などと言えるか言えないかは，カウンセラーにとって極めて重要な仕事の1つです（たとえばブライ『心理療法とは何か』新曜社）。あるいは，精神分裂病という診断

の出ている人が，なおかつ今このように生きようとしていることに，こころを動かされることもあります。もっとも分裂病といってもいろいろありますから，個々のクライエントに応じて，感じ方に微妙な差のあるのはいうまでもありません。

あるいは，これが逆転移だと思うだけで，直接ぶつけられた烈しい感情に堪えられることがあります。カウンセラーの経験にもよりますが，おのれの人格上の欠点を衝かれた場合，多かれ少なかれ動揺することが多いのですが，理論的に知っているだけで，それをクライエントの過去体験がたまたま自分に向けられている，と思えるからです。それがカウンセリング関係を保つのに役立つ場合があります。しかしそれは，「いま・ここ」のこのクライエントとならではの関係から逃げる意味もありますので，つねに推奨されるべきことではありません。

それとの関連で，何といっても知的な理解には，一面化断片化抽象化の傾向があります。だから生きた関係が壊される危険がつきまといます。ロジャーズが診断有害論を唱えたのは，この一面を警戒したからだと思います。しかし何らかの客観的な枠組なしに，クライエントを理解することはできません。ロジャーズ自身クライエントの中には共感しにくい人がいる，とある種の分類を認めています。

(5) 共感的理解

これが，前章で述べた感覚，感情レベルの理解であることはいうまでもありません。ロジャーズが共感的理解を「いま・ここ」に限ったのも，それらが受動的，直接的な経験だからです。診断的理解とは，自分の中にすでにある枠組にクライエントを当てはめること（それだけ能動的です）です。その場合，クライエントは客観的な枠組に照合されるので，客体として位置づけられています。だからカウンセラーとの直接的関係が損なわれるのです。ロジャーズはそれをクライエント「について」知ることで，クライエント「と共に」感じるプロセスを妨げると批判しました。

受動的とは動かされることです。気がついた時には動かされているのです。通常は、こうした動きに気づくことはあまりありません。改札係のちょっとした仕草が気になることはあっても、要するに切符を切って入れてくれさえすればよいのですから、他のことには気が回らないのです。そのことも現実生活を保つには大切な能力です。役割に応じて感じ方の変わることを思い出して下さい。その程度の関係ならば、相手が器械であっても構いません。自動改札機の普及がそのことを示しています。

しかしカウンセリングでは、そういう面にカウンセラーは精神を集中します。前に述べた自律訓練法のいう受動的注意集中です。集中という能動性ともともとの受動性の統合の難しいことは、すでに述べました。ロジャーズには偉大な実践家の欠点として、自分にはあまりに分り切った経験を記述するのに、十分な注意を払わなかったきらいがあります。こちらの、経験がある程度深まった上で読むと見えてくる深い層が、表面的には見逃されることが多いのではないでしょうか。

(6) 見立て

見立てとは、以上の診断的理解と共感的理解の双方を統合したものです。私自身は、それに、もし私がこのクライエントをひき受けたら、という条件をつけ加えたいと思っています。

前章で、カウンセリングのプロセスとは、このクライエントに出会って、そうでないと起ることのなかったおのれの内的プロセスに開かれてゆくこと、だと述べました。いわば個々のクライエントとの出会いが自分自身の可能性の発見、といえる面があります。だから個々の事例研究が、参加者１人ひとりの自己発見につながり、若い人たちのレベル向上に役立ちもしたのです。もともと見立てとは、この人にカウンセリング的な働きかけが可能かどうか。可能とすればどの角度がどのように切りこむことができるのか。その場合どういう経過が予想され、最終的にはどのあたりにおちつくのか、の見通しを立てることです。

これは一見診断的枠組に基づいています。事実その通りでもあるのですが，それだけではありません。それは，そのプロセスに自分，すなわちカウンセラー自身が与っているからです。だからカウンセラーによってそれぞれのプロセスは異なるはずです。箱庭療法で作られる箱庭が，一緒にいるカウンセラーによって微妙に違ってくるように，です。だから見立てには，カウンセラー自身のかなりの"思い入れ"が入ります。ただし，一たん見立てればおしまいまで変わらない，というものではありません。毎回ごと，あるいは各セッション内においてすら，刻々に変わります。しかしそれでも，そのつどの見立てをしっかり立てる必要があります。見立ての確かさが，そのままカウンセラーの力量を示す，といってもよいくらいでしょう。

(7) ロジャーズ以後

本章で共感的理解と診断的理解の問題をとり上げたのは，ロジャーズの理論と技法の導入された直後から，わが国の心理臨床家にとってそれが大きな問題になったからです。第2節で初期の専門家たちが，ロジャーズに傾倒しながら，ロールシャッハやTATへの興味を失わなかったことを述べました。それは，本章でいう診断的理解の重要性を，それらの人たちがどこかで感じていたからだ，と思います。しかしその代り，そのような診断的態度と共感的態度にどう折りあいをつけるかが，大きな課題となりました。そのためのいくつかの試みがなされていますが，何といってもカウンセリングそのものに対する経験が浅く，十分に議論をつくすことはできなかったようです。

しかしすでにみてきたように，この問題は，たんにロジャーズ派だけの問題ではありません。カウンセリングないし心理治療の，さらにいえば臨床心理学全体に関わる，基本的かつ本質的な問題です。そしてその答えは，1人ひとりのカウンセラーが自らの経験を通して見つけ出す，または創り出すよりないのです。そして不思議なことに，そこに個性的なものが輝き出れば出る程，一般性を担うのです。しかしそうした本質的な問題に，おそらくは直観的に気づいていたのであろう先達たちには，敬意を表さざるをえません。

現在は，フロイト派はもちろんユング派やアドラー派や，内観療法とか森田療法といった純日本的なもの，行動療法や認知療法にいたるまで，よくいえば百花繚乱のありさまです。それぞれの拠って立つ理論も技法もかなり多様です。しかし結局のところ，診断的理解と共感的理解を2本の柱とし，どちらに比重がかかっているのか，ということで分類できそうな気がします。

　私自身についていえば，ロジャーズ派を気取る素人カウンセラーとして出発し，たまたま，その後カウンセリングを受けた人たちがみんなユング派の分析家であったため，ユング派の考え方ややり方になじむようになりました。ユングは長い間フロイトと一緒に仕事をした人なので，フロイト派の考え方にもある程度接しています。しかし今にして思えば，若い時に読みこんだロジャーズの影響の強さにわれながら驚いています。だからロジャーズ派というわけではありません。カウンセラーとして，いま少し向上の余地がある，と思っています。

もっと知りたい人のために
▼

ロジャーズ, C.（友田不二男訳）　1966　サイコセラピイ　岩崎学術出版社

STAGE　こころを癒す

22　心理療法（その1）

無意識・こころ

(1)　心理学と臨床心理学

　心理学はこころを研究する学問です。こころとはどういうものであるかを科学する学問です。科学というからには，結果の一般性・普遍性・妥当性が必要です。しかし，こころは目に見えませんし，それ自体を取り出すことも，計測することもできません。計測したり観察したりできるのは，こころではなくて人間の行動です。だから心理学は行動の学問です。どうして人間（生き物）は，そのような行動をするのか，を解明する学問です。どういう場面・状況・関係など（これらをまとめて刺激といいますが）があると，どういう行動をするかを測定し，そこから一般法則を取り出すのです。このように述べますと，賢明な読者は，すぐに，それではこころそれ自体はどうなっているのか分からないのではないかと思われるでしょう。そうなのです。入口調査と出口調査から中で行われた実態を判断しているのです。実際のこころの中身はブラックボックスとして扱われないのです。これではこころの中を直接知りたいと思いますよね。こころに直接アプローチしようとするのが臨床心理学です。こころの中身はこころでしか分からないので，研究しようとしたり，理解しようとする人自身のこころを知っておくことが大切になります。科学はだれが行っても，手続きが同じなら同じ結果になることが大切です。だから研究者の人格やこころは関係しないし，それを問題にされることはありません。しかし，臨床心理学はこころを知ろうとする人のこころも問題になるのです。だから，従来の自然科学とはずいぶん違った学問ということになります。研究の方法論としては事例研究

が重要になります。質の高い事例研究の積み重ねが必要なのです。どこか判例を積み重ねて研究していく法学と似ています。

　臨床心理学は実学です。こころの問題を，こころを悩んだり，病んだりする人に対する援助を中心とする学問です。神経症を病むのは人間と人間と関わっている動物（ペットや動物園の飼育動物）だけです。野性動物には神経症はありません。だから，こころを問題にすることは，人間を問題にすることになります。臨床心理学は哲学，人間学や文化人類学，精神医学と深いつながりがあります。

（2）　心理療法の理論

　心理療法の理論はまず人間とは何かという人間論がベースになります。人間論は人間の数だけありますので，心理療法論も人間の数だけあると言ってもいいかもしれません。人間をどのように考えるかによって，「どうして人間は悩むのか，神経症を患うのか」が出てきます。それが心理療法論です。心理療法論ができますと，どうすれば悩みを解決できるのか，神経症を治せるのか，人間的成長がはかられるのか，の方法論が生まれます。それが心理療法の技法論です。

　心理療法の中心的対象は神経症や神経症的行動です。神経症的行動とは，大きく言えば「わかっちゃいるけど，できない，やめられない」行動です。「眠りたいけど眠れない。勉強したいのにできない。学校へ行きたいのに行けない。食べたいのに食べられない。食べたくないのに食べてしまう。生きたいのに生きられない。けれど，身体は悪くない（身体の病気が第一原因ではない）」などです。タバコは身体に害があるし，他人にも迷惑がかかるのは分かっているのに，止められない，のも神経症的行動の1つです。神経症的行動が，このような行動だとすると，人間誰でも幾つかの神経症的行動を持っているといえます。神経症的行動は，だから，人間的行動なのです。神経症的行動が，日常生活に重大な障害や影響を与えるようになっているのが，神経症です。

　神経症的行動は，頭では分かっているだけに，始末が悪いのです。分かっているので，説明しても，説教しても，無駄なのです。強制的に止めさせたり，

| STAGE こころを癒す |

やらせたりすると、そのときはできるかもしれませんが、圧力がなくなるとできなくなりますし、その後は症状が悪化することが多いのです。なぜ悪化するかといいますと、神経症的行動はある種のストレス病です。圧力を不当にかけることは、ストレスをかけることですので、かえって症状を悪化させるのです。だから、症状や行動を自分の一部として認めて、そのまま受け入れてしまったり、自然に忘れるくらいに諦められていると、それは現実的には神経症的行動ではなくなります。これも1つの療法です。後に詳しく述べますが、転地療法や東洋的な療法（森田療法や内観療法）は、このような考え方を基礎にしています。でも、人間はなかなか自分の嫌なものを自然のままにしておくことができません。あせってどうにかしたくなるのです。これがますます神経症の深みにはまるのがわかっていてもです。

では、どうして分かっているのに、できないのでしょうか、やめられないのでしょうか。この「どうして」の答えが心理療法論なのです。今まで多くの臨床心理学者が「どうして」を考えてきました。アメリカだけで、毎年45〜50も考えられているといわれています。なにしろ心理療法は、臨床心理学者の数だけ、理論があるという領域ですので。そのようななかから、効果があり、多くの人が納得できる理論が、10年に2〜3残ります。

また、今までの有力な理論が、時代の流れとともに変化したり、分化したりもします。人間のこころは時代精神や文化から影響を受けますから。交通手段と通信手段の驚異的な発展により、世界が狭くなるのにつれて、グローバル・スタンダードでものを見たり、考えたり、生産したりするようになってきています。「地」の文化がグローバル・スタンダードの影響を受けると、人間の考え方や生き方も変わってきます。それでもこころはなかなか保守的なところが多いのも事実です。不易流行という言葉がありますが、こころもこのような性質をもっています。次に、先人が考えた心理療法の理論の主なものを取り上げていきたいと思います。

(3) 精神分析

 「わかっちゃいるけれど，できない，やめられない」どうしてか，と考えたときに，分かっているほうは明確であるのですが，できないのはなぜか，どうしてやめられないのかのほうは，はっきりしていません。典型的な不登校の子どもは，学校へ行きたい，行かねばならない理由はよく分かっています。学歴がないと将来いろいろな不利益が生じるとか，勉強そのものはしたいのだとか，というように，よく分かっています。しかし，なぜ行くことができないのかは，よく分からないのです。もし，ハッキリ分かっている現実的な障害のために，学校へ行けないのだったら，それらの要因はある程度取り去ることができます。いじめがあるので，学校へ行けないことが，真の原因であるなら，転校するなり，いじめ対策をきっちりすると行けるようになります。しかし，問題はなかなか簡単ではないことが多いのです。転校してもまたそこでいじめられたりします。いじめ対策が実施され，少なくともいじめの現象がなくなっても，行けないことのほうが現実には多いのです。いじめは相手があることですので，問題がなかなか複雑になりますから，洗浄強迫で説明しましょう。洗浄強迫は何度手を洗っても，何時間手を洗いつづけても汚れた感じが取れずに，洗い続けなければならない強迫神経症の１種です。日常生活が手洗いのためにスムーズにいかなくなります。本人はこれが無駄でやめたいと強く思っています。でも，やめられないのです。これもやめたい理由は明確です。しかし，どうしてやめられないのかという理由はハッキリしません。

 では，どうしてハッキリしないのでしょう。やめたい理由がハッキリしているのは，それが意識できているからです。そうすると，やめられないほうの理由がハッキリしないのは，その理由が無意識にあるからで，無意識だからハッキリしない，と考えるのが精神分析派の基本的考え方です。無意識を発見したのが，近代的心理療法の創始者であるフロイトです。フロイトは，ヒステリー患者の治療や日常の錯誤行為のなかに，無意識の意図が働いていることを見い出したのです。どうして無意識になるのかは，それが意識されると困るからで

す。意識されると困ることは，無意識に抑圧してしまうのです。意識されると困る第1のことは，「性」に関することです。特に，フロイトが生きていた時代はそうでした。ヒステリー患者の多くが性に関することを無意識に抑圧しており，それが意識化されたときに症状が改善されたことから，フロイトは無意識の中心的内容を性的衝動とした，汎性欲論を打ち立てたです。フロイトは性の抑圧の基本になる葛藤を，エディプス・コンプレックスと名付けました。エディプス・コンプレックスは，ギリシャ悲劇「エディプス王物語」から取られたものです。男の子は母を慕い父と競う，女の子は父を慕い母と競う，というコンプレックスです。詳しく知りたい方は，フロイトの「ヒステリー研究」や症例を読んでください。推理小説の謎解きに似たような興奮があります。

　人間のこころは複雑です。フロイトの弟子のなかには，自分の臨床活動から，無意識に抑圧されている内容が必ずしも性の衝動だけでないことに気づいてきました。無意識の内容や無意識世界のあり方は，時代や文化や社会で変化することも分かってきました。また，無意識の中身には，人種や文化を越えた普遍的な内容もあることがわかりましたし，抑圧や無意識世界の形成に，母子関係や親子関係が大きく関与することもわかってきました。

　それらの考え方の差によって，フロイト派，ユング派，新フロイト派，などといろいろの分化・発展があります。それは，意識化すると困ることのなかには，自分自身に関して自分が認めがたいことですから，個人差が大きいですし，時代や環境にも影響を受けるからです。性的なものを例にとりますと，フロイトの時代と現代では，解放の度合いがかなり違うでしょう。

　友達や他人を見ていると，その人達の欠点は目につきやすいのですが，自分の欠点となるとなかなか気がつきません。他人から指摘されても，そうだとはすぐには思えません。友達に彼の欠点を指摘しても，反発されたり，言い訳されたり，「そうなんだけれど」と「けど」がつき，なかなか受け入れてもらえないことがあるでしょう。無意識化した内容は指摘しただけでは意識化しないのです。たとえ頭でわかっても，行動は変わらないこともよくあるのです。無意識と意識を繋ぐところには，同じこころのメカニズムが働いているところがあ

ります。無意識を仮定し，意識化することを理論の中核にしている学派を分析的アプローチと呼ぶのです。

　心理療法論が構築されますと，それを具体的に応用する技法や技法論が生まれます。無意識と意識を繋ぐフロイト以前の方法としてあったのが，催眠です。フロイトも最初催眠を学びました。フロイトは催眠が下手であったという俗説もありますが，催眠はかかりやすい人とそうでない人との個人差が大きいのです。それに催眠下で明らかになった内容を，覚醒状態では認めないということが生じます。これでは，催眠状態でわかった無意識に抑圧された内容を覚醒状態で同じように了解できるためには，無意識―意識の繋がりという点では，同じような作業が必要だということになります。それなら始めから覚醒状態で行える方法の方が効率的でしょう。フロイトは精神分析の方法に催眠を使うのをやめたのです。催眠療法そのものは，精神分析療法より古い療法ですので，別の発展を遂げています。このことは後で述べたいと思います。フロイトは，催眠下で思い出すような無意識に抑圧した内容を，額を押さえると思い出すという教示で引き出せることを発見しました（前額法）。すぐ後には，それもいらなくなり，クライエントの思いつくままに自由に語らせる方法を考えつきました。これを自由連想法といいます。この方法でフロイトがクライエントに強調しましたのは，自然に浮かんできたことを自分の意志で話すのを止めることを禁じたことです。たとえ自分ではつまらないと思ったことでも，このようなことは関係ないと感じたことでも，自分で取捨選択せずにセラピストに話すのです。それは，クライエント自身ではつまらないと思ったことが，実は重要な場合が多かったからです。何故なら，せっかく浮かんだことをつまらないとしてしまうことに抑圧のメカニズムが働いているからです。もう1つの無意識―意識をつなぐ方法として重要視されたのが夢です。夢は夢を見ているときは，睡眠時で覚醒時ではありません。だから，都合の悪いものを抑圧するという意識の検閲が働きにくいからです。ただ，夢そのもの（潜在夢といいます）は無意識の内容が生のままで存在するのですが，それを書いたり，セラピストに報告するときは，覚醒時下で行いますので，意識的加工や検閲が行われます（顕在夢）。み

なさんの夢の中に，自分でもどうしてこのような夢を見たのかがわからないものがあると思います。

　フロイトは，それは無意識的な加工が行われたからだ，と考えたのです。そこで，夢それ自身では意味がわかりませんので，夢を解釈する必要性が生じたのです。それを夢分析とか夢判断とかいうのです。夢分析は夢占いと似た感じがしますが，夢占いが占いの理論をベースにし，未来予測的なのに対して，夢分析は精神分析理論によって，過去に抑圧された問題やトラウマ（心理的外傷）を明らかにすることです。また，クライエント自身が感じている未来展望とそれを妨害している要因を明確にすることです。抑圧されたものが，こころから分かります（洞察といいます）と，今までの人格の枠組が広がり，新しい自分が生まれ，症状がなくなったり軽減したりするのです。このプロセスは実に劇的なこともあり，静かに段階的に進行していくこともあります。実際例をあげてみましょう。次の夢は21歳の女性の夢です。彼女は男性に対して恐怖心をもち，自然な態度が取れません。それなのに友人3人で歩いていると，男性は彼女にばかり声をかけてくるので，ますます男性嫌いになっていました。

　夢「神社でお祭りをしている。そこに赤いマントを着ていく。2人の友人（小学校の同級生で女性）にあって話をするが，なんとなくしっくりいかない。そのうちに自分のスカートが変であるのに気がついた。スカートの前は表地がついているのに，後ろは裏地しかついていない。前の表地は二重になっていた。（この後スカートを直そうとするが，男性から性的な攻撃のためにそれができない描写が続く）」。

　彼女は最初この夢の意味がつかめませんでした。変な夢を見たという印象が強かったのですが。そこで，セラピストが「前が二重になり，後ろが裏地しかないスカートをはいている自分を想像したら，いまどのように感じますか」と尋ねました。すると，彼女はパッと顔をあからめ，「これだったら，男の人が声をかけるのは当たり前ですね。私は男嫌いだけれど，これだったら声をかけられてもしかたがないですね」と，前の方は（意識では）二重に防衛しているが，後ろ（無意識）では，誘惑的である自分を自覚したのです。彼女は自分の性的願

望を，この夢をセラピストと共有することによって，認めることができたのです。

　夢分析の一般的誤解に，何々は何の夢，というような夢の一般象徴（記号）を使ったものがあります。これらは夢分析とは次元の違う浅いものです。夢は個人のこころの反映です。フロイトが何度も指摘しているように，個人的な象徴が解釈されて後，はじめて一般的な象徴（記号に近い）が解釈されるべきなのです。ユングは「夢は夢自身を語る。夢はそれ自身が最高の解釈だ」と言っていますが，その通りなのです。でも，「トマトの夢を見たら，こころに秘めた憧れの人に会える」というような解釈は，どこか人間のこころを引きつけるのも事実ですね。

もっと知りたい人のために
▼

フロイト全集　日本教文社と人文書院から出ています。文庫にもなっています。
ユング著作集　日本教文社
ガイドブックとして『カウンセラーのための104冊』創元社があります。

STAGE　こころを癒す

23　心理療法（その2）

自己を育てること・訓練・学習

（1）　来談者中心療法

「わかっちゃいるけど，できない，やめられない」。どうしてでしょう。ロジァーズは，自分がありたい自分（理想自己）と現実の自分（現実自己）の間に，乖離があるからだと考えました。不登校は，「学校へ行きたい自分（理想自己）と行けない自分（現実自己）」との間に乖離があると考えるのです。この乖離は心理的不適応と言われています。だれでもある程度の乖離はあります。あまりにも乖離がないというのもおかしい現象ですので，心理的適応は逆Ｕカーブを描いています。ロジャーズは，成功したカウンセリングの前と後で，理想自己と現実自己の一致度（乖離度）を測定して，心理療法の有効性を実証的に示しました。神経症状態の人の理想自己と現実自己の一致度は低く，カウンセリングによって彼らの理想自己と現実自己の一致度が有意（統計的に意味がある）に変化したことを明らかにしました。乖離にはもう1つあります。それは，他人から見た自分と自分が思う自分との乖離です。この乖離がひどい人は，対人関係に問題があることが多いのです。自分は誤解されやすい人だと思う人は，この乖離が大きいのです。自分ではこうだと思っているのに，人は違う思いがあるから誤解は生まれます。それは何故かと考えると，自分が思っている自分と他人が思う自分に差があるからでしょう。では，どうすればこのような乖離は少なくなるでしょうか。

乖離を減少させるには，現実自己を理想自己に近づけるのと理想自己を現実自己に近づける方法があります。自分の偏差値を上げて志望校に入るのと，志

望校を自分の偏差値に合わせるて合格する，の両方があるようにです。ここで問題になるのは，どちらにしてもこころからそのようにすることなのです。ただ単に志望校の偏差値を自分の偏差値に合わせただけで，こころがそれに反するようでは，悩みは解消されません。偏差値を下げた志望校が自分の理想の学校にこころのなかで生まれ変わっていなくてはならないのです。現実自己を理想に近づけようと努力を続けると疲れますし，あれほど希望したことなのに，自分の思いと異なると失望します。理想自己はこころから願う自分の理想なのです。どちらもなかなか難しいことです。

　では，本来的な意味で，理想自己と現実自己の乖離を少なくするにはどうすればいいのでしょう。それは虚心に自分自身を見つめることなのです。これがなかなか1人では難しいので，カウンセラーとか心理療法家といわれる人の援助が必要な場合が多いのです。ロジャーズ流の考え方をする心理療法家は，クライエントが自分自身を見つめるためには，愛のある，暖かい，友好的な人間関係が必要だと考えています。人間が心理的不適応を起こすのは，こころを歪ませる心理的環境が大きいと考えているのです。現実は厳しくても，愛のある，暖かい，友好的な人間関係の下で育てられますと，人間はその個人が持っている良さを伸ばして，心理的に成長するのです。人生に試練は避けられません。試練が人間を鍛えてくれるのです。試練はピンチですがチャンスでもあるのです。ピンチに出会ったときに，支えがある人は，その支えをバネにして成長します。ピンチの時に支えが得られなかった人は，心理的な不適応を増大させます。心理療法家を訪れる人々は，心理療法家にその支えを求めている人です。心理療法家は現実には何もできません。できることは支えになることだけです。ロジャーズは，カウンセラーがクライエントに接する態度，クライエント自らが成長に向かえるように支える態度を，3つの条件にまとめました。それは「受容」「共感的理解」「純粋」です。受容とは，クライエントの述べたことやクライエントの態度，その症状でさえ，クライエントには「意味のあること」だと，受け入れる態度です。共感的理解とは，クライエントの立場（こころ）になって，クライエントを全人的に理解する態度です。純粋とは，セラピストはセラ

ピスト自身であることです。自己を偽ってクライエントにおもねったり，分かったふりをするのではなく，セラピスト自身が自己尊重的であることです。自分を尊重できない人は，他人を尊重することはできないものです。セラピスト自身が，自他の区別がついていて，明確な人間でないとクライエントはセラピストを信用できないからです。

ロジャーズの3条件は，明確で真実なのですが，なかなかセラピストにとっては，できにくいことです。セラピスト自身の人間的修行が必要な心理療法なのです。

(2) 行動療法

人間は他の動物と比べて1年早く生まれてきた，と言われています。他の動物が生まれてすぐに立ったり，走ったりできるのに対して，人間は，生まれてから1年以上たたないと，喋れませんし，歩けません。また，他の動物と比べて大きな脳を持っています。このことは，他の動物は行動の仕方が遺伝子に組み込まれており，生来的に規定されていることが多いのに対して，人間は行動の仕方を学習によって習得することが大きいのです。「わかっちゃいるけど，できない，止められない」のはどうしてか，と考えるとき，それは不適切な誤った学習をしてしまった，と考えるのが行動療法の考え方です。だから，行動療法は学習理論を基本とした心理療法なのです。

みなさんの中には，パブロフの犬の実験をご存じの方も多いでしょう。犬に肉を見せると唾液がでます。その時に同時にベルを鳴らし，何度かこれを繰り返しますと，肉を見せなくてもベルが鳴るだけで，犬は唾液を出すようになります。しかし，この実験によって，犬は知らない間に誤った，不適応な行動を学習してしまったことになります。唾液の分泌は，肉を食べた時によく消化できるための予備的行動です。食べ物がないのに唾液が出るのは，生態からすれば無駄であり，不適応的な行動だといえます。このようなことは犬だけに限りません。学習能力の大きい人間には動物以上にこのようなことが起こります。自分の行動をチェックしてみると，いろいろこのような自然に学習された行動

が見つかります。例えば，電車に乗っていて，ドアの付近に立っていたときに，発車のベルがなりドアが閉まりますと，自然に身体が前に少し倒れます。電車が動くときの衝撃で身体が後ろに倒れることを予測した自然に学習された行動なのです。これは適応的な行動だと考えられますが，ある駅で電車の進行方向が逆向きになっていて，新聞を読んだりしていて気がつかないときなど，前に倒れる学習が今度は逆向きに働きますので，転倒してしまうような危険な事になってしまいます。電車の方向のように，すぐに意識化できる状況だと，このような行動は簡単に修正できますが，複雑な日常生活の中で学習したものは，そのまま不適応行動として定着してしまうことも多いのです。はっきり分かっているものでも，あまりにも刺激が強烈な場合はなかなか難しいことも多いです。はじめて食べた鰻にあたってひどいめに合い，それ以後鰻嫌いになってしまった人が，鰻が好きにはなかなかならないものです。もちろん，食中毒にならない，新鮮な美味しい鰻を何度か食べる（美味しく食べている人を見たり，鰻に近づくよい体験をする）ことによって，鰻の偏食行動は是正できます。この場合でも，今まで鰻を食べていた人がたまたまあたって，鰻嫌いになったのと，はじめて食べた鰻にあたった人では，刺激の強烈さが異なります。食あたりの程度とも関係します。毒物カレー事件でカレーを食べた人のカレー恐怖もこのような例ですが，生死をさまよったような強烈な体験だとなかなかこの学習を除去できません。また，神経症的症状は日常生活に大きな支障をきたすために，それを取り去りたい希望が大きいのですが，鰻やカレーは別に食べなくても，日常生活ではどうという問題もありませんので，それを除去しようと思うモチベーションも少なくなります。学習はモチベーションに左右されることが大きいですので，行動療法ではこのことも大切なことです。

　それでは不適応行動や神経症的行動はどのようにしたら改善さたり消失させられるのでしょうか。行動療法では，元の刺激とそれによって起こる行動の関係を遮断したり，変えたりしたらよいということになります。行動療法では，神経症的な行動は学習された行動なのだから，それが学習される際に用いられたものと同じ原理でその学習を解除することができる，と考えるのです。パブ

> STAGE こころを癒す

ロフの犬の実験では，肉を見せずにベルだけを何度も鳴らしていますと，犬は唾液を出さなくなります。肉とベルと唾液の関係を変えてしまうのです。このように行動療法の考え方では，実験的に神経症的行動を作りだしたり，それを改善させたりすることが比較的短期間で可能になるのです。動物愛護の観点から勧められませんが，例えば，あなたによくなついている猫を飼っていると仮定しましょう。この猫にいつもは呼んで直ぐに餌を与えているのに，餌を与えようとしては，取り上げて見てください。何度か繰り返しますと，猫にチック症状（顔面をクチャクチャさせる神経症的行動）が現れてくることがあります。このような行動が現れたら，直ぐに猫によくあやまって，餌を与えて上げてください。症状はすぐに消失します。ワトソンは，「アルバート坊や」という11カ月の幼児を対象にして，白ねずみ恐怖症を実験的に作りました。ねずみを怖がっていないアルバートが，ねずみを触ったときに，叩き棒を鳴らすことを繰り返した結果，アルバート坊やはねずみ恐怖症になったのです。もちろん，先程の実験と同じで，アルバートの恐怖症は行動療法によって取れました。

　不適応行動とそれを起こした刺激との関係が，単純で，明確で，しかも時間がたっていない時は，逆の学習をさせれば，症状や不適応行動は簡単に取り去ることができます。しかし，学習経過が不明で，時が経ってしまい，それが固着してしまったものは，洋服の染みと同じでなかなか時間がかかるものもあります。

　行動療法は学習理論を基礎とした心理療法ですので，学習理論の変化と共に変化し進歩しています。また，学習理論自体が単一の理論から構成されているわけではなくて，異なった複数の行動原理から構成されているからです。人間には学習する仕方がいろいろあるということです。学習する方法がいろいろあるということは，神経症的行動の学習方法もいろいろだと言うことです。人間には，意識した学習も無意識的（意識していない状況での）な学習もあるのです。イメージレベルの学習も身体レベルの学習もあります。学習の成り立ちが異なると，当然のこととして，それを取り除く学習も異なります。行動療法の1つの仮説に，「習得に用いられた同一原理を組み合わせることで学習解除できる」

があるからです。だから，行動療法には多くの技法があります。技法は，多様な臨床場面に行動療法の適用が拡大するに従って，ますます多様に精密になってきています。

　行動療法は，症状の除去を中心にした心理療法ですので，力動的心理療法に比べて，治療期間が比較的短時間で，技法も明確で，クライエント自身も何をどのように治療してもらっているのかもハッキリしています。治療効果の判定基準も明確です。しかし，生きる目標喪失の問題や人格の成長といった，長期的な展望を求めているクライエントの心理療法としては，もともとの心理療法の目標設定が力動的心理療法とは異なるので適していません。力動的心理療法でも，短期間に症状が消失するクライエントは結構たくさんいます。彼らの中には，症状が消失したことには自分としての意味はないので，心理療法を続けてほしいという人さえいます。最近の行動療法は，神経症的行動だけでなく，それまではあまり取り上げられなかった，クライエントの考え方やものの見方，すなわち「認知」の問題が取り上げられるようになっています。これは，従来の治療目標があくまでも神経症的（不適応）行動の改善であったものを，クライエントの世界を認知する仕方の変容が治療の対象になってきたのです。そのためか，技法もイメージを積極的に活用するようになっています。これらは，行動療法と呼ばれるよりは，認知行動療法とか認知療法とか呼ばれています。認知療法の背景には，基本的な仮説として，「個人の認知が行動異常に関係しており，歪んだ認知の修正こそが行動異常の治療には必要である」，との考えがあります。

　精神分析家のベッテルハイムが来日したときに，心理療法家は，最初の数年は，理論も技法もことなるが，10年経つと理論は異なるが方法には共通性がかなり出てくる。20年経つと，理論はやはり異なるが，方法においては区別できなくなる，と言っていました。あらゆる心理療法は，その共通項に自己と世界（対象）の関係のイメージの変化が含まれています。洞察とか目から鱗が落ちる，との言葉は，その個人の対世界のイメージが変化した時の表現です。行動療法も力動的心理療法も理論は違いますし，技法も異なった部分がまだまだか

なりありますが，アイゼンクが初期に述べていたような明確な違いは，少なくとも，治療者の態度に関しては，少なくなってきています。坂野と上里は，その著『行動療法と認知療法』で，「治療者がクライエントの持つ問題を理解するために，共感的・受容的態度で接することは，非指示的療法に限らず，どのようなカウンセリング場面においても必要なことである」と述べています。ユングは，来談者中心療法に対して，悪いところは何もない，と一言いったと言われています。これは来談者中心療法のカウンセラーの基本的態度はどのような心理療法家であっても，共通しているからでしょう。むしろ，このような共通した心理療法家の態度をどのように鍛えるのか，共通した態度の彼岸にあるものをどのように求めるかが大切だと思われます。

　人間のこころの理解，行動の理解は，人間のこころを通してしかできないものです。そのために初期には大きな隔たりのある考え方でも，その理論に立脚した心理療法家が多くのクライエントに接するうちに，だんだん人間の本質に迫ってきますので，似通ってくるのでしょう。

　生物は高等になればなるほど教育・訓練が必要です。人間はもっとも教育を必要とする動物です。教育は，知識や技術だけでなく，道徳や人格の教育も必要です。知識や技術の教育に比べて，人格の教育は一番むずかしいものです。それは，教育する側の人格の高さが問われるからです。人格の未成熟な人が，他者の人格の教育はできません。人間は群れを作って生活する動物ですので，集団の訓練も必要です。行動療法は学習理論を基にしていますので，教育への応用，特に集団行動学習や自己コントロール訓練や自律神経やそれに関係する対ストレスコントロールの訓練にも応用範囲を持っています。そして，これらの教育・訓練の機能は，行動療法だけでなく，あらゆる心理療法が持っている機能でもあるのです。それは，心理療法家はこころ育ての専門家ですから，クライエントはセラピストと接することで，対人関係のあり方やセルフコントロールの仕方を学べるのです。また，心理療法家は日常の生活や人生に対する知恵をたくさん持っています。今までは，これらの知恵は古老から若者へと世代間で受け継がれてきました。今，知恵の伝達組織や機能が昔ほど働かなくなり

ました。それだけ心理療法家の存在は，学派や技法の違いを超えて大切になってきたように思われます。

もっと知りたい人のために
▼

ロジァース全集　全18巻　岩崎学術出版社
アイゼンク，H.J.（異常行動研究会訳）　1965　行動療法と神経症　誠信書房
フリーマン，A.（遊佐安一郎監訳）　1989　認知療法入門　星和書店
坂野雄二彦・上里一郎　1990　行動療法と認知療法（臨床心理学体系7巻）　金子書房

STAGE　こころを癒す

24　心理療法と宗教

（1）　心理療法の発生の必然性

　生物の生存や生活は，何らかの意味で運に左右されます。それは，自然の法則（自然の守り）は種には働きますが，個には働かないからです。アフリカ大陸では，雨期と乾期で草を求めて，ヌーが大移動します。この移動の途中で，ある数のヌーが捕食動物の犠牲になります。犠牲になるヌーがいるから，大部分のヌーは大移動できるのです。野性の草食動物は一斉に出産します。いっせいに出産することによって，捕食動物による犠牲が最小限になるからです。コロニーを作って繁殖する鳥類や哺乳類もこの原理に従っています。

　地球の生物は食物連鎖を主にして何処かで繋がっているのです。1つの個体の死は他の個体の生を担っています。この原理は群れ（種）に働いているのですが，個体には働いていません。医療の進歩によって，多くの乳児が助かりました。しかし，その反面，重度の障害を持った子どもが生まれました。抗生物質は多くの命を救いましたが，薬に反応しない細菌のために多くの人が死亡しています。細菌も生物なのです。ある重度障害児のご両親は，自分の子どもは近代医学発展のための傷ついた戦士です，と言っておられました。車は多くの命を救いましたが，同時に多くの命を奪っています。

　動物の場合は，一定の犠牲に対して，その運命に従っているように見えます。運命に対して従順です。しかし，人間は考える動物ですから，隣の子どもが犠牲になるのと自分の子どもが犠牲になるのとでは，親自身の生き方はもとより，その子の周りの人の運命にまで大きな影響を与えます。誰にも言えないような

悩みの源泉になります。だから，みんな一緒に生き，助かろうとします。何とかして，このような法則から逃れたいと，人間は努力してきました。しかし，生き物として地球に存在している以上，この法則から逃れられるものではありません。人はそれを運命と呼んでいます。運命は人間の力でどうすることもできません。どうにかできるようになれば，それはもはや運命と呼ばれるものではなくなります。考えるまでもなく，数万の精子の中から1つの精子が受胎に成功したのも運命でしょう。自分がいつ死ぬかは誰にも分かりません。それらは神の領域だとされています。人間は運命を変えたくて，神の領域とされていたものを，どんどん自分の領域にしてきました。それでも運命を変えることはできていません。神の領域の1つを自分の領域にしたと思ったら，新たな神の領域が出現するのが現実のようです。ＩＴ革命の最先端を行く，起業家達は，あなた達の成功の要因は何か，と聞かれた際に，高い知能とハードワークと運ですが，とりわけ「運」が大切なのだと答えていました。高い知能とハードワークは，このような起業家なら誰でも持っています。それでも成功する確率は3パーセントくらいです。この3パーセントに入るか入らないかが「運」なのです。一番近代的な考え方を持っている人々が，口を揃えて「運」だ，と答えていたのは驚きでしたが，最先端を行く彼らであるからこそ，この答えは真実なのでしょう。多くの人々が確率が低いにもかかわらず，宝くじを買うのも，ギャンブルに賭けるのも，「運」を摑みたい，「運」を変えたいという要求があるからです。賞金が高い宝くじほど確立が低くなるのに，多くの人に人気があるのも，大金が手にはいれば，運命が変わるような気がするからでしょう。

（2） 宗教と心理療法

運命が神の領域であることは，古代人の方がよく知っていました。宗教は，人間が知的動物に進化した時に生まれた，と想像されます。自然の摂理，運命の力を意識したとき，人間はそれを支配している大いなるものを崇拝するようになったのです。最初の宗教は例外なく自然神です。自然と運命を支配している大いなる者という，神の統合的なイメージが，群れに生じたときに，一神教

が生まれています。古代では，政治と宗教と医療は一元化されていました。政治と宗教は，現実感覚のある人と霊的感覚のある人によって，役割分離が起こりますが，この2つは近代社会になった今でも何処かで繋がっています。現代世界における紛争地域を見てみますと，必ずといっていいほど宗教が関わっています。紛争が政治問題なのか宗教問題なのかが分からなくなってしまうくらいです。だから，当事者でない先進国が紛争に関わろうとしますと，政教分離の視座を持っていますので，なかなか本質に迫りえない面が残るのです。近代科学は政教分離によって飛躍的な発展を遂げました。錬金術は化学の基礎と言われています。実験から魂（精神）の部分が切り離されたときに，錬金術は化学として発展しました。そして，精神の方は，科学から分離されましても，魂の錬金術として，こころの中に生きつづけていることが，ユングの研究で明らかになっています。医療は一昔前まで，宗教家や呪術者のものでした。近代医学の発展に伴い，それは医師の手に移っていきましたが，今でも発展途上国だけでなく，近代医学が発展しているところでさえ，不治の病や慢性の病に対しては，民間信仰や昔からの治療が行われています。病気のお見舞いに千羽鶴やお守りを持っていくことにもその一端が現れています。医学が進歩したと言われますが，もし，本当の進歩なら今頃は病院は空っぽのはずです。病院がますます多忙になるのは，医学が病気を征服していないからです。医学の対象が人間とそれに関わる生物の問題ですから，どこまで医学が進歩しても，大いなる自然の原理にどこかで医学も従わざるを得ないからでしょう。

　医学の中でも，一番近代科学的にいかないのが精神医学の領域です。外科や細菌学と比べるとその違いは歴然としています。精神の病は薬だけでは治りません。もし，薬で精神がコントロールできるとなると，人間は生物を離れて，ロボットになります。心理療法の創始者には，ロジャーズのように心理学者もいますが，フロイトやユングをはじめとして精神医学者が多いのです。精神科医の書いた論文には，他の医学領域の医師の論文と全く異なるようなものが数多くあります。宗教学者や哲学者，文化人類学者が書くような論文さえ見受けられるのです。心理療法の分野は，ある意味で一番宗教と近い領域だと言えま

す。近代の心理療法は，動物磁気（現在の催眠療法）の発明者メスメルからだ，と言われていますが，今でも催眠は見せ物になるようなところがあり，いわゆる科学の範疇とは意味合いが異なっています。神経症の原因と治療を体系化したフロイトにしても，いわゆる医師であることと心理療法家であることの葛藤をいつも抱えていたことは，伝記からも明らかです。心理療法家は，科学的といわれている実験心理学や医学，そして精神医学とともに，宗教や文化人類学などの知識が必要とされるのも頷けるというものです。

（3） 心理療法と宗教家の修行

心理療法は人間性か技法（技術）かという問いがあります。科学的方法と呼ばれるには，方法が同じなら誰がやっても同じ結果がでることが，1つの要件になっています。化学でも，物理学でも，外科手術でも，実験や実践に際しての個人の技術の良し悪しはもちろん問題になりますが，方法論としては誰がやっても同じ結果が出ることが大切なのです。

しかし，精神医学となると少し話が異なってきます。ある著名な精神科医が話しておられたことに興味深いことがあります。自宅から遠いのにわざわざ自分の所へ薬を取りにこられる患者がいましたので，処方箋を書いてあげるから自宅近くの先生に診てもらったら，と紹介状を添えて渡してあげたのに，相変わらず自分の所へ来られるので，どうしてですかと聞いたら，「先生の薬の方が良く効くのです」と言うことでした。考えるまでもなく，今の薬は，近代工場で厳密に管理されて作られています。近所の医師からもらっても，その先生にもらっても薬効は変わらないはずです。でも，その患者に言わせると，近所の医師からもらった薬は効かないというのです。人間は暗示に影響されやすいところがありますので，薬効の実験も2重目隠し法という方法が使われていますように，暗示効果の違いがあるとも思われますが，それだけでなく，2人の医師の人格の差が関係しているように思われます。心理療法や精神科医療には，医師の人格（人間性）が他の医療分野よりも大きく反映するような気がしています。

| STAGE こころを癒す |

　心理臨床家には，専門的な知識・体験・見立て・コミュニケーションの技術が必要ですが，それだけではなくて人格の成熟やそれを目指す心構えや修行が必要です。宗教家にもっとも要求されているのは，儀式が主宰できることではなく，修行です。宗教家が修行を積まなくなってきたら，その宗教の持っている魂が死に，エネルギーがなくなります。新興宗教の方がエネルギーを持っているのは，教祖の修行や魂が既成の宗教家のそれとは比べ物にならないほどの厳しさと高さを持っていることが多いからだと思われます。心理療法理論がたえず革新されていくのも，時代の変化もありますが，新しい理論の提唱者のエネルギーと情熱が，既成の理論と技法を自己をあまり関わらせずに学んだ人よりも旺盛だからだといえましょう。

　心理臨床家の人間修行の主な方法は，教育分析や教育カウンセリングですが，宗教家の修行法はその宗派独特のものから宗派を越えて共通するものなど多くあります。カソリックの黙想，禅宗の座禅，あらゆる宗教に共通する勤行や祈り，真言宗の遍路旅に見られるような，聖地巡礼や旅に出る修行，などなどです。人間は一人黙って祈り考える，知らない土地を人の情けと祈りに支えられて旅をする，などは大いなる人間の修行になるからです。教育分析も心理療法もこころの旅といえるものです。修行の旅は，実際に旅をしていても，内界ではこころの旅をしているからでしょう。そして，このような修行には，それに同行してくれる導師が必要です。カソリックの黙想には霊的指導者がついていますし，座禅には老師がいます。旅には，遍路旅の「同行二人」と同じような，神や仏と一緒に旅をすることが必要なのです。必要と言うよりは，そのような老師や神がいなければこのような修行の旅はできないのです。

　心理療法は心理学や精神医学の知識と体験から生まれたものがほとんどですが，ユングに影響を与えた「道教」，浄土真宗の見調べ法を基本にした内観療法，東洋思想を色濃く反映している森田療法，ロジャーズと禅との相互の影響，などがあり，宗教と心理療法の距離には近いものがあります。

(4) 心理療法・宗教の危険性

　今わが国で，オウム真理教などのカルト教団とマインドコントロールが社会的に大問題になっています。カルト教団はわが国だけでなくアメリカでも大きな問題になっています。テレビ報道などで，カルト教信者とマスコミのやり取りを聞いてもすれ違いが大きすぎて，違和感が残るだけでしょう。これらの違和感は，信じている人と信じていない人では，物の見方や感じ方，感情の置き場所などが違うからです。マインドコントロールというと何か大げさですが，マインドコントロールの基盤は暗示と教化とそれらの強化なのです。催眠に後催眠暗示というのがあります。催眠下で，催眠がとけた後に，ある行動をある刺激の下で復活する暗示をかけておくと，その刺激があると被暗示者は，無意識的にその行動を取ってしまうのです。これによって，航空機の爆破などの事件が起こったことは，よく知られています。そのためアメリカでは催眠の使用が法律の規制を受けています。このような劇的なことだけでなく，われわれは母親のいうことは，それがたとえ世間の常識とかけ離れていても，かけ離れていることさえ気づかずに正しいと思い込んでいることがあります。信頼する人のいうことは，他の人々のいうことよりも正しいと思い込むのが人間なのです。信じることは，人間が生きていく上で大切なことです。誰も信じられなかったら，この世は闇でしょう。宗教や信じられるものを持っている人は，宗教の無い人や信頼できるものを持たない人より，逆境に生きる力が強いのが普通です。人間は誰でもそれなりの欠点がありますので，絶対者に帰依したいと願うのは人間の心理の1つの真理です。

　最近のはやり言葉の1つにカリスマがあります。カリスマ美容師，カリスマ料理人などカリスマ○○という言葉が日常的に出てきます。カリスマとは，神霊的な超能力で予言や奇跡を行う能力をいい，それから派生して超人的な資質や大衆を魅了させる能力などを意味します。心理療法に，転移性治癒というのがあります。セラピストに自分の気持ちを投影し，こころから心服すると症状が取れるのです。これはセラピストの中のカリスマ性から生じると私は思って

います。心理臨床家の要素として，カリスマ性が必要かといいますとなかなか難しい問題です。セラピストには，カリスマ性の強い人とそれほど強くない人がいますが，カリスマ性の強いセラピストはある意味で有能な心理臨床家といえますが，別の意味では危険な心理臨床家とも言えます。転移性の治癒は，全部が全部とはいえませんが，セラピストとの関係が切れると復活します。悪化することさえあります。それだけにクライエントがセラピストから離れられなくなります。心理療法は一種の麻薬ではないか，と言われることがありますが，それはセラピストが自分のカリスマ性の功罪を認識していないことやセラピスト自身のカリスマ・コンプレックスから生じます。

　宗教は本来的意味で教祖（神）のカリスマ性で成り立っています。カリスマ的世界は多くの魔を含んでいます。宗教的世界が日常性の世界との境界を越えて，それがもつ魔が進入すると日常性の世界で事件や戦いや危機が訪れます。心理臨床家の倫理として，日常性と非日常性の区別をしっかりつけておくことがありますが，これも心理療法が宗教と類似した機能を持っているからです。多くの近代国家は政教分離を原則にしています。わが国の憲法でも，第20条「信教の自由」で政教分離が定められています。宗教が持っているマインドコントロールの力と政治が結びつくと強大な権力が発生して，国民は無意識的に支配される可能性があるからです。戦前のわが国の政治が，皇室と神道の崇拝によって，国民の意識が支配され，それによって一部の権力者の思うがままの政治が行われたことはわれわれの身体の一部になって残っています。しかしながら，人間は集団で生活する動物ですから，集団の凝集性を高めるのに，たやすくて強烈な力である宗教的なものを使う魅力は為政者にはたまりません。ここで，宗教的なものとわざわざ断ったのは，これにはいわゆる宗教だけでなく，スローガンや理論武装された思想も入るからです。宗教の力が弱い国は，団結が乱れ，道徳が頽廃し，治安が悪くなります。その代わり自由があります。

　宗教原理や1つの思想に基づいた政治が行われている国が，現代の世界にもありますが，それらの国にはそれを批判する自由が無いことが特徴的です。フロムが「自由からの逃走」で述べたように，自由はある意味で個々人の責任と

自覚を必要としますので，マインドコントロールされれば生きやすい人が大勢いるのも事実です。

　わが国は戦後60年，政教分離の原則と自由主義と民主主義が，政治と生活の原理になっています。それはわが国の文化と経済を活発にさせた原動力になりました。しかし，このことは，マスコミの態度に見られるように，戦前の権力主義の反動として，権力に対する徹底的な批判を基本にしているため，権力に似ていますが，それとは非なるものである権威までも失墜させました。一部の教師の非行が，多くの教師の権威を失墜させました。

　このことは社会の良心を担っているあらゆる職業に及んでいます。権力は上から押しつけられるものであるのに対して，権威はまわりが与えるものです。権威の失墜は社会から超自我の機能の消褪を促しました。それは倫理の頽廃と魂の漂泊をもたらせました。その影として，いまカリスマ性が復活し，カルト教団が台頭し，宗教政党の与党化による政教分離に影を落としはじめています。不気味なのは一部のカルト集団ではなく，それを生み出してくる社会そのものです。臨床心理学が心理療法の本質からこれらの問題に迫ることができるのではないかと思われます。

もっと知りたい人のために
▼

岩波講座　1983　精神の科学第8巻「治療と文化」　岩波書店
加藤清監修　1996　癒しの森──心理療法と宗教──　創元社
野口　広　1973　カタストロフィの理論　講談社

STAGE　Leidensfähigkeit（苦悩する能力）

25　今日と明日の間

（1） Leidensfähigkeit（苦悩する能力）

　このドイツ語は，オーストリアの精神科医で来日したこともある V. フランクルのことばです。彼は，ナチスのユダヤ人強制収容所の記録『夜と霧』（みすず書房）の著者としてむしろ有名ですが，「ノイローゼが治るとは，苦悩する能力が甦ることである」という名言を残したことでも知られています。もちろん，苦しんでさえおればよい，ということではありません。後でも述べますが，苦しみを乗りこえるところに喜びがあり，苦しみを避けてもっぱら楽しみたいということが，実は一層苦しいノイローゼをもたらすということです。山登りにしても新種の花作りにしても，容易ならぬ苦しみを克服してこそ，大きな喜びがもたらされるのです。

　さらにいえば，生き別れ，死に別れ，見捨てられ，裏切られ，劣等感，天災，人災など，苦しみの種は数限りなくあります。多かれ少なかれ，そのつど私たちは傷つくのですが，近頃よくいわれる"喪の作業"とは，そうした悲しみを避けるのではなく，正面からうけとめることを強調したものです。第8章で母親のレイプされる場面に直面させられた少女が，あれは母親に起ったことで私には関係ない，と思いこもうとしたのは，苦悩することを避けた典型例ということができます。

　もっとも，悲しみはそれを共にしてくれる人がいないと癒されません。そして時間がかかります。多くの場合，悲しみにくれている人を見ると痛みが生じます。そこでその痛みを避けようとして，本人に投げ返します。それが時には

非難がましい励ましになります。相手が閉じこもるのは，自分では善意のつもりがかえって相手の傷つきを深めているからです。ほとんどの場合，カウンセリングとは，忘れられた喪の作業をあらためて行おうとするものです。文字通り，苦悩する能力を甦らせようとする試みなのです。

(2) PTSD（外傷後ストレス障害）

　外国語が続きます。このことばは阪神・淡路大震災の後よく知られるようになりました。外傷とは，思いがけない時にこころがうけとめかねる程の大きい傷をうけること，をいいます。こういう場合，本人には責任がないのだから，もっぱら配慮することが必要だといわれております。とくに最近は，アダルトチルドレンとの関連で論じられることが多くなっています。アダルトチルドレンとは，もともとはアルコール嗜癖の親に育てられた子どもをさしていました。近頃はもっと一般的に，いわゆる被虐待児のことをいいます。こういう人はおとなになってからも，独特の性格的特徴をもつといわれていますが，幼少期一方的な虐待をうけ続けてきたことが，外傷体験につながったとされています。だから，PTSDとして考えられることが多いのです。

　そこで当然のこととして，こういう人たちに対する特別な配慮の必要なことが述べられています。しかしお分りのように，この考え方には，前節の考え方と正反対のところがあります。つまり，本人に責任はないのだから，苦しまないですむように周りがもっと気を使うべきだ，ということです。人間が苦しむか苦しまないかは，客観的にある程度操作することができます。だから，ことさら苦しめるような状況，たとえばフランクルの入れられた，ナチスのユダヤ人強制収容所のような所に閉じこめることは許されません。しかし，環境さえちゃんと整えれば人間はすべて幸福になる，というのも単純すぎる発想です。

　100年以上前，食わせてくれさえくれれば何でもする，という人が日本だけでなく，ヨーロッパにも沢山いました。今，いわゆる先進国では，衣食住に関してはほとんど不自由ないのではないでしょうか。そして溢れかえる豊かな物質社会で，人々は以前より遙かに多くの不満にとりつかれています。どちらが幸

> STAGE Leidensfähigkeit（苦悩する能力）

せであったかは単純に決められませんが，今の方が幸せだ，と断言できないのは確かです。大分前にTVで，キリンを倒してその周りで踊り狂う現地の人の姿が映し出されていました。彼らにとって，ほぼ1週間，食べ物に対する心配をしなくてよいのは，年に何度もない幸せの時でした。少なくとも画面からは，喜びに溢れた雰囲気が伝わっていました。

だからアダルトチルドレンにしろ，PTSDに悩む人たちにしろ，周りのやり方1つで幸せになるとはいえないのです。フランクルによれば，強制収容所という極限状況にあってさえ，なお自分より弱った人を支えたり，落日に感動するだけの余裕を失わない人がいました。コルベ神父のことはいうまでもないでしょう。収容所で死刑を宣告された囚人の身代りになり，閉じこめられた部屋で最後まで微笑みを絶やさず，ともすれば絶望的になる仲間を励まし続けた人です。

(3) そして若者たちはふたたび，席を譲らなくなった

神戸の大震災の直後，避難所で，「今，何を一番望みますか」というインタビューを放映したTV局があります。水か食べ物か毛布かと，気楽に考えていた私を驚かせたのは，ほとんどの人が「早く余震がおさまってほしい」と答えていたことでした。避難所といっても学校の体育館か講堂のような所です。それ自体すでに被害を受けているでしょうし，大きな余震に襲われればいつ壊れてもおかしくない状況なのでした。そこで文字通りひとつ屋根の下で，老いも若きも，金持も貧乏人も，男も女も，今日1日をいかに生きのびるかに一生懸命になっていたのです。そこに不思議な連帯感，一種の運命共同体のような感覚が生れ，お互いが励ましあい支えあって頑張っておられたのです。

あんな目にあって，あらためて人情の有難みが分った，と後に新聞や雑誌に手記を寄せられている方が何人かおられたのは，ご覧になった人もあるかと思います。何人かの外国人（アジア人もヨーロッパ人も含みます）に確かめた限りでは，掠奪も暴行もほとんど起らなかったことは奇跡に近い，ということでした。これはおそらく，明日のことを思いわずらう余裕がなくなって，まさに「いま・

ここ」の状況をどうのり切るかが問題になったからこそ生れてきた連帯感だった，と思います。

　そしてその頃，阪神間の電車の中で，若者たちが老人や女性や子どもに席を譲る光景がしばしば見られたのです。避難所での仲間意識に影響され，強い者が弱い者をかばうという，人間本来の優しさが素直に出ていたのだと思います。ところが暫くして，ということは自衛隊が風呂場を建設し，被災した人たちがこれで生き返ったとニコニコされている頃です。お金のある人は避難所を出て，適当な住居に脱出され始めました。余震の心配もほぼなくなり，今日か明日かの危機感も薄れてきて，人々がようやく明日のことを考えはじめたのです。それと共に当初の連帯感は薄れ，お互いがお互いのことだけを考えるようになりました。時には，一種敵意に近い感情の生れたこともあったようです。そして若者たちはふたたび，席を譲らなくなりました。

（4）　2人の老作家

　今日か明日かという問題は，私たちにとって極めて大きい問題です。今日の用意が明日の役に立つのは確かです。しかし明日だけのために今日があるのなら，「いま・ここ」の意味の確かめようがありません。ましてやわれわれ人間は，いつか明日のない日の来ることを確実に見通しているのですから。

　今から50年近くも前になりますが，ある高名な作家が餓死しました。新聞はたしかそう書いていたと思います。倹約のあまり栄養不良になり，それが原因で亡くなったのです。私たちを驚かせたのは，その作家が高額の預金通帳を懐にされていたことです。記憶もあいまいなのですが，その作家は書けなくなった時の用意に金を貯め始めていたらしい。そして，明日どころかあさってもしあさっても十分食べられるだけの金を懐に，今日亡くなってしまったのです。それも1つの壮烈な生き方（死に方？）ではあるのでしょうが，モダンな作風で一時鳴らした方だけに，意外な思いをしたものです。

　もう1人は女性です。若い時胸を患い，余命いくばくもないと本人も周囲も思っていました。その頃の結核はほとんど不治の病いだったからです。そして

STAGE Leidensfähigkeit（苦悩する能力）

毎年，これが見納めと思いながら桜の花を見続けてこられたのです。それがいつの間にか70歳の坂を越え，もしもあの時，これが見納めと思って見なかったら，匂い立つような桜の咲きざまをここまで深く味わうことはなかったろう，というのです。これは第2章でとり上げた，タンポポの花に感動した高校生の場合とほとんど同じ趣きの話です。

これは，明日のない不幸な状況にあるからこそ，明日のある幸せな状況（当人には見えていない）にいる人には見えない"幸せ"を味わうことができる，という逆説です。もちろんそのためには，明日のない無念さを骨の髄まで分っておく必要があります。この作家にしろ高校生にしろ，年若くして，そうした一種の諦念にたどりついていたのでしょうか。第1節の「苦悩する能力」とは，その意味で「喜びの能力」といい代えることさえできるかもしれません。現代の，ただ楽をしたいという安易な生き方からは，想像も出来ないありようが実はこころの健康と深くつながっており，それが客観的状況を超えた幸福感を創り出しているのです。

（5）「人間だけが死ぬ。動物はただ終る」

これはドイツの哲学者クラーゲスのことばです。これは，人間だけが自分が終ることを知りながら終る，つまり死ぬ，という意味です。おそらく動物は，自分の死ぬことを知りません。だから時が来れば，植物が枯死するように終るのです。それは生物学的プロセスであり，心理的または実存的な意味をもちません。しかも生きている人間は，誰も死を体験したことがありませんから，死とは何かについて実はほとんど知らないのです。

第14章の第6節で，臨死体験や前世療法について少し触れました。昔ならば，医学的に死んだと判断される人たちが生き返り，"死んでいる"間の体験を語り始めたのです。それが意外と共通する部分を多くもち，昔ながらの神秘体験者たちの報告と重なることも説明しました。前世療法は輪廻転生説を踏まえていますが，今までの報告の多くは精神科医のものであり，読んだ限りでは信用できそうです。しかし，それらを生理学的に説明する道も残されていますし，イ

メージの微妙な働きとして考える余地もあります。要するに生き返ったのだから死んではいないわけで、臨死体験者のいうこの世とあの世の垣根にしても、その手前でひき返しているのだから、本当の死はもう少し先のことなのかもしれません。

　生物学的な死については、私たちの多くが観察していますから、自分がいつか死ぬこと、その後体がどのように変化してゆくか、などについては分っています。しかし死そのものは、生きている者にとっては永久に謎のままにとどまります。だから「終ることを知りながら終る」ということばは、「終ることを知りながら生きる」、つまり生のプロセスにいかに死をくみこむか、ということになります。いつか終るからこそ人生はかけ代えがないのです。青春は2度と帰らないのだから、青春にしかできないことがあります。今日の意味は今日がうつろうからこそ、今日中に満たさなければなりません。明日に延ばしてよいものならば、すべてはいずれ明日に、ということになって、「いま・ここ」の意味を創り出すことができません。しかもわれわれが生きているのは、「いま・ここ」をおいてはないのです。

　それともう1つ。死後生があるかないかにお構いなく、人間、死ねばおしまい、という感覚が私たちにはあります。一種のニヒリズムです。万里の長城もピラミッドも、すべてつわものどもの夢の跡です。地位も名誉も財産も、この世限りのものにすぎません。だから、いつかこの世からかき消えることを承知の上で、そのことによって褪せることのない今の意味を創り出す必要があります。ここでも、存在のはかなさをひき受けることなしに、それを超えることはできません。

（6）　こころの健康，身体の健康

　新潟県のガンセンターの所長が、ガンで亡くなりました。専門家ですから病気の進行工合いを隠すことはできません。残り時間が僅かになった時、所長は部下や同僚の医師に頼んで、馬に乗りたいと言います。そのことが余命を縮める可能性がないとはいえません。しかしセンターの医師たちは、全力をあげて

| STAGE Leidensfähigkeit（苦悩する能力）|

所長が馬に乗れるように処置しました。僅か数分間でしたが所長は愛馬に跨り，やがて満足して亡くなられました。

　これが近頃問題になっている，ホスピスないしQOL（Quality of Life）のみごとな1例です。いわゆるマカロニ人間として，体中に沢山の管をさしこみ，悪くいえば患者本人には苦しいだけの延命策を講ずるよりも，限りある生命を可能な限り生き切ろう，あるいは生き切らせようとする，新しい医療の試みです。ここに臨床心理の専門家の活躍する余地が大いにある，と私は考えています。現在は医師主導であり，またさまざまな医学的配慮が必要なので当然のことではありますが，私たちとしては考えておかねばならぬ領域です。

　以上の説明から，医学が，単に体に働きかけてもっぱら苦しみをとる，ないしは和らげる，死の時を遅らせるという立場から，心理的に働きかけることによって，主体的に最後の生を創り出す，迫ってくる死を見据えながら，いわば死を生きることが目ざされるようになってきたこと，を述べてきました。だから，いかに死ぬかということは，いかに生きるかということなのです。逆に，いかに生きるかはそのままいかに死ぬかということだ，といえるかもしれません。

　つまり医学的にもはや打つべき手のなくなったところから，死を生きるプロセスが始まる，といえるのです。その時心理臨床家の果す役割は極めて大きいと思います。何といっても医学の守備範囲は身体の健康を守ることでしょう。そのためにこそ多くの医師や看護婦が多額の費用をかけて，専門的に訓練されてきました。医学の発達が，人類の幸福をどれだけ高めてきたかは，考えるまでもありません。しかし，いかに医学が発達しても，老いと死のプロセスを逆転させることは不可能です。しかもそれが人間誰しもに避けることのできない，必ずしも苦痛がないとはいえないプロセスだとすれば，ここから先は医学以外の手段が必要だと思います。そして心理臨床家の出番はそこではないか，というのが現時点での私の考えです。

　大変大雑把ないい方をすれば身体的苦痛を最大限に和らげること，が医学の目標だと思います。それが一般にいわれている身体的健康です。しかし医学的

にとり除くことのできぬ苦しみが数多くあります。身体的レベルにおいてさえそれがあり，そのことにどう対応するかに，最近になってようやく医学界が気づき始めているところでしょう。それが終末期医療のとり組みに現われてきているのです。

　こころの健康とは，身体的レベルも含めて，免れがたい苦痛にどう直面できるか，ということです。くり返し述べてきたように，苦痛は避けられれば避けるにこしたことはないのですが，避けがたい場合，直面することによってしか乗りこえられません。そこが身体の健康とやや次元を異にするところです。

もっと知りたい人のために

▼

立花　隆　1994　臨死体験 上下　文芸春秋社
柳田邦男　1996　死の医学への日記　新潮社

STAGE Leidensfähigkeit（苦悩する能力）

26 種の衝動と個の状況

(1) カルネアデスの板

　これについては以前書いたことがあります。しかしあまりなじみのないテーマで知らない人が多いと思うので，あらためてとりあげておきます。

　カルネアデスとは古代ギリシァの法律家らしいのですが，1つの問題提起をしました。昔，ギリシァで船が沈みました。しばらく船底でもがいていた若者が偶然水面に浮び上りました。しかし彼は十分に泳げません。絶望しかけている時，目の前に1枚の板が浮んできました。やれ嬉しやととり縋ると案の定沈みません。これで助かったかと安心しかけてると，もう1人凄い勢いで浮んで来た奴がいます。見ると一緒に乗船した親友です。彼もあまり泳げません。しかし友だちが板に縋っているのを見ると，喜んでそれにとびつきます。ところが2人がしがみつくと，板はだんだん沈み始めたのです。つまりこの板は，1人なら支えられるけれども2人を支えきる浮力をもたないのです。

　そこで「あなたならどうする」，というのがカルネアデスの問いかけです。親友のために自分は手を放し，「元気でな」とか言って沈むか，「これはオレの見つけた板だ，厚かましいにも程がある」とか言って友だちの指を1本1本ひっぺがし，海に突き落すか。

　私たちは「人間皆兄弟」とか，「1人はみんなのために，みんなは1人のために」とかいうことばを愛唱します。しかし現実は必ずしもそのように調和的ではありません。大抵は，「オレの得はオマエの損」「オマエの得はオレの損」ということが多いのではないでしょうか。喫茶店でお茶を飲む時でさえ，この勘

定はあっちもちかこっちもちかに頭を悩ませます。その煩わしさにたえかねて「わり勘でいこう」などというやり方がでてきました。それでもお互いの立場，年齢差，男女差などでそのつどの判断はなかなか微妙です。

　浮かんできたのが母親だったら，上司だったら，恋人だったらどうでしょうか。海よりも深い親の恩を思えば，私が手を放すべきなのでしょうか。一応自分の人生はすませた親に諦めてもらった方がよいのでしょうか。人間がみんな仲良く暖かく，という状況がつねに存在すれば，こんなことで悩む必要はありません。しかし現実はみんなニコニコよりは，お互いの損得が対立している場合が普通なのではないでしょうか。

　私自身は兄弟が多く，カステラや羊かんを切る時，兄弟5人が必死の思いで母の切る最も厚いやつを手に入れるべく，ギラギラ目を光らせていたのを覚えています。この頃は物が豊かになって，そんな下らぬことにムキになる子どもは少ないのかもしれません。カルネアデスの板の場合，命がかかっています。お前が助かるためにはオレが死なねばならない，オレが助かるためにはお前に死んでもらわねばならない，ということです。嫌がる相手をつき落とすような破目になった時，おそらくは「お前，オレの友だちじゃなかったのか」と，恨みがましい目付きを最後に浪に消えることだってあるでしょう。その目付きを，仕方のないことだったとし割り切ることができるかどうか。

(2) 漱石の『こころ』

　漱石には『こころ』という作品があります。主人公の先生は，毎年決った日にお詣りに行きます。長い間その行先は分らないのですが，やがて先生が奥さんを娶るに当り，1人の友人に自殺されていることが明らかになります。そんなに肝胆あい照らすという程の仲ではなかったらしいのですが，2人の男が1人の女を愛し，はみ出した方が自ら命を断ったのです。先生はその友人の祥月命日に毎年お詣りに行くのでした。おそらく先生に道義的な責任はありません。しかしまじめな友人の前途を断つのに，悪意はなかったとしても一役買ったことは否めません。それが先生には負い目になっていたのです。そして年1回の

|STAGE Leidensfähigkeit（苦悩する能力）|

お詣りが，残りの360余日のやすらぎを保証していたのでしょう。これが前章に述べた喪の作業に当るのは，お分りのことと思います。

　私たちには，おそらく自己保存の衝動が仕組まれています。人を食ってでも自分は生き延びようとする，凄まじいばかりの生命力です。と同時に，神戸の避難所で一時見られたような，危機的状況であればこその仲間意識も備わっています。どちらも生来の本能傾向といえるでしょう。いわゆる種の衝動です。それ自体が矛盾葛藤することも少なくありません。抱卵中のニワトリに接近すると，ニワトリは卵を守ろうとする気持（＝衝動）と敵から逃れたい気持（＝衝動）の板挟みになってギリギリまでは頑張るのですが，最後は飛び上って逃げるのが知られています。

　人間の場合には，それにプラス，あるべき態度，衝動をいかに個の状況に生かすか，という複雑な要素がつけ加わります。人のために何かしたい，という気持は，マフィアの家族をみるまでもなく，仲間には手厚い。しかし敵対集団には情容赦ありません。どちらも種の衝動といえるのでしょうが，せめて堅気には手を出さない，というのが個の状況を映しているのでしょうか。

（3）　ゲームの論理

　ゲームとは不思議なものです。室内ゲームであれ室外ゲームであれ，お互いに勝ち負けを争います。しかし高度なゲームになるほど，お互いが意地悪の限りをつくしています。いかにうまく相手をこちらのトリックにひきこむか，あるいはかかったとみて逆に相手をひっかけるか。ひるんだとみればカサにかかって攻めこんでゆく。少しでも隙を見出すとそこにつけこむといった，まるで狐と狸の化かしあいのような緊張のプロセスが続きます。しかも野球でいえば，前の回は満塁であっても次の回はノーランナーで始めねばならない。そのため安打11本も打ちながら負けたりする。その意味では欲求不満の連続でもあるわけです。しかし定められた不自由なルールの範囲内で最大限の可能性を生かそうとするところに，緊張に満ちた充実感があります。

　それを，この人に限って4球じゃなくて3球だとか，3振を大目にみて4振

にする，となると高まっていた緊張は一挙にゆるみ，観客は手に汗を握る興味を味わえなくなってしまいます。相撲でも必死に相手を倒そうとする迫力があるからこそ昂奮できるので，八百長と分ればいっぺんに興味が失せます。プロレスが見世物的な八百長と知らなかった頃の日本のプロレスファンの昂奮ぶりは，力道山という名手の出現とあいまって，戦後の気力に萎えた日本人の内に一種昂揚した気分をもたらしたくらいです。

プロレスには反則自由というルールがありましたが，それも4つまでという制限があったと思います。どんなゲームでも不自由なルールがあるからこそ，そのルールを生かして，あるいはその隙をかいくぐって，勝つための方策が立てられるのです。不自由なルールがないと，そもそも自由なゲームが成り立たなくなることを思わねばなりません。

戦後の様子をみていると，ルールのもつ不自由さにフラストレートして，ルールなしの自由を求め，従ってルールあればこその緊張を見出せなくなり，生活に不自由しないこともあって，若者たちが退屈しているように思えてなりません。それらのルールのうち最大のものが人間はいつか死ぬ，ということです。それを忘れようとするところに，何かに追われたような，いわゆる浮わついた今日の生態があるように思えます。

（4）ライヴァル

ライヴァルとは好敵手のことをさしますが，これはある意味では最大の協力者でもあります。人生のことはすべて逆説ですから，それを一方的にわり切る時，分ったようで肝心の真実が分断されているので，何かおかしな感じの残ることが多いのです。たとえば上杉謙信と武田信玄は，川中島をめぐってそれこそ生命のやりとりをくり返した不倶戴天の敵手なのですが，戦中に謙信が信玄に塩を送ったり，信玄の死を聞いて，謙信が好敵手を失って歎いた，というのは有名な伝説です。

好敵手はまず同じ土俵で戦います。だからもともとが仲間なのです。戦いにももちろんルールがあります。夜討ち，朝駆け，裏切り，政略結婚など，あり

| STAGE Leidensfähigkeit（苦悩する能力） |

とあらゆる陰謀を含んだルールです。戦場での駆け引きも無論含みますが，ここで自分の気づかなかった見方を見せてくれるのが好敵手です。今度はそれを自分がとり入れ，さらに相手を出し抜く方法を考えます。こうして，相まみえることがなければ開かれなかったおのれの可能性が開かれてきます。だから好敵手は自分の師匠でもありえていたのです。

これも，敵は敵，味方は味方といった単純なわり切り方では，人生の，あるいはこころの，真実がなかなか見えてこないことをいうための話です。戦いは，ひょっとしたら種の衝動の中でもっとも重要なものの1つです。同時に和みあうことも同じくらいの比重をもっています。これが同じ人間の中に2つながらある。一方は神につながり一方は地獄につながる，とファウストの歎いた衝動です。それを1人の中にどううまくくみこむか。

精悍で鳴ったバイキングたちですら，戦さの前に無残な殺人者に変身するため，兇暴なクマ，ベルゼルガーになるための儀式を必要としました。古代の，あるいは現代においてすら，多くの部族で戦いに行く前の儀式が多くあります。NZのラグビーチームのウォークライも，マオリの伝統をつぐものでしょう。戦いから戻ると，彼らはふたたび人間になるための面倒な儀式を行いました。大抵婦人が参加して，少しばかりエロティックな面を伴うのが面白いところです。これらは，第13章のイメージのもつ力と無関係な現象とは思えません。

（5） カラハリの状況

デヴィット・ボウイとビートたけしの主演した映画「戦場のメリークリスマス」の原作者は，ヴァン・デル・ポストという南アフリカ出身の作家です。彼がブッシュマンの生活についていろいろ書いています（『カラハリの失われた世界』筑摩書房）。そのうちの1つに，移動に耐えられなくなった老人を見捨る場面があります。彼らは，現在では世界でも珍しい狩猟採集民です。すなわち生産を一切行わない。獣を狩り食べられる植物を採集して暮らしています。いきおい広大な地域を巡回して過します。食べられる植物のある所を転々とするからです。狩猟による獲物は稀で，前章に述べた，キリンを倒すなどのことはめっ

たにありません。主たる食物は女性の集めてくる植物です。

だから普段は10人余りの群を作ってしょっ中移動しています。時に200人以上集まることがあるらしいのですが，特別な場合に限られます。移動はかなりのスピードで行われるので，体の弱った人，とくに老人はいつかついて行けなくなります。そうなると人々は，この老人に3日分程の食事と水を与えおき去りにするのです。昔ながらのうば捨てさながらに，です。私が一番驚いたのは，老人たちが与えられた食べ物と水を使いはたした後，静かに死ぬのかと思っていたのが，そうでなかったことです。彼らは食料や水のまだ残ってる間に，野獣に食われて死ぬのです。

何とも凄まじい話なのですが，それが南アフリカのカラハリ砂漠で何千年何万年と伝えられてきた生き方なのです。足の弱った老人の傍らにテントを張れば，もともとその辺りの食べ物がなくなったからこその移動ですから，全員が飢え死にます。結局は，生き残れるだけの強いメンバーだけが，新しい場所に向って進むことができるのです。ブッシュマンという1つの部族が，カラハリという南アフリカの荒漠たる砂漠地帯で何万年も生きのびるために見出した，それが1つの方法なのでした。

(6) 個人主義と仲間意識

第9章でも，アフリカの動物たちのことをとり上げています。それほどに自然の掟は厳しい。その結果それぞれの動物たちの身につけたのが，いわゆる本能的衝動です。本書でいう種の衝動は，すべての動物が何万年何百万年の陶汰の末に身につけたものです。その中の最たるものは，いうまでもなく生存本能でしょう。これは，どんなことをしても生きのびてみせようとする，1匹1匹の個体のもつ基本的な傾向です。

ところが人間のように群を作る動物は，おそらく仲間あってこそ個体が生存しうる，厳しい状況が長年続いたことと思われます。個体としてはとるに足らない能力しか身についていない人間が，巨大なマンモスやその他の猛獣を防ぐ，時には狩ろうとすれば，団結するよりなかったでしょうから。多分その期間も，

| STAGE Leidensfähigkeit（苦悩する能力）|

何十万何百万年の長さをもっているのでしょう。その間に人間は，仲間との一体感，仲間のためには犠牲になることすらいとわない傾向を身につけたもの，と思われます。それが個人よりも仲間を優先する傾向です。

　近代が個人主義を志向していることは明らかです。人はどうあろうとも自分は自分，他者を犠牲にしても自分を生かすこと，が至上目標に変ってきました。これには社会状況の変化が大きく物をいっています。以前は，1人で食うことはまず望めませんでした。資本主義社会の出現による零細な労働者階級の出現が，個人が少なくとも経済的には他者に頼ることなく（ここにいろんな複雑な意味の含まれていることは，すでに第7章でも述べました）自立することを可能にしました。

　そこであらためて仲間との関係を問われているのが，現代だと思います。それをエロス衝動と考えてよいことは，第15章で述べました。そして「依存のない自立は孤立にすぎない」というウィニコットのことばをひいて，エロス的態度とロゴス的態度の，相反的というよりは相補的な関係について述べたつもりです。今日と明日の関係も，思考と感情の問題も，さらには生と死に至るまで，しばしば私たちに身のひき裂かれる思いを強いますが，実はそれを通り抜けてこそ生きる意味が見えてくるのではないか，というのが本書の基本的な立場です。

（7）　どうでもよいこととかけ替えのなさ

　ヨーロッパ社会では，こうした種と個をつなぐもの，というよりも個と個をつなぐものとして契約関係があります。これはお互いの立場を認めあった上で，いわばギブ・アンド・テークで，つまりお互いがお互いの役に立つ限りにおいて関わろうとする制度です。だから一見この関係を結ぶと，余程のことがない限り契約を解除することができません。何しろ，神さまとすら契約で結びついている人たちなのですから。これを第15章でいえば，太陽の意識によるもの，といえるでしょう。

　私たち日本人は，頭のレベルでこそヨーロッパ的太陽の意識を分っています

が，その本当の厳しさは見えていないのが現状でしょう。その代り，月の意識のもつ柔かさに，今や国際語となったことばでいえば「甘え」ています。それが現代の若者たちのこころを奇妙に分裂させ，本人たちも気づいていません。

　それが永遠の少年にはじまって，モラトリアム人間，自己愛人間，アダルトチルドレンなどと呼ばれている人たちです。いろんなことがいわれていますし，章末の成書をご覧下さい。一つだけ特徴をあげておくと，自由を求めて，しなければならないことをできるだけ排除し，ほぼそれに成功してしまったため，してもしなくてもどうでもよいものばかり残って，何をしてよいのか分らなくなっている人たち，ということができると思います。さらにいえば，人間関係をおのれの欲求充足の道具とみなし，かけ替えのない関係に縛られることを避け，かけ替えのある関係をはりめぐらして完全に自分中心の世界をうち立てた時，実は自分も相手にとってかけ替えのある存在でしかないことを発見し，おのれのかけ替えのなさを見出すことができず愕然としている，ということもできると思います。

もっと知りたい人のために
▼

フォン　フランツ（松代，椎名訳）　1982　永遠の少年　紀伊国屋書店
小此木啓吾　1978　モラトリアム人間の時代　中央公論社

STAGE　Leidensfähigkeit（苦悩する能力）

27　比較をこえるもの

（1）　基本的安定感

　本章が，私の分担する最後の章になりました。それで今まで述べてきたことを整理する意味で，現代の若者たちのおかれている心理的状況について考えてみたい，と思います。

　第7章で，母親を見つめるとは，見返されているのを見つめることであり，それが存在することだ，と述べました。ただ「ある」こと（being）によって世界＝母親に認められることであり，この際「する」こと（doing）によって認められる必要はないのです。第16章でも論じられることですが，それが母性的関わりの本質で，他者と比べて上とか下とかの比較の入りこむ余地はありません。汝は汝でさえあればよいので，母親に見返されるこの汝をとりこむことによって，子どもはおのれの存在感，存在するだけで十分なのだ，とする安心感を多かれ少なかれ持つようになるのです。

　これを別ないい方をすると，おのれのかけ替えのなさ，ということになります。かけ代えがないのだから，他のものと比較する余地がないのです。しかもこのかけ代えのなさは，他者からかけ替えのない存在として扱われることが不可欠です。初期の母子関係（必ずしも生みの母が必要なわけではありません）の重要性のうんぬんされるゆえんです。

　母親たちは，わが子がよその子より少しでも優れていると大喜びします。しかしわが子にちっとも優れたところがなくても，わが子がわが子であるだけの理由で，かけ替えのない存在と感じています。だから基本的安定感は人生のご

く早い時期に育くまれることになります。理想の母親である必要はありません。今日，理想の母親たろうとして，普通のお母さんたちが自信を失い，かえって平均以下の状態におちこんでいるのは皮肉な現象です。しかしこれだけですまぬ時がきます。それが就学後，さらにいえば思春期の課題です。

（2） 個性尊重と連帯意識

　親子関係の特徴は，親による子どもの特別扱いです。それによって子どもは，自分が自分でないと実現できぬ独自の意味を担っていることに，漠としてではありますが気づきます。それが基本的安定感につながるのです。ところが学校の先生の扱いは，基本的には平等扱い，公平扱いです。1人ひとりは独自の子どもなのだけれど，1人の先生が何人もの子どもに接するとなれば，これしかないのです。だから子どもは，一見逆方向の感覚を纏まったものとして自分の中に定着させなければなりません。

　すなわち，自分たちが独自の意味を担うかけ替えない存在であること，と同時に，そういう1人ひとり皆違う自分たちが人間としては同じであること，です。個性尊重が大切なのか，仲間意識の方が重要なのか，とかいった問題ではなく，仲間の中でどう個性を生かすか，個性の中にどう仲間をとりこんでゆくか，の問題でしょう。あれかこれかではなく，あれもこれもであるのが難しいのです。

　ここから分るのは，ある種の関係だけが子どもたちの成長に望ましいのではなく，多様な関係が必要だ，ということです。単純化していえば，親の特別扱いを通しておのれの独自性を知り，先生の公平扱いによって人間の平等性を知るのです。だから多くの共通点をもちながら，親のような先生や先生のような親は，どこかおかしいのです。

　誰に対しても同じように，と私たちは思いますが，なかなかそうはいきません。恋愛経験のある人には分ると思いますが，「私がこんな優しい気持になるのはあなただけだ」というのが原則です。心淋しい人が来て「あなたの恋人に対する暖かさのせめて10分の1を。人間みな兄弟」などと言ったからといって，

| STAGE Leidensfähigkeit（苦悩する能力） |

こうした類(たぐい)の愛はそもそもお裾分けするようなものではありません。特定の人を愛するということは，その人以外の人を同じようには愛さない，という厳しさ（いい方によっては，冷たさ）あってのことで，誰かれなしに愛嬌をふりまくこととはまるきり違うことを，承知しておく必要があります。

（3） 優等賞と1等賞

　親の特別扱いと先生の公平扱いの両方が必要であること，を述べてきました。それによって子どもたちは，人間はみんな違うけれども皆同じ，という逆説を身につけてゆきます。しかし現在，わが国ではこの逆説が妙にいびつにうけとめられている感じがあります。というのは，お互いを比較することが，とくに優劣を定めることが，平等の原則に反するかのように扱われることが多いからです。

　それぞれが独自の意味を担って生れてきている，ということは，お互いは違うということに他なりません。個性尊重とは，お互いが違っていても構わない，ということです。個人には能力差もあれば好みの差もあります。それをお互い認めあっていこうとすることは，にもかかわらず人間は皆同じだ，とする平等感が根底にあるからです。たとえば，フランスでは小学校6年を6年間で卒業する子どもは3分の1くらい，といわれています。早熟な子もおれば晩熟の子もいますし，年が一緒だからといって同じクラス，同じ教材，同じ先生というのは不公平だから，という考え方です。小学校から幼稚園への落第さえあるのです。フランス人はそれを当然のことと考えています。スイスの小学校の先生は，日本の小学校に落第や留年がないと聞いて，「そんな不公平な扱いをして，親は黙っているのですか」とびっくりされていました。

　優等賞や運動会の1等賞2等賞が学校から消えて久しくなります。いくらがんばっても勝てない子が可愛想だ，という発想です。しかし個性尊重とは，いろんなタイプの人間がそれなりに生きてゆくのを認めあうことです。ある種の才に恵まれているから人間的に立派，とは必ずしもいえません。政財界はいうに及ばず，芸能界やスポーツ界のスキャンダルの絶えないことをみれば明らか

なことです。ただし，ある種の才能が世渡りに極めて有利に働くことは確かです。それが人間的な優劣にかかわる，という偏見につまずいている人（先生方に多い！）が，そういう差を露わにすることができないのです。第2章のコンプレックスがらみでいえば，自分の劣等性をうけ容れることのできていない人たちです。

（4）「山がそこにあるからだ」

　比較するのは面白い。だからこそ甲子園の野球大会に人々が熱狂するのです。地方予選の一回戦にも勝てないチームが可哀想だ，という声は聞いたことがありません。オリンピックもそうです。100メートルをいくら速く走っても，所詮馬には勝てないのだから大したことでも何でもありません。それを誰が世界で1番速いか比べようということで，世界中の人が夢中になるのです。ドーピングの問題やら，あるいはオリンピック委員会メンバーの不正事件やら，ここにもスポーツに関わる人が立派である，という証拠はありません。しかしそんなこととは無関係に，人々は1番強い人，1番速い人，1番力の強い人に声援を送ります。いくらがんばってもオリンピックに出られない人の大勢いるのは承知の上で，です。

　昔，スコット探険隊の遭難事件がありました。南極点に誰が1番に到達するかに世界中がわいていた頃です。スコットたちは苦労の末歩いて南極点に到達しました。しかしそこには何本もの犬ぞりの後があり，ノールウェイの国旗が立っていました。アムンゼンがすでに到達した後だったのです。スコット隊遭難の1つの原因が，そのための気落ちであったことは否めない，と思います。誰が1番になろうと2番になろうと，天下の形勢にはまったく関わりありません。探険とは，多分，独りよがりの好奇心と冒険心の結果なのであり，それで飢餓に苦しむ人が何人か救われるとか，どこかの戦争がくいとめられるとかとは，ほとんど関係がないのです。スコット隊は結局食料が尽きて全滅するのですが，最後まで生き残った隊長のスコットは，力の続く限り日記をつけていました。何カ月か後，遭難したテントと共に日記も発見されましたが，死に至る

> STAGE Leidensfähigkeit（苦悩する能力）

までの様子が克明に書き綴られ，スコットという人の誠実で逞しい人柄が滲み出ており，危機状況での人間の偉大さが世界中の人々を感動させました。

「山がそこにあるからだ」というのは，エヴェレストで遭難し，最近遺体が発見されてあらためて話題になった，イギリスの登山家マロリーのことばです。「なぜ山に登るのか」という問いに対して答えたものです。名文句として喧伝されていますが，よく考えると答えたことになっていません。要するに山が好きだ，と言ってるだけのことなのです。だからオリンピックにしても甲子園大会にしても，いちいち目くじら立ててその意味を問う必要などないのです。駆けっこの好きな人たちが集って，誰が1番速いか競争しようとやってるのですから。甲子園大会にしても，参加を強制してやってるわけではありません。ただそれに熱狂的な野次馬が集って騒いでいるだけなのです。人の迷惑にならない限り，とや角いうことではありません。

（5） 比較の原理

お互いの差がいやおうなしに露わになる時期があります。思春期です。この時，どれだけ自覚しているかはとも角，将来何で食うか，つまり職業選択の問題が漠とした形ではあれ浮かび上ってきます。世の中には，なりたい人は沢山いるのに，なれる人は少ししかいない職業が沢山あるからです。そうなると，なりたい人が何人いて，なれる人が何人いて，自分はその中の何番目くらいか，を見定める必要があります。自分がどれ程望んでいるか，そのための努力を惜しまない，ということとはほとんど関係がありません。それは，自分自身を客観的にみることに関わっていることだからです。

10年以上も前のことですが，浪人10年目の若者が自殺しました。国立大学を目ざしていたのですが，おしまいの2～3年はかなりひどいノイローゼのようでした。私自身は新聞しか読んでいないので詳しい事情は知りません。しかしその記事を読んだだけでの印象は，周りのおとなは何をしていたのか，という怒りに近い気持でした。一途に目標を追い求めついに倒れた，という健気な感じはもてませんでした。いつまでも子どもじみた夢にしがみついて，客観的に

自分を見ることのできない，また周囲もそうさせることのできなかった，未練さだけが感じられました。

　今日いまだに，努力すれば道が開ける式のスローガンにしがみつく人が多すぎます。努力しても駄目な奴は駄目，という現実にもっと目を据えるべきです。これは今までにも何度か述べてきたように，自分自身の劣等性を受け容れることができないこと，によります。第2章第5節の，なめくじコンプレックスについて述べたところを思い出して下さい。何らかの劣等性のない人間はいません。また劣等感のない人も多分いないと思います。せいぜい，ある種の劣等感を別の種類の優越感で紛らわせることができるくらいです。あるいは，あんなこと大したことでない，とする知性化ないし合理化でごまかしているのです。感情レベル感覚レベルの意識が抑圧されているわけです。

(6)　傷つきと癒し

　他者に対する寛容性は，自分の欠点にどれだけ気づいているかによります。欠点は，自分に許せる範囲までしか他人についても許すことができません。もし気づいていない時には，他人のもつその欠点に妙に敏感になります。それがコンプレックスの働きです（河合隼雄　1971『コンプレックス』岩波新書）。劣等性，劣等感についても同じです。比較的恵まれている人たちは，他人の劣等感に気づかぬことが多いのです。たとえば学歴のある人は，学歴なんて大したことがない，と思いやすい。事実その通りですから，それで学歴コンプレックスを免れているつもりです。しかし学歴のない人からみれば，学歴のないために今までどれだけ苦労してきたか，そして現に今しているか，そして将来もし続けることが見えているのです。その分，学歴のある人は学歴のあることに感謝しなければならない。その有難みが分ってこそ，学歴のない人の口惜しさが分るのです。

　これはおのれの何らかの劣等性に気づいており，そのことに傷ついていることにも気づいているからです。しかし，傷ついているから絶望している，のではありません。第2章の高校生や第25章の女性作家のように，死を見据えてこ

STAGE Leidensfähigkeit（苦悩する能力）

そ見えてくる生きる喜びがあります。逆説的になりますが，傷ついているからこそ癒しがあります。第25章で，「苦悩する能力」について述べましたが，フランクルがそのことばで力説したかったのは，おそらくそのことです。実際には至難(しなん)の仕事(わざ)です。

　思春期から青年期にかけては，好むと好まざるにかかわらず，職業の問題が見えてきます。そこでいやおうなしに比較の問題にぶつかります。そこでおのれの劣等性が露わになるのを避けることはできません。

（7）　母性原理と父性原理

　これが個性尊重の必然的結果です。個性尊重とは個人差を認めあってゆこう，ということなのですから。わが国は母性社会といわれています。母性とは子どもをみんな同じように扱うことです。しかし，本章の第1節にも述べられているように，それは，かけ替えのない存在，つまりその子でないと実現できない独自の意味を担う者，としてみんな同じということです。だから見方を変えれば，それこそ個性尊重の極み，ともいえるのです。しかしその背後に，みんな違うけれども皆同じ，という原理が控えていますので，見たところ，同一性が強調されて個性がおろそかにされていたのです。何度もくり返して述べてきたように，個性尊重は仲間意識と不可分の関係にあります。それぞれが個性を生かすことで，全体が丸くおさまります。

　西欧の個性尊重は，長年の伝統があるだけに筋金が入っています。そこでの関係は，したがって個人と個人との契約です。お互いの利害関係を明確にし，協力しあえる限り協力するのです。日本の場合はそこがあいまいになっています。言わず語らずの間の全体志向ですから，力のある者もない者も精一杯に全体のために力を尽くす。そして得たものは平等に分ける。お互いが何となくその力関係に配慮をする。それが義理人情で結ばれる，有名な日本のタテ社会です。

　ところが，みんな違うけれども皆同じ，の同じは，人間としては同じだということに違いないのですが，そこで1人ひとりの独自の意味が薄くなると，共

通点だけが浮かび上ります。たとえば身長，体重，知能，懐工合など。そうなるとそれを規準にしてお互いの比較が始まります。つまり比較のためには共通の尺度が必要です。1人ひとりの人間はすべて比較を超えた独自の意味を担っているのですが，ある部分に限っていえば沢山の共通点をもっています。それを尺度に比較すれば，同じ基盤に基づく相違点が明らかになります。ヨーロッパでは，同じであることを前提にこの相違点が強調されてきました。だからある基準での優劣が明らさまになったからといって，それは部分的なものにすぎず，必ずしもそれで人間としての価値の決められることが比較的少ないのです。

　わが国では，そこに母性原理が入りこんでいます。だから共通部分（あくまで部分であり，部分を全部集めても全体にならぬことは，第1章で述べました）の優劣を明らさまにすることが，そのまま人間的優劣を決めつけることとなりました。言わず語らずのうちに了解されていたことが，明文化されるようになったのです。その結果，一切の優劣を言語化しないことが一般的になっています。母性原理（エロス）と父性原理（ロゴス）がどこかで入り混じり，いびつになっているのです。

もっと知りたい人のために
▼

中根千枝　1967　タテ社会の人間関係　講談社

STAGE　こころの専門家

28　心理療法家と臨床心理士

（1）なぜ専門家が必要か

　こころを少しとり乱している女性が「私ってブスでしょう」とあなたに言ったとき，あなたはどう応えますか。応え方はいろいろありますが，「そんなことはない。あなたは美しい方だよ」とあなたが直ちに答えるのなら，あなたはこころの専門家ではありません。通常，人はこのような問いをされたら，「そんなことはない」と答えるからです。このような当たり前の答えで彼女のこころが平静になるような場合であれば，こころの専門家はいりません。

　こころを悩む人は，日常の人々の答えでは満足しないから専門家の所へ来るのです。専門家が同じような答えをしていたのでは，彼女は不満足なままにその場を立ち去るでしょう。同じように，不登校の子どもに「どうして学校へ行かないの」と聞いたり，非行の子どもに「ご両親がどんなにあなたのことを心配しているかわからないでしょう」と言うようでは，こころの専門家ではありません。彼らはそのような言葉を聞かされ続けているうえに，その言葉によって何度も傷つけられているからです。

　河合隼雄（1998）は，「日本は古来から『もの』と『こころ』の区別が定かではなく，『もの』を通じて『こころ』を考えたり，表したりする伝統をもっている。そのため世界の他の文化に比して，非常に『こころ』を大切にしてきた面と，『こころ』を非常に低く評価してきたという面とがある。前者の点で言えば，少しの物や行為にも『こころがこもっている』と受けとめたりする場合があるが，後者の方で言えば，欧米では心理臨床家が職業として早くから成立し

ているのに対して，日本では，たとえば私がスイスから帰国した1965年頃であれば，『こころの相談』に料金を払うことなど，ほとんどの人が考えていなかったという事実がある。

同時に，日本人特有の平等感もあって，こころのことに関して専門家をつくることに対しては，あちこちで抵抗があった。つまり，人生経験を積んだ人であれば，こころの問題についてはすべて相談できるし，その方がよいとする考え方である。このような考え方も一理はあるが，現在のように，人間の心理的な問題が多様化し，錯綜するときにおいては，専門的な知識や技法の訓練も受けず，個人的経験を頼りとするだけで，心理的な問題に立ち向かうのは危険性が高い」と述べています。日本でこころの専門家となるのは，たいへん難しいことかも知れません。

（2） 答えることと沈黙

心理療法家と普通の人の会話と会話の雰囲気に違いが2つあります。1つは答えること，もう1つは沈黙です。心理療法の専門家は，相手中心にものごとを考えます。悩みは「分かっているのにできない」か「分かっているのにやめられない」ことです。頭では分かっていることが多いのです。クライエントが分からないことを聞かれたときは，もし専門家として分かっていることなら答えてあげたらいいのです。しかし，このようなことは悩みの領域ではあまりありません。不登校の子どもがどうしたら学校へ行けますか，と聞かれても答えはないのです。子どもが学校へ行かない原因は何ですか，と質問されても答えはないのです。むろん専門家ですから，登校を促進する方法論はいろいろ知っています。不登校をおこす原因もいろいろ分かっています。しかし，原因が分かったからといって，人間はそれを変えることが難しい生き物なのです。あなたが失恋したとします。原因はあなたのわがままだったとしましょう。あなたはわがままを直ぐに治せますか？　太りすぎの原因は，たいがい運動不足と食べ過ぎでしょう。それを治せば太りすぎは治ります。すぐにできますか？　できませんよね。それができるならあれほど多くのダイエットの広告はありませ

ん。過食と太りすぎのように，原因が結果と明確に結びつくようなことでも，人間はそれをなかなか改善できないのです。

　不登校の原因はもっと複雑です。両親・兄弟・友人・学校・社会が関わっています。それらの諸要因を変えることがそんなに容易なことではないことがおわかりのことと思います。それに，学校へ行かない・行けないのは，行かないことが本人に何らかの意味があるからです。人間は意味の無いことはしないのです。意味というと一般的にはプラスのことを考えますが，マイナスのことでも本人のこころの何か（こころの置きどころ）に意味があれば，それが社会的には認められないことでも，本人には意味があるのです。本人に意味のあることを他人が変えるのは至難の技です。煙草が止められないのも，ギャンブルにのめり込むのも，アルコールを多飲するのも，本人にはその時にそれ以外のことをするよりも意味があるのです。たとえそれが本人にとって良くないことでも，身を滅ぼすようなことでも，人間はするのです。自殺がその最たるものです。あなただって一度くらいは死にたいと思いませんでしたか？

　こころの専門家はこれらの原理と答えられることとそうでないことの区別をよく知っている人です。だから答えられないことを常識によって答えないのです。こころの専門家がクライエントとの会話で，答えられないことは答えないので，当然会話は沈黙が多くなります。普通の人は会話に沈黙が入るとそれに耐えられなくて，何か話します。話すことによって雰囲気を軽くしようとするのです。考えてみてください。悩んでいる人の雰囲気は重苦しいものです。聞いている人は悩んでいませんので重苦しい雰囲気が嫌なのです。これでは聞いている人中心の会話ではないでしょうか。こころの専門家は，沈黙はクライエントを育てる時間だと思っています。沈黙を自然なことと思っているのです。だから沈黙を怖がりません。意味のある沈黙は「金」なのです。

（3）　聴くこととリフレクションの意味

　あなたが悩みを持ったとき，誰かに聴いてほしいと思うでしょう。決して誰かに話をしてほしいとは思わないでしょう。世の中に自分の話を聴いてほしい

人はたくさんいますが，話をしてほしいと思う人は少ないのです。こころの専門家は聴く人なのです。どのような悩みであれ，話せば少しは楽になります。話して楽になるには，よく聴いてもらったという感覚がクライエントに必要です。だからここでは，聞くという漢字ではなくて聴くをつかいました。

　こころの専門家の聴く態度の基本は，「共感」と「受容」です。「共感」というのは，相手の身になって，相手の感情を自分のもののように感じて，ということです。うまい役者は自分が割り当てられた役に成りきる，と言われています。役の人物の気持ちが分からないと演じられません。自分の気持ちというより，役の人物のように動くほうが自然になってくるのです。これが「共感」ということです。普通相手の話を聞いていると，なかなか相手のいう通りだと思えないで，「それもそうだが，しかし」という感情が起こってきます。「しかし」の後は，共感的ではなくなるのです。もちろん聞き手に「しかし」という気持ちが起こってくるのも自然なことです。「しかし」の気持ちは，相手の話と現実の様相が違うと思うときに起こります。「しかし」の気持ちがまったく起こらないようでは，聞き手自身が現実的でないということになります。だから，日常場面では，「しかし」は，自分自身が現実の枠組みからはみでないための守りなのです。

　こころの専門家がクライエントに会う場面は非日常の世界です。悩み自身は，内容に関しては現実的ですが，非現実なのです。こころに感じていることなのです。こころが変われば，たとえ現実がそんなに変化していなくても，悩みは失われます。その上，現実吟味が必要なのはクライエント自身です。カウンセラーはカウンセラーの現実はありますが，それはクライエントの現実ではありません。カウンセラーがクライエントに代わって現実吟味をしてもクライエントには役に立ちません。クライエントの現実吟味を促進するのがカウンセラーの役割りなのです。共感的にカウンセラーがクライエントの話を聴いていると，クライエントはどんどん自分を語ることができるようになります。

　共感的な聴き方の具体的な態度は，あなたが人の話を自分の方は話をせずに聞きほれている時の態度と同じです。「うなずき」「あいづち」「大事なところ（感

情・気持ちを話しているところ）の繰り返し」です。「繰り返し」のことをリフレクション（反射）といいます。これは単なる「おうむ返し」とは違います。化粧を直すにしても，服装を整えるにしても，自分の姿を見なければなりません。感情の歪みを直すにも，自分の感情を見なければなりません。服装や髪形を直すときに鏡を使うように，感情を直すときも感情を映す鏡が必要です。クライエントが自分の感情を映して見られるように，クライエントの感情をそのままカウンセラーが反射するのです。カウンセラーがこころを映す鏡になるのです。カウンセラーの鏡が歪んでいたのでは，それに映されたクライエントの像も歪みます。カウンセラーの鏡が曇っていたのでは，クライエントのこころは映りません。カウンセラーは，歪みのない曇っていないこころの鏡になる必要があるのです。そのためにはカウンセラーはカウンセラー自身であることが必要です。「共感」は相手の領域のことです。自分の領域では自分自身であることが大切なのです。でないと，クライエントのこころを映しているつもりが，自分の気持ちを相手に映していることになるからです。役者は役に成りきっても，自分を失っては演じられません。「自他の区別」がカウンセラーには要求されます。

（4）こころがわかるとは

　臨床心理士が専門職である中心は，こころが分かるということです。しかし，これは至難の技です。いくら臨床心理士がこころの専門家であっても，相手のこころがたちどころに分かるわけではありません。そのような人がいるのなら，それは逆に脅威です。自分のことが他人に分かってしまうという「妄想」がありますが，この妄想を持った人は居場所を奪われ，恐怖に落とし込まれます。そうでしょう，自分が思っていることが人に分かられてしまうのですから，何も思えなくなってしまうのです。臨床心理士はクライエントが自分自身で自分のこころがわかるように手助けする人です。自分のこころは究極的には自分しか分からないものだからです。

　そのためには，臨床心理士は，精神医学・臨床心理学を中心にいろいろの分

野の心理学，社会学，人間学，宗教学，文化人類学などの多くの学問と知識を必要とします。それに加えて，文学作品，芸術作品，音楽，スポーツに親しむことも大切です。そこには人間のこころが表現されているからです。そして，一番大切なことの1つは，事例研究です。事例研究は生きた人間理解なのです。

（5） こころの専門家「認定臨床心理士」

　今までは，こころの専門家について内容的なことを述べましたが，少し外的なことを書きます。臨床心理士は，財団法人日本臨床心理士資格認定協会の所定の手続きと試験によって認定されます。財団法人日本臨床心理士資格認定協会は1988年に設立されました。1990年より毎年臨床心理士資格認定試験が行われ，2000年で約7000名の認定臨床心理士が誕生しています。この間に，神経症の心理療法や病院での心理臨床だけでなく，続発する青少年犯罪，家庭の崩壊，校内暴力，不登校，職場の人間関係の改善，老人介護など，また，奥尻島や阪神淡路大震災，O-157のパニック時のこころのケアに活躍しています。

　臨床心理士には，臨床心理士として守らなければならない基本的態度があります。それはおよそ「倫理義務」「知識義務」「研修義務」「交流義務」「自己管理義務」の5つにまとめられます（1，Pp.5〜6）。

　臨床心理士の職務内容には，大きく分けて4つの領域があります。臨床心理査定，臨床心理面接，臨床心理的地域援助，臨床心理的研究・調査です。これらに関しては次章で詳しく述べます。

（6） 資格とその危険性

　ロジャーズは資格を作ることに対して慎重でしたし，本当に資格が必要かをクライエントの立場から考えることの重要性を提起しています。日本にこころの専門家の資格を認定するために，心理臨床関係の学会を中心に，財団法人日本臨床心理士資格認定協会を設立した中心人物の1人である河合隼雄も，資格の持つ影の部分を苦慮した人です。専門職として資格があることは，そこを訪れる利用者にある種の質の担保が行われているということです。資格がなくて

> STAGE こころの専門家

も行うことができるとなると，専門家として信頼していいのかどうかの疑問や不安が利用者に生じます。臨床心理士は，まだ国家資格になっていません。どうしてかというと，臨床心理士にとって，最低必要な知識と実習をしようとすれば，先進諸外国の経験からしても，大学院修士課程修了程度のカリキュラムが必要となりますが，臨床心理士の主たる職場である医療機関の医師をはじめとする職種との兼ね合いがあるからです。医師（6年制）と薬剤師が大学卒である以外は，高卒プラス3年の専門教育だからです。そのためもあって，医師会の反発が強いのです。また，臨床心理士は医療機関だけでなく，児童相談所や家庭裁判所，学校や教育研究所，産業界やその他でも広く活動しているので，資格を医療資格ではなくて，縦断的な資格とする必要性があるからです。

　国家資格がなくても，財団法人日本臨床心理士資格認定協会の認定資格で，十分こころの専門家としての仕事はできるのですが，クライエントを健康保険の対象として，保険で行う心理臨床活動が制限されます。心理療法や心理的ケアは，1対1で行われることが多く，時間とお金がかかります。こころの専門家を必要とする多くの人々に保険を使ってサービスするためには，国家資格が必要となります。

　国家資格問題は外的な要素が多い問題ですが，資格の問題にはより本質的な危険性があります。それは，医師がすべて名医でないように，資格を持っているとしてもその質にはバラツキがあります。日本は，みんな一緒の文化なので，中身の差別化を許さないところがあります。今の医療体制では，名医にかかっても，医師免許とりたての医師でも料金は同じです。こころの専門家となるともっとバラツキが生じる可能性があります。なにしろ扱うのがこころですから。それに資格を取ると権威的になったり，それに甘んじたりということが人間には生じがちです。こころはそれを許しません。だから，こころの専門家が，資格に甘んじることは許されないのです。資格を取った後の研修と研鑽が必要なのですが，1度資格を取るとこのことはなかなか難しいことです。そのために日本臨床心理士資格認定協会は，いろいろな工夫をこらしています。

もっと知りたい人のために
▼

日本心理臨床学会(編)　1991　臨床心理士の基本的技術　心理臨床学研究 9 巻特別号

(財)日本臨床心理士資格認定協会　1998　臨床心理士報　創立10周年記念号

STAGE　こころの専門家

29　専門家を育てる

（1）専門性とは

　専門的職業になると，専門性と責任が強く要求されます。それがないと専門家としての信用もないし，効果の信頼度も低くなります。すると職業として成立しません。逆に，効果があり，信用され，必要とされると，専門職として成立します。

　専門性とは，それを習得することの難しさといってもよいでしょう。すなわち，専門性の高いものほどそれを習得するのが難しく，努力，能力，体力，センスが必要になります。臨床心理士の仕事はわたしの体験からすると，とても高度な専門性を必要とするように思われます。その反面，人間は誰でもその人の年齢だけ「人間であること」を経験しています。だから，人間はみんな人間であることの専門家かもしれません。このことが他領域の人から見ますと，臨床心理士の専門性を不透明にしています。最近は，スクール・カウンセラーの派遣や災害時のこころのケアなどによって，だいぶ臨床心理士の専門性が世間に知られてきましたが，まだまだ医師や弁護士などの専門性から見ると，その専門性を認識している人々は少ないといえます。

（2）臨床心理士の職務内容の4つの領域

　臨床心理士の職務内容は大きく分類すると4つの領域があります。それは，臨床心理査定，臨床心理面接，臨床心理的地域援助，臨床心理的研究・調査，です。

臨床心理査定とは，対象となる人びと（来談者，クライエント）について，「なんらかの判断をする必要があるとき，臨床心理学的手続きによって情報を入手し，これを通して対象者を理解し，判断を深めていくプロセスである。『心理診断』という用語も使われるけれども，診断とは，病名を定めるという，より狭い内容を意味しがちであり，臨床心理士が行う判断については心理査定という」（馬場禮子）。

　臨床心理面接とは，こころの悩み，問題，症状を臨床心理学的な面接（いろいろな専門的な理論・技法を用いて）によって，来談者を援助することです。「心理療法」とか「カウンセリング」というほうがわかりやすいかも知れませんが，狭い意味の心理療法だけではなく，コンサルテーションや専門的な助言なども含んでいます。

　臨床心理的地域援助は，「臨床心理査定や臨床心理面接が多くの場合，個人のこころの内面にかかわるのだが，それに終始するのではなく，広くその個人をとりまく家族や地域社会のさまざまな環境要因を配慮しながら，個人の問題解決に向けて努力がなされてきているのが現実である。臨床心理的地域援助の視点は，こころの問題を抱えた人を援助するとき，個人をとりまく他者，そしてその個人に関係する家族，集団，組織，社会のさまざまのレベルのシステムにも，主体的に専門的にかかわり，個人のこころの問題解決や成長促進の効果を上げることを目的としたかかわりである」（山本和郎）。

　臨床心理的研究・調査は説明する必要はないと思いますが，社会や環境がたえず変化し，それにともない個人も変化します。また，こころの深層は，行けば行くほど深い闇に包まれています。研究・調査は新しい技法や知見を求めるとともに，こころの援助という，数字では現れない領域を，マンネリや自己満足に陥らないためにも，絶えず結果を調査し，臨床心理士の未来展望を開くためにも必須の領域なのです。

　以上簡単に職務分野を述べましたが，臨床心理士資格は横断的資格であるため，臨床心理士はいろいろの分野で活躍しています。ですから，これらの職務内容は臨床心理士が基礎として学んでおくべき内容であり，それぞれの活動分

野でより専門的な学習が必要になります。それらは，法律家の専門資格としての司法試験の分野や医師の専門資格としての国家試験の内容と類比できるでしょう。それらは基礎的な知識を見るものであって，資格を取って後に，自分の専門分野が決まってから，自分の職務分野をより深める必要があります。

（3） 臨床心理士に必要なもの

　臨床心理士として必要なものに，知識・経験・人格・伝達力と感受性があります。まず第1が知識の獲得です。こころの援助は，人間理解を基本としています。知識としては，人間に関するあらゆる分野に及びます。しかし，それでは何から手をつけていいかわからないでしょう。そんな時は，その分野の歴史から始めるといいようです。心理学は，実験心理学と臨床心理学に大別されます。本来ならばこの2つの分野はお互いに絡み合いながら発展するのですが，心理学の場合はだいぶ様子が違います。それは実験心理学が古典物理学の応用から発展してきたのに対して，臨床心理学は医学・宗教学・人間学から発展してきたからです。現在の最先端の学問では，医学・生物学・物理学・哲学・心理学が統合をみせているように，臨床心理学と実験心理学もやがて統合されるプロセスを取ると思われますが，現在のところかなりの隔たりがあります。そこでまず，心理学の歴史を学び，臨床心理学の将来像を自分なりに描けることが大切です。そうでないと，知識が断片的になり，心理事象を考察するのがモザイク的になり，展望が開かれず，視野が狭くなります。

　次に，概論書を読みます。心理学と臨床心理学の概論書を読み，教育心理学，社会心理学など心理学の他の分野の概論書を読みます。自分の頭の地図に心理学の学問領域のおよその概略が形成されたら，いよいよ臨床心理学の専門分野の知識の修得に入ります。臨床心理学の専門知識は膨大なものになります。なにしろ人間を理解するのですから。そこでこの章のおわりにガイドブックを参考文献としてつけておきますので，参考にしてください。同時に，小説や映画などには，その時代の社会背景や心理的葛藤が描き出されていることが多いですので，大いにそれらを楽しみながら，臨床心理学の本を参考書として，自分

なりの解釈や推理をしてみるのも面白いと思います。第2は体験です。臨床心理学は実学ですので，実際にやれないと値打ちがありません。しかし，いきなり来談者と面接するわけにはいきません。臨床心理学専攻の大学院に入りますと手順を追って経験を深められるようなカリキュラムが組まれていますが，学部段階では，日常で親や兄弟，友人の話を聴くときに，カウンセリング的，臨床心理学的に聴くことを心掛けることができます。相手に喜んでもらえ，自分も聴き方が自然で満足できたら成功です。第3が人格の陶冶です。こころはこころを通してしかわからないところが，臨床心理学の学問的隘路であり，同時に奥深いところです。人格理論が人格心理学者の数だけあるといわれるように，心理療法の理論も心理面接の技法も臨床心理士の数だけあるといえます。こころの世界は非現実の世界（イメージの世界）を含んでいます。臨床心理士があまりに現実的ですと来談者のこころの世界が理解できません。といって，臨床心理士が非現実の世界に耽溺してしまったのでは，心理面接は成り立ちません。臨床心理士は非現実の世界と現実の世界を行き来できる人であることが必要になります。これはとても大変なことです。臨床心理士はこのために，柔らかいこころと，強い自我が必要になります。こころの援助と理解は，来談者と臨床心理士の人間関係に立脚しています。

　知識がいくらあっても，技術に卓越していても，人格が未熟で下劣では，心理臨床は成り立ちません。心理臨床を行うには，臨床心理士自身，己について知っておく必要があります。このために，教育分析やスーパーヴィジョンなど心理臨床家の成長を促し，援助するためのいろいろの方法がありますが，まず自分の日常生活を点検し，充実させることが大切です。第4は伝達力と感受性です。感受性と思い込みはよく似ていますが，根本的なところが違います。感受性は相手中心ですが，思い込みは自己中心的です。感受性が強いと自分で思っている人の中には，思い込みが激しいだけの人もあります。この違いは相手と話をしている時に，相手が理解されたと感じることによって判断できます。自分は誤解されやすい人だと思っている人やどうして自分の善意が通じないのかと歯がゆいおもいをしている人は，思い込みが激しいのです。相手がそれ（あ

なた）をどうかんじているかの感受性が鈍いのです。同時に相手があなたのことを理解できるような伝達力にも乏しいのです。この訓練は日常でできます。

（4） カリキュラム

現在臨床心理学専攻の大学院が急速に開設・充実してきています。それにともないカリキュラムも整備されてきています。

臨床心理士になるために必要なカリキュラムは，学部段階で，基礎科目(必須12単位）が，基礎心理学，心理学研究法，心理学基礎実験・実習・演習です。選択必修科目が26単位以上あります。ここには，学習心理学，教育心理学・発達心理学，比較心理学，生理心理学，臨床心理学，人格心理学，社会心理学，精神医学，などでこの内から6領域にまたがる広い知識の修得が要請されています。大学院のカリキュラムとして，必修科目（14単位）は，臨床心理学特論，臨床心理査定特論，臨床心理面接特論，臨床心理実習です。選択科目は，臨床心理学研究法特論，人格心理学特論，発達心理学特論，異常心理学特論，精神医学特論，心身医学特論，生理（神経）心理学特論，家族心理学特論，コミュニティ心理学特論，集団力動特論，社会病理学特論，社会心理学特論，教育心理学特論，学習心理学特論，認知心理学特論，障害者(児)心理学特論，犯罪(矯正)心理学特論，などで10単位以上修得する必要があります。大学院では，主に，臨床心理学実習や実際の心理臨床の実践が重要視されています。

（5） 養成制度と国家資格

臨床心理士の国家資格に関しては，30数年前に1度本格的に検討されたことがあります。折しも，大学紛争の余波や資格による差別化の問題が，臨床心理学を専攻する学者間に根強く横たわっており，また当時はまだまだわが国の臨床心理学の水準が低く，心理療法の技術レベルも未熟であったためでしょうか，学会が紛糾してしまいました。それから10年後，今の日本臨床心理士資格認定協会旗揚げの母体となった，日本心理臨床学会が発足し，こころの問題の多発という社会的背景と欧米で臨床心理学を学んでこられた多くの指導者を得て，

臨床心理学の社会的認知が高まりました。そして，10年前に心理臨床に関係する16学会が協力して，現在の(財)日本臨床心理士資格認定協会が発足し，今の資格ができたのです。協会の発足当時から，法人の資格から国家資格にする努力が続けられて，今日に至っています。国家資格化の問題は，臨床心理士の活動分野が多岐に渡るために，横断的資格にする必要があること，臨床心理士の資格の基礎を大学院修士課程に置いていること，いろいろの先発の国家資格との利益競合のこと，その他の問題のため，厚生省に資格問題の研究班が設置されているにも関わらず，なかなか設立まで至っていません。特に，医療分野で活躍する臨床心理士には，他のスタッフが国家資格者であるためもあって，国家資格化にすることが痛切な願いです。

　そもそも国家資格は国民のためにあるものです。臨床心理士という名称が少しずつ国民に浸透してきているとはいえ，真に専門家としての国民の付託を受けるにはまだまだ研鑽の必要性があります。

　国家資格に関しては，1953年2月に衆・参両院で「カウンセラー設置に関する建議案」が採択されています。最近では，98年6月30日の中央教育審議会答申「幼児期からの心の教育の在り方について」においても，高度な専門性を備えた「こころの専門家」の確保を図ることが必要であり，臨床心理士等の「こころの専門家」の国家資格制度の創設を含め検討すべきである，と提言されています。しかし，元文部省生涯学習局長の草原克豪は，「臨床心理士が活躍するためには，一方において信頼できる資格認定制度が存在することが必要だが，他方において，大学などにおける臨床心理士養成の教育システムが充実していることが不可欠の要素となる。つまり高度の専門家としての臨床心理士を養成するための大学院レベルの教育課程が充実していなければならない（臨床心理士報，創立10周年記念号，p.9)と，資格のためには何よりもそれに見合う教育の必要性，臨床心理士の場合，特に大学院教育の充実の必要性を述べておられます。ここ数年，臨床心理士に対する社会的関心の増大とそれに呼応するかのように，臨床心理学専攻の大学院の受験生の激増を反映して，臨床心理学専攻の大学院講座が急ピッチで設立されてきています。臨床心理士の養成には，シス

テムの充実も大切ですが，内容の深化はさらに重要です。少し引用が長くなりますが，最後にわが国の臨床心理学の第一人者である河合隼雄の言葉をあげておきます。

　「こころの専門家とは，人間のこころについての知識をよく知るとともに，こころの問題に悩む人に対して適切な方法によって接することのできる人でなくてはならない。後者は特に重要で，こころの問題の程度により，相手の年齢により，その他多くの条件を考慮して，適切な態度によって会うということは，極めて難しいことで，相当な専門的訓練を経ていないと駄目である。この際，いわゆる自然科学的な客観性を必要とするときと，むしろ，主観的にかかわってゆきつつ，それを同時に観察するような態度を必要とするときとがある。これらのことは，言うはやすく行うは難しで，訓練の積み重ねによってのみ可能となる。このことを知らず，相手に対して役立とうとか，援助しようとかの熱意さえあればうまくゆくと考えるのは，あまりにも単純である。そのような甘い考えによって失敗をする人は，これまで数多くあった。

　相手を対象化してしまわず，主観的にかかわることが大切と言っても，その程度が強くなりすぎると，相手のこころのなかに勝手に進入してゆくような危険が生じたり，まったく方向性を見失ってしまって，クライエントを不安に陥れたりする。だからと言って，クライエントをまったく対象化して見ることをのみをよしとする態度では，援助できないことが多い。このような点を考えると，いわゆる自然科学者としての資格を与えるのではなく，本当に柔軟な知識と態度を必要とするので，その教育・訓練の過程もなかなか困難なのである。

　専門的な訓練をするために，スーパーヴァイザーを必要とすることも，こころの専門家の訓練の特徴であろう。単なる指導や監督ではなく，スーパーヴァイザーは個々に応じた指導をする。この『個々に応ずる』ということが，こころの専門家の場合，極めて重要であり，スーパーヴァイザーは一般的規則や法則のみを頼って画一的な指導や監督を行うのではないの

である。こころの専門家は，一人一人の場合に応じて，何らかの個別的な発見が必要であるという点で，他の専門家とは異なっている」。

　以上のことをこころの専門家を育てる人も専門家になろうとする人も大切にしなければならないと思います。

もっと知りたい人のために
▼

（財）日本臨床心理士資格認定協会監修　1999　臨床心理士になるために　12版　誠信書房
氏原　寛他（編）　1987　カウンセラーのための104冊　創元社
氏原　寛他（編）　1992　心理臨床家のための119冊　創元社

STAGE　こころの専門家

30　専門家の資格・研修・倫理

（1）　財団法人日本臨床心理士認定資格

　臨床心理士の資格は前にも述べましたように，国家資格ではなく（財）日本臨床心理士資格認定協会の認定した資格です。臨床心理士の資格を民間資格であると，何か資格として低いもののように言う人もいないわけではないのですが，協会の専務理事である大塚義孝は次のように臨床心理士の資格の意義を述べています。

　「『日本臨床心理士資格認定協会』の認証する『臨床心理士』の資格は過去10年近くに積み重ねられてきた事実として，国家資格制度のなかで運用をみている医師や弁護士の資格認定とは異なるものの，次のように明確化して示すことができよう。国の行政府の関係機関である文部省を監督官庁とする財団法人格を有する協会が，一定の条件で試験を行い，その合格者に『臨床心理士』の資格を付与するものであると。また法律的には，大学教授職等と同様に，これを固有に保障する身分法的な資格法はないものの，間接的に『臨床心理士』を特定していく運用内規の整備を漸次促進していくことによって，その公共的資格の意義を深めつつあるといえよう。アメリカ合衆国の臨床心理士の資格制度は，すべて州政府の単位で独立的に認証されているが，基本的にはアメリカ心理学会の職能団体の実施する試験結果の勧告にもとづき，州政府が資格を認定し，営業権（免許）を与える方式が一般的である。関係団体（学会や協会）が専門的資格認定を行い，これを政府等の公共機関が追認していく，一種のディプロマ制であって，少な

くとも，日本臨床心理士資格認定協会が認証する『臨床心理士』は，限りなくこのディプロマ制に近い資格制度になりつつあるといえよう。

公共機関が追認する，このデイプロマ制の根幹は，『臨床心理士』の固有な専門的資質の維持と向上がなされるか。また，その実績と社会一般の評価がどのようにして得られるかによって決まるものである。臨床心理士ひとりひとりの自覚と研鑽が，いかに重要な課題であるかかを教えているのである」。

（2） 受験資格

臨床心理士の資格は，10年前に創設されました。その間，移行措置や新制度の発足（大学院指定制）もあって変化しています。臨床心理士になろうとする方は，最新の情報（日本臨床心理士資格認定協会監修『「臨床心理士」になるために』の最新版，誠信書房）を得られることをおすすめしますが，現在の受験資格基準を述べておきます。

受験資格の原則は，心理学を専攻する大学院修士課程（博士課程前期課程）を修了した後1年以上の心理臨床経験を有する者である。また，これを基本モデルとして次の4種の者も受験資格を有する。

1．心理学の隣接諸科学（人間科学，教育学，児童学，社会学等）を専攻する大学院修士課程を修了後，心理臨床経験を2年以上有する者。
2．諸外国で上と同等以上の教育歴と2年以上の心理臨床経験を有する者。
3．医師免許取得者で，取得後2年以上の心理臨床経験を有する者。
4．4年制学部で，心理学または心理学隣接諸科学を専攻し，卒業後5年以上の心理臨床経験を有する者。ただし，この適用は当分の間とする。

なお，これら1～4の受験資格の基礎となる大学学部および大学院課程では，所定の指定科目を所定単位以上履修していることが必要である。4の受験資格は2006年に廃止される。平成13年度以降の受験資格は，平成10年度より実施された大学院指定制による一定の条件を満たす大学院の修了を前提とする新制度によるものと，平成3年の施行基準による従来方式にもとづく2種類からなる。

以上の受験資格を満たした者が，年1回東京で実施されています試験を受け，それに合格しますと，「臨床心理士」として認証されます。試験は筆記試験と口述面接試験から成り立っています。

（3） 資格の更新とポイント制

　臨床心理士の資格の特徴の1つは，資格取得後の継続研修，つまり資格を取得した後も資格を継続するために一生涯研修することを要求しています。医師にしても，弁護士にしても，教員免許にしても，1度資格を取得すると，研修は個人にまかされており，資格の更新がありません。また，資格の更新時までにある一定の研修が義務づけられていることもありません。これは運転免許にしても同じで，日本では一度免許を取得すると，更新時までに一定の講習を受けたり，試験を受けたりすることがないのです。このために，高年齢者の事故が多いので運転資格の制限をしたらどうかとか，医師に定年制を引いたらどうか，などの議論が起こっています。

　認定臨床心理士の資格は，臨床心理士教育・研修規定別項第2条と第3条に「臨床心理士は，その資格認定を得た日より満5年を経過する前日までに，3群以上の領域にわたって，計15ポイントを取得しなければならない。その後も引き続き5年ごとの期間に第2条に定める内容と同様の修得をしていなければならない」と，資格を5年ごとに更新しなければなりません。研修する領域は，資格認定協会主催の研修会，学会発表，ワークショップ，月例型研修会，スーパービジョン，論文発表，著書など多岐にわたっています（4，Pp.18～21）。

　アメリカの運転免許を取得されたかたはご存じですが，アメリカでは免許の更新時に，実地試験が行われます。運転技術は日頃運転をしていますと向上しますので，運転している人は試験を受けても軽くパスしますが，ペーパードライバーでは試験は通りません。これと同じで，日頃の研鑽を積まない臨床心理士は，資格の更新ができないのです。このような当たり前のことが，日本では文化的な要因のためか，実施できていません。認定臨床心理士の資格は，その意味でグローバル・スタンダードにかなっていると思います。

（4） 臨床心理士の倫理

　こころの理解は「こころ」をもってしかできないところがあります。アンケートを取ったり，調査したり，心理テストをしても，もちろんこころのある側面を知ることができます。事例検討・事例研究，先達の研究成果や知見もこころの理解のためには必要です。それでも，最終的には，データを読み取る人のこころがないと，生きたこころの理解はできません。心理テストで，明らかになった指標だけで解釈したのでは，解釈がモザイク的になって，平板な解釈が列挙されるのみで，こころがもつ立体的で躍動的な理解はできないのです。こころはこころでもってしか理解できないところが，心理臨床を魅力あるものにしていますが，同時に，それを行った臨床心理士の個人的な歪みが入ったり，どこまで深めても底無しの闇が広がっているのもこころの実態なのです。あらゆる職業に，職業倫理が必要なことはいうまでもありませんが，心理臨床家は実態がハッキリしないこころの専門家ですので，倫理観がしっかりしていなければ，職業として成り立たないばかりか，クライエントに大きな心的外傷を与えたり，プライバシーを傷つけたり，周りに害を流すことが起こります。心理臨床家の関与する3つの主要な団体である，財団法人日本臨床心理士資格認定協会，日本心理臨床学会，日本臨床心理士会は，それぞれ倫理規程を作成し，それを遵守することを会員に求めています。

　日本心理臨床学会は，倫理規程・倫理綱領・倫理基準の3つの倫理規定を設けています。倫理規程には，他の職業と同じように，基本的人権の尊重，専門家としての知識・技術を研鑽し，高度の技術水準を保つように努めること，心理技術を悪用しないこと，クライエントと私的な関係を持たないこと，クライエントに不利益や苦痛を与えないこと，などが上げられています。これらの基本的な倫理規程の他，対象がこころですので，こころが持つ独特の世界と性質に由来する，倫理観が必要になります。

(5) 守秘義務

　臨床心理士の仕事は個人の秘密やプライバシーに深く関わります。臨床心理士にとって、秘密を守ることは当たり前のことです。だから日本心理臨床学会の倫理基準の第6条に、4項にわたって遵守項目が具体的に述べられています。

　認定協会の倫理綱領第3条にも守秘義務が規定されています。しかし、専門的秘密とは何か、秘密を守るということはどのようなことなのか、と中身を吟味しますと、そこにはなかなか深遠な問題が含まれています。それは、秘密を守る人の度量の大きさや守られる人との関係が守秘義務に大きく関与するからです。

　秘密保護の目的と社会的な意味は法律によって定められています。それは、個人の秘密や職業上知った秘密を保護することは、プライバシーの保護、人格権の尊重、公の利害得失に関する公平性の維持に不可欠であるからです。だから、憲法第21条「集会・結社・表現の自由・通信の秘密」が保障されています。また、守秘義務と秘密漏泄罪は、刑法と特別法に規定されています。刑法第134条「秘密漏示」では、1．医師、薬剤師、医薬品販売業者、助産婦、弁護士、弁護人、公証人又はこれらの職にあったものが、正当な理由がないのにその業務上取り扱ったことについて知りえた人の秘密を漏らしたときは、6月以下の懲役又は10万円以下の罰金に処する。2．宗教、祈禱若しくは祭祀の職にある者又はこれらの職にあった者が、正当な理由がないのに、その業務上取り扱ったことについて知りえた人の秘密を漏らしたときも、前項と同様とする」、と規定されています。この条文の趣旨を解説している米澤は、「134条に限定列挙されている犯罪主体は、職務の性質上人の秘密を知る機会が多く、また、職務を全うするためには依頼者の秘密を知る必要性もしばしば生じるのであるが、他方、これがみだりに漏泄されることになれば個人のプライバシーは著しく損なわれ、人は安心してこれらの職にある者を利用できなくなる。そこで刑法は、ここに列挙された職業に従事する者が本来その職業倫理上要請される秘密の遵守を刑罰により担保することとして秘密を保護する反面、一般の人々をしてい

っそう安心してこれらの職にある者にたいして秘密を開示することを得せしめ，その反射的効果としてこれらの職業を保護する機能も果たしている」と述べています。守秘義務が，あらゆるといっていいほどほとんどの身分法に規定されているのは，人の秘密には，人と人との間に，上下関係や力関係を生じたり，利益・不利益をもたらすからです。同時に，心理学的な視点から秘密を見ますと，人がいかに自分しか知りえない秘密を守ることが難しいか，人の秘密を暴露する誘惑が高いという心理的な要因があるからです。「王様の耳はロバの耳」という寓話がありますが，王様の秘密を漏らすことが死罪につながることが分かっていても，床屋は，秘密を喋る誘惑に勝てませんでした。ついに穴を掘ってそこに喋るが，風が吹くたびに穴からそれが漏れ聞こえてきます。風評とはよくいったものです。週刊誌やテレビには，それこそゴシップ記事が毎週よく飽きないかと思われるほど伝えられています。

　有名人の個人情報は，それこそ趣味や好みから，婚約・結婚・離婚と他人には全く関係のないことが話題になっています。一般人では，離婚や結婚が週刊誌の話題になることはありませんが，井戸端会議の話題になることは多いようです。

　臨床心理士はもっぱら人の秘密を聴く仕事です。臨床心理士は職業的な訓練を受けていますので，秘密保持に関しては一般人より数段に鍛えられています。だから，普通の意味では秘密の漏泄は起こりません。しかし，秘密は人間関係の疎密に関係します。子どもと秘密を共有しますと，その子の親との関係が疎になる可能性があります。スクール・カウンセリングで，生徒や保護者の秘密を守りますと管理職や担任との関係が疎になる可能性があります。臨床心理士が社会的な場で，いろいろの人と協力して臨床心理行為を行うことが増えてくるにしたがって，個人と個人の守秘のような単純にいかない事が多くなってきています。また，秘密は臨床心理士の人格の大きさにも関係します。「王様の秘密」は一般人の秘密より社会的影響が大きい分だけ，守秘がたいへんです。しかも，「その耳がロバの耳」となると自分でもその事実を信じられないくらい衝撃が大きいでしょう。事実は小説より奇なり，という言葉がありますが，臨床

心理士が聴く秘密のなかには，信じられないようなものもあるのです。衝撃を受け入れて秘密を保持するには，人格のトレーニングが不断に必要になります。なかなか大変です。

（6） 経験・転移・逆転移・感受性

　こころが分かるにはこころをもってするしかないのですが，この時に経験と感受性の問題があります。経験もないのにどうしてこの気持ちがわかるのですか，とクライエントから詰め寄られることがあります。このような時は，確かに臨床心理士の経験不足がクライエントから咎められているのです。しかし，経験があるからよいというものでもありません。「自分の経験からすると……」と，先輩が話してくれたときに，良く分かってくれたと思うときと，「それは先輩の場合でしょう。自分の場合は違います」と分かってくれない体験をすることも多いものです。自分が経験したことを，相手のそれに当てはめるのは，臨床心理士の気持ちをクライエントのそれと同様に感じているからです。専門用語では，これを逆転移といいますが，逆転移がひどくなると臨床心理士はクライエントの話を聞いているのではなく，自分のことを押しつけることをしているのです。これでは相手は分かってもらったという気がしないものです。このような逆転移を起こさせる要因は，臨床心理士自身の経験の反映もありますが，クライエントが臨床心理士を他人として話をするのではなく，親や友人や兄弟のように感じて話をすることも関係しています。これを転移といいます。このような転移や逆転移は，心理療法ではしばしば起こることですので，臨床心理士は，自分の体験は自分の体験として，例え，クライエントの似たような体験であっても，自他の区別をつけておく必要性があります。それと，考えていただくとすぐに分かることですが，クライエントが体験したことを臨床心理士がすべて体験していることなど不可能です。もし，そのような体験があるならば，臨床心理士自身がクライエントでしょう。クライエントが体験したことを自分のように感じる感受性・イメージ感応能力が必要なのです。これも不断の訓練から得られることです。

（7） 親密さと非日常性

　臨床心理士が関わる事象は，現実の問題もありますが，こころの問題です。こころの問題は，イメージに関係していて，そのままそれは現実ではありません。非日常に深く関わる一般常識では，「狂いの世界」といわれるような世界と付き合う必要があります。そのためには，日常性と非日常性の区別をしっかりつけ，クライエントとの親密な関係の形成も，それは非日常の世界での親密さであり，それを日常世界に持ち込むことは許されません。このことは簡単そうに見えてなかなか難しいことです。「深くて熱くならない」関係と言った心理臨床家がおられますが，その通りだと思います。

もっと知りたい人のために
▼

（財）日本臨床心理士資格認定協会監修　1999　臨床心理士になるために　第12版　誠信書房
大塚義孝・小川捷之（編）　1995　臨床心理士職域ガイド　日本評論社
大塚義孝（編）　1995　臨床心理士入門（改訂版）　日本評論社

あとがき

　臨床心理学は不思議な学問です。それは「こころ」は「こころ」でしか計れないし，わからないからです。科学が進歩し，因果論が普通の思考のパターンになっている現代において，因果論では分かりえない，それでいて科学を指向する臨床心理学は，最先端の学問ともいえますし，原初的な学問だともいえるでしょう。われわれ近代人は，合理的で，機敏で，目に見える効果があることを求め，それに追われています。人間は，あまりにも合理的な世界に置かれたり，価値基準で評価されますと，こころの方は非合理的で，ゆっくりした，何の役にも立たないと思われるようなことに魅かれるのです。この世界はある意味であやうい世界です。臨床心理学が接する世界は，危ない世界を含んでいるのです。

　臨床心理学は実学です。「癒し」という言葉が，一種の流行語になっていますが，臨床心理学徒によって，「癒し」が実際に行われないと，臨床心理学は何の意味もありません。臨床心理学の「癒し」は，身体医学の「癒し」とは，異なっています。医学的治療は，病んだ部分が元に戻れば，即ち，元の健康な状態を回復すれば，最大の治療効果をあげた，といえます。しかし，元の状態よりもっと良い状態にすることは，医学ではできません。手術で取り去った部位は，病気が治ったあとも元の状態以上に回復することはありません。それに比べて，臨床心理学をしている者としての最大の喜びは，心に悩みを抱え，心の問題に翻弄されていた人（クライエント）が，それを克服したときは，心を病む状態の前の人格より一段成長した人間に変わってくることです。前の健康な時の心より，成長した心を獲得されていることです。このような魅力に取りつかれて，多くの臨床心理学徒は，日常の心理臨床活動や研究をしているのです。

　非合理的であやうい世界に，どこか魅せられた人々が臨床心理学を好むとこ

あとがき

ろがあります。世の中の矛盾や現行の価値観や大切なのに大切にされていないようなものに，敏感な人が臨床心理学をやりたくなるのです。逆に，あやうい世界を持ちながら，その脅威にさらされるのを恐れる人は，臨床心理学を毛嫌いします。合理的なことしか認められない人は，臨床心理学が述べようとしていることは，いい加減でわからないものだと感じます。臨床心理学はどこか影の世界と深く関わっています。現代は影の世界が白日に晒されるような，また，晒そうとする力が強いのです。影の世界は影のルールの中で，ひっそりと生きていることに意味があります。影の世界はどこかで表の世界を補佐しているのです。影の世界のことがらが，影の世界のルールを破ってしまいますと，ケジメが無くなってしまいます。また，そのまま表に出すと，色あせるか，排斥されます。表と裏が混在しますと，わけの分からない状況が生まれます。現代の日本社会には，昔は存在したケジメが無くなってきたと言われています。影の生き方を支えていた，ルールが無くなってきたからなのです。表の世界ばかりに，表のルールばかりで生きていきますと，人間は疲れてしまいます。「良い子」は，燃え尽きてしまいます。無理をして「良い子」を続けていますと，ある日，突然「悪い子」になってしまいます。こころの成長には悪を受け入れることが必要です。これは悪をすることとは異なっています。「清濁合わせ呑む」という諺の示している世界です。

　影の世界を理解しようとすると，現実吟味が必要になります。現実を吟味する力がないのに，影の世界を探究しようとすれば，影の世界の虜になってしまいます。影に親和性のある人が，現実の世界から引き離され，非現実の世界に迷い込んでしまうことはよくあることです。本書が何らかの意味で，読者のこころの癒しと深まりに貢献できましたら，著者にとって望外の喜びです。

　本書の成立には，ミネルヴァ書房の寺内一郎さんのお力が大きいことは，申し上げるまでもありません。今までの仕事でもそうですが，氏原・東山が一緒に仕事をするときの要になってもらっています。ここに深く感謝いたします。

2000年7月4日

東山紘久

《著者紹介》
氏原　寛　うじはら・ひろし
1929年生まれ
元梅山女学園大学教授
『意識の場理論と心理臨床』（誠信書房）
『カウンセリングはなぜ効くのか』（創元社）
『カウンセリングの枠組み』（ミネルヴァ書房）

東山紘久　ひがしやま・ひろひさ
1942年生まれ
京都大学理事・副学長
『カウンセリングの記録　女坂』（ミネルヴァ書房）
『遊戯療法の世界』（創元社）

エッセンシャル臨床心理学
——30章で学ぶ　こころの謎——

| 2000年10月15日　初版第1刷発行 | 検印廃止 |
| 2007年3月30日　初版第4刷発行 | 定価はカバーに表示しています |

著　者	氏　原　　　　寛
	東　山　紘　久
発行者	杉　田　啓　三
印刷者	田　中　雅　博

発行所　株式会社　ミネルヴァ書房
607-8494　京都市山科区日ノ岡堤谷町1
電話代表　075（581）5191
振替口座　01020-0-8076番

©氏原・東山, 2000　　創栄図書印刷, 新生製本

ISBN978-4-623-03279-2
Printed in Japan

エッセンシャル心理学
A5・252頁
本体2600円

藤永保・柏木惠子 著

30章で学ぶこころの世界

現代心理学への招待
A5・320頁
本体3000円

白樫三四郎 編著

心理学の入口に立つ人にその広い世界を案内する

臨床心理学への招待
A5・264頁
本体2500円

野島一彦 編著

第一線の著者40人による実践的テキスト

教育心理学への招待
A5・248頁
本体2500円

梶田叡一 編著

教育心理学に期待される主要課題を考える

[新版]発達心理学への招待
A5・280頁
本体2500円

柏木惠子・古澤賴雄・宮下孝広 著

人間発達をひも解く30の扉

社会心理学への招待
A5・268頁
本体2800円

白樫三四郎 編著

社会のなかに生きる人間の行動の原理を探る

―― ミネルヴァ書房 ――
http://www.minervashobo.co.jp/